MW01716372

9 798990 538405

校棐

古文觀止

〔清〕吳楚材 吳調侯 編
裏辮編輯部 校

Dubail Editions · 裏辮書局
MMXXIV

Dubail Editions · 裏瓣書局

First published by Dubail Editions, 2024.
Dubail Editions is an imprint of DNB Publishing LLC.

ISBN: 979-8-9905384-0-5

Typeset using upLaTeX.
Text set in KingHwa Old Song 京華老宋体 (v2.0).
Title set in aoyagireisyosimo 青柳隷書しも (v2.01).

校栞古文觀止

〔清〕 吳楚材 吳調侯 編

裏瓣編輯部 校

*

裏 瓣 書 局 出 版 發 行

古文觀止目錄

古文觀止卷三　周文

古文觀止卷四　秦文 楚辭

古文觀止卷五　漢文

古文觀止卷六　漢文

古文觀止卷七　六朝　唐文

古文觀止卷十　宋文　二一三

古文觀止卷十一　宋文　二四一

古文觀止卷十二　明文　二六九

凡例

一、山陰吳楚材、吳調侯叔侄編古文觀止爲古文選本中流傳最廣者。今取其選文二百二十二篇，校勘訂正，重排刊印。

二、本次校訂，以中華書局 1959 年重印文學古籍刊行社重排映雪堂本古文觀止爲底本，僅取其選文，而未錄其註評。

三、觀止所選周、秦、漢文殆出自經、史；六朝、唐、宋、明文多錄於集部。故校訂時均與經、史通行之校本、集部各通行之總集及作者之別集互校。

四、互校參考今人校本

- 十三經注疏整理本：春秋左傳正義、春秋公羊傳注疏、春秋穀梁傳注疏、禮記正義 北京大學出版社 2000，上海古籍 2008
- 上海師範大學古籍整理組校點國語 上海古籍 1978
- 戰國策 上海古籍 1985

- 中華書局點校本二十四史：史記、漢書、後漢書、三國志、新五代史
- 李慶甲校點楚辭集注 上海古籍 1979
- 李培南等校點文選 上海古籍 1986
- 龔斌校箋陶淵明集校箋 上海古籍 1996
- 瞿蛻園、朱金城校注李白集校注 上海古籍 1980
- 陳允吉校點樊川文集 上海古籍 1978
- 馬其昶校點馬茂元整理韓昌黎文集校注 上海古籍 1986
- 吳文志等校點柳宗元集 中華書局 1978
- 李逸安校點歐陽脩全集 中華書局 2001
- 洪本健校箋歐陽脩詩文集校箋 上海古籍 2009
- 曾棗莊、金成禮箋注嘉祐集箋注 上海古籍 1993
- 孔凡禮校點蘇軾文集 中華書局 1986
- 王松齡點校東坡志林 中華書局 1981
- 曾棗莊、馬德富校點欒城集 上海古籍 1987

- 陳杏珍、晁繼周點校曾鞏集 中華書局 1984
- 中華書局上海編輯所編輯臨川先生文集 中華書局 1959
- 魏建猷、蕭善薌點校郁離子 上海古籍 1981
- 徐光大點校方孝孺集 浙江古籍 2013
- 吳建華點校王鏊集 上海古籍 2013
- 吳光等編校王陽明全集 上海古籍 1992
- 錢伯城箋校袁宏道集箋校 上海古籍 1981
- 周本淳校點震川先生集 上海古籍 1981

四部叢刊本

- 六臣注文選
- 范文正公集
- 溫國文正司馬公文集
- 直講李先生文集
- 宋學士全集

●誠意伯文集

●遜志齋集

四庫全書本

●宋文鑑

●明文海

●震澤集

●青霞集

●弇州四部稿

中華書局影印本全上古三代秦漢六朝文、全唐文及基本古籍庫 v7.0 所收各本，於校記具體註明。

五、選文出於經、史者與通行校本互校，異文凡有見於經、史之各本者，酌改，並出校勘記說明。

六、選文錄於集部者與通行集本、今校本互校，異文凡有見於各通行之總集，作者之別集者，均保留觀止原文，校觀止如觀止，不出校勘記。

七、於清始見之異文，予以改正，並出校勘記說明。如：

●獨見於古文觀止之異文，

●亦見於其他清人結集之異文而於經、史各本、諸通行總集、作者別集無據者。

八、異文已見於清以前類書或不經見古文選本者，而於經、史之各本、諸通行總集、作者之別集無據者，出校勘記說明，酌改。

九、古文觀止避諱處改回，並出校勘記說明。

十、觀止或有節略省文之處，皆作保留，並以校記說明。如：左傳諸篇、漢書鄒陽獄中上梁王書等。

十一、選文首末之取捨，書信套語之有無，皆從觀止，不出校勘記。

十二、常見通假字、異體字據校本徑改，不出校勘記。

十三、標點分段參前揭今人諸點校本。

十四、觀止選文或有僞託存疑者註明。

古文觀止卷一　周文

鄭伯克段于鄢

左傳　隱公元年

初，鄭武公娶于申，曰武姜，生莊公及共叔段。莊公寤生，驚姜氏，故名曰寤生，遂惡之。愛共叔段，欲立之。亟請於武公，公弗許。

及莊公即位，爲之請制。公曰：「制，巖邑也。虢叔死焉，它邑唯命。」請京，使居之，謂之京城大叔。

祭仲曰：「都城過百雉，國之害也。先王之制，大都，不過參國之一；中，五之一；小，九之一。今京不度，非制也，君將不堪。」公曰：「姜氏欲之，焉辟害？」對曰：「姜氏何厭之有？不如早爲之所，無使滋蔓。蔓，難圖也。蔓草猶不可除，況君之寵弟乎？」公曰：「多行不義必自斃，子姑待之。」

既而大叔命西鄙、北鄙貳於己。公子呂曰：「國不堪貳。君將若之何？欲與大叔，臣請事之。若弗與，則請除之，無生民心。」公曰：「無庸，將自及。」大叔又收貳以爲己邑，至于廩延。子封曰：「可矣！厚將得衆。」公曰：「不義不暱，厚將崩。」

大叔完聚，繕甲兵，具卒乘，將襲鄭；夫人將啟之。公聞其期曰：「可矣。」命子封帥車二百乘以伐京，京叛大叔段。段入于鄢，公伐諸鄢。五月辛丑，大叔出奔共。

書曰：「鄭伯克段于鄢。」段不弟，故不言弟。如二君，故曰克。稱鄭伯，譏失教也，謂之鄭志。不言出奔，難之也。

遂寘姜氏于城潁，而誓之曰：「不及黃泉，無相見也。」既而悔之。潁考叔爲潁谷封人，聞之。有獻於公，公賜之食，食舍肉，公問之。對曰：「小人有母，皆嘗小人之食矣。未嘗君之羹，請以遺之。」公曰：「爾有母遺，繄我獨無。」潁考叔曰：「敢問何謂也？」公語之故，且告之悔。對曰：「君何患焉？若闕地及泉，隧而相見，其誰曰不然？」公從之。

公入而賦：「大隧之中，其樂也融融。」姜出而賦：「大隧之外，其樂也洩洩。」遂爲母子如初。

君子曰：「潁考叔，純孝也，愛其母，施及莊公。詩曰：『孝子不匱，永錫爾類。』其是之謂乎！」

左傳　隱公三年　周鄭交質

鄭武公、莊公爲平王卿士，王貳于虢，鄭伯怨王。王曰：「無之。」故周鄭交質。王子狐爲質於鄭，鄭公子忽爲質於周。

王崩，周人將畀虢公政。四月，鄭祭足帥師取溫之麥；秋，又取成周之禾。周鄭交惡。

君子曰：「信不由中，質無益也。明恕而行，要之以禮，雖無有質，誰能間之？苟有明信，澗溪沼沚之毛，蘋蘩薀藻之菜，筐筥錡釜之器，潢汙行潦之水，可薦於鬼神，可羞於王公。而況君子結二國之信，行之以禮，又焉用質？風有采蘩、采蘋，雅有行葦、洞酌，昭忠信也。」

左傳　隱公三年　石碏諫寵州吁

衛莊公娶于齊東宮得臣之妹，曰莊姜。美而無子，衛人所爲賦碩人也。又娶于陳，曰厲嬀，生孝伯，早死。其娣戴嬀，生桓公，莊姜以爲己子。

公子州吁，嬖人之子也，有寵而好兵，公弗禁，莊姜惡之。

石碏諫曰：「臣聞愛子，教之以義方，弗納於邪。驕奢淫泆，所自邪也。四者之來，寵祿過也。將立州吁，乃定之矣；若猶未也，階之爲禍。夫寵而不驕，驕而能降，降而不憾，憾而能眕者，鮮矣。且夫賤妨貴，少陵長，遠間親，新間舊，小加大，淫破義，所謂六逆也。君義，臣行，父慈，子孝，兄愛，弟敬，所謂六順也。去順效逆，所以速禍也。君人者，將禍是務去，而速之，無乃不可乎。」弗聽。

其子厚與州吁遊，禁之，不可。桓公立，乃老。

臧僖伯諫觀魚　左傳　隱公五年

春，公將如棠觀魚者。臧僖伯諫曰：「凡物不足以講大事，其材不足以備器用，則君不舉焉。君將納民於軌、物者也，故講事以度軌量謂之軌，取材以章物采謂之物。不軌不物，謂之亂政。亂政亟行，所以敗也。故春蒐、夏苗、秋獮、冬狩，皆於農隙以講事也。三年而治兵，入而振旅，歸而飲至，以數軍實、昭文章、明貴賤、辨等列、順少長、習威儀也。鳥獸之肉，不登於俎；皮革齒牙、骨角毛羽，不登於器，則君[三]不射，古之制也。若夫山林川澤之實，器用之資，皁隸之事，官司之守，非君所及也。」

公曰：「吾將略地焉。」遂往。陳魚而觀之，僖伯稱疾不從。

書曰：「公矢魚于棠。」非禮也，且言遠地也。

〔三〕今校本左傳作「公」。洪亮吉春秋左傳詁：「公」當作「君」。阮元校勘記：何焯校本「公」改「君」，非。

鄭莊公戒飭守臣

左傳 隱公十一年

秋，七月，公會齊侯、鄭伯伐許。庚辰，傅于許。潁考叔取鄭伯之旗蝥弧以先登，子都自下射之，顛。瑕叔盈又以蝥弧登，周麾而呼曰：「君登矣！」鄭師畢登。壬午，遂入許。許莊公奔衛。齊侯以許讓公。公曰：「君謂許不共，故從君討之。許既伏其罪矣，雖君有命，寡人弗敢與聞。」乃與鄭人。

鄭伯使許大夫百里奉許叔以居許東偏。曰：「天禍許國，鬼神實不逞于許君，而假手于我寡人。寡人唯是一二父兄不能共億，其敢以許自爲功乎？寡人有弟，不能和協，而使餬其口於四方，其況能久有許乎？吾子其奉許叔以撫柔此民也，吾將使獲也佐吾子。若寡人得沒于地，天其以禮悔禍于許，無寧茲許公復奉其社稷。唯我鄭國之有請謁焉，如舊昏媾，其能降以相從也。無滋他族實偪處此，以與我鄭國爭此土也。吾子孫其覆亡之不暇，而況能禋祀許乎？寡人之使吾子處此，不唯許國之爲，亦聊以固吾圉也。」

乃使公孫獲處許西偏，曰：「凡而器用財賄，無寘於許。我死，乃亟去之。吾先君新邑於此，王室而既卑矣，周之子孫日失其序。夫許，大岳之胤也。天而既厭周德矣，吾其能與許爭乎？」

君子謂鄭莊公於是乎有禮。禮，經國家，定社稷，序民人[二]，利後嗣者也。許，無刑而伐之，服而舍之，度德而處之，量力而行之，相時而動，無累後人，可謂知禮矣。

[二] 觀止作「人民」，倒，據今校本改。

臧哀伯諫納郜鼎　左傳　桓公二年

夏，四月，取郜大鼎于宋。納[一]于大廟。非禮也。

臧哀伯諫曰：「君人者，將昭德塞違，以臨照百官，猶懼或失之，故昭令德以示子孫。是以清廟茅屋，大路越席，大羹不致，粢食不鑿，昭其儉也。衮冕黻珽，帶裳幅舄，衡紞紘綖，昭其度也。藻率鞞鞛，鞶厲游纓，昭其數也。火龍黼黻，昭其文也。五色比象，昭其物也。錫鸞和鈴，昭其聲也。三辰旂旗，昭其明也。夫德，儉而有度，登降有數，文物以紀之，聲明以發之，以臨照百官。百官於是乎戒懼，而不敢易紀律。今滅德立違，而寘其賂器於大廟，以明示百官。百官象之，其又何誅焉？國家之敗由官邪也。官之失德，寵賂章也。郜鼎在廟，章孰甚焉？武王克商，遷九鼎於雒邑，義士猶或非之，而況將昭違亂之賂器於大廟，其若之何？」公不聽。

周內史聞之曰：「臧孫達其有後於魯乎！君違，不忘諫之以德。」

[二]「納」上原有「戊申」，原文月日觀止多省文。

左傳 桓公六年　季梁諫追楚師

楚武王侵隨，使薳章求成焉，軍於瑕以待之。隨人使少師董成。鬬伯比言于楚子曰：「吾不得志於漢東也，我則使然。我張吾三軍，而被吾甲兵，以武臨之，彼則懼而協以謀我，故難間也。漢東之國，隨爲大。隨張，必棄小國。小國離，楚之利也。少師侈，請羸師以張之。」熊率且比曰：「季梁在，何益？」鬬伯比曰：「以爲後圖，少師得其君。」王毀軍而納少師。

少師歸，請追楚師。隨侯將許之。季梁止之，曰：「天方授楚，楚之羸，其誘我也！君何急焉？臣聞小之能敵大也，小道大淫。所謂道，忠於民而信於神也。上思利民，忠也；祝史正辭，信也。今民餒而君逞欲，祝史矯舉以祭，臣不知其可也。」

公曰：「吾牲牷肥腯，粢盛豐備，何則不信？」對曰：「夫民，神之主也。是以聖王先成民，而後致力於神。故奉牲以告曰『博碩肥腯』，謂民力之普存也，謂其畜之碩大蕃滋也，謂其不疾瘯蠡也，謂其備腯咸有也。奉盛以告曰『絜[二]粢豐盛』，謂其三時不害而民和年豐也。奉酒醴以告曰『嘉栗旨酒』，謂其上下皆有嘉德而無違心也。所謂馨香，無讒慝也。故務其三時，脩其五教，親其九族，以致其禋祀，於是乎民和而神降之福，故動則有成。今民各有心，而鬼神乏主，君雖獨豐，其何福之有？君姑脩政而親兄弟之國，庶免於難。」

隨侯懼而脩政，楚不敢伐。

[二] 觀止作「潔」。阮元校勘記：後漢書列女傳注引傳文「絜」作「潔」。

左傳 莊公十年　曹劌論戰

春，齊師伐我，公將戰。曹劌請見。其鄉人曰：「肉食者謀之，又何間焉？」劌曰：「肉食者鄙，未能遠謀。」乃[一]入見。問何以戰？公曰：「衣食所安，弗敢專也，必以分人。」對曰：「小惠未徧，民弗從也。」公曰：「犧牲玉帛，弗敢加也，必以信。」對曰：「小信未孚，神弗福也。」公曰：「小大之獄，雖不能察，必以情。」對曰：「忠之屬也，可以一戰。戰，則請從。」

公與之乘，戰於長勺。公將鼓之。劌曰：「未可。」齊人三鼓，劌曰：「可矣！」齊師敗績。公將馳之，劌曰：「未可。」下視其轍，登軾而望之，曰：「可矣！」遂逐齊師。

既克，公問其故，對曰：「夫戰，勇氣也。一鼓作氣，再而衰，三而竭。彼竭我盈，故克之。夫大國，難測也，懼有伏焉。吾視其轍亂，望其旗靡，故逐之。」

〔二〕觀止作「遂」，據左傳改。

齊桓公伐楚盟屈完

左傳 僖公四年

春，齊侯以諸侯之師侵蔡，蔡潰，遂伐楚。

楚子使與師言曰：「君處北海，寡人處南海，唯是風馬牛不相及也。不虞君之涉吾地也，何故？」管仲對曰：「昔召康公命我先君大公曰：『五侯九伯，女實征之，以夾輔周室。』賜我先君履，東至于海，西至于河，南至于穆陵，北至于無棣。爾貢包茅不入，王祭不供，無以縮酒，寡人是徵。昭王南征而不復，寡人是問。」對曰：「貢之不入，寡君之罪也，敢不供給？昭王之不復，君其問諸水濱！」

師進，次於陘。夏，楚子使屈完如師。師退，次於召陵。

齊侯陳諸侯之師，與屈完乘而觀之。齊侯曰：「豈不穀是爲？先君之好是繼，與不穀同好如何？」對曰：「君惠徼福於敝邑之社稷，辱收寡君，寡君之願也。」齊侯曰：「以此衆戰，誰能禦之？以此攻城，何城不克？」對曰：「君若以德綏諸侯，誰敢不服？君若以力，楚國方城以爲城，漢水以爲池，雖衆，無所用之。」屈完及諸侯盟。

宮之奇諫假道

左傳　僖公五年

晉侯復假道於虞以伐虢，宮之奇諫曰：「虢，虞之表也；虢亡，虞必從之。晉不可啓，寇不可翫，一之謂[三]甚，其可再乎？諺所謂『輔車相依，脣亡齒寒』者，其虞虢之謂也。」

公曰：「晉，吾宗也，豈害我哉？」對曰：「大伯、虞仲，大王之昭也。大伯不從，是以不嗣。虢仲、虢叔，王季之穆也。爲文王卿士，勳在王室，藏於盟府。將虢是滅，何愛於虞？且虞能親於桓、莊乎？其愛之也，桓、莊之族何罪？而以爲戮，不唯偪乎？親以寵偪，猶尚害之，況以國乎？」

公曰：「吾享祀豐絜，神必據我。」對曰：「臣聞之，鬼神非人實親，惟德是依。故周書曰：『皇天無親，惟德是輔。』又曰：『黍稷非馨，明德惟馨。』又曰：『民不易物，惟德緊物。』如是，則非德民不和，神不享矣。神所馮依，將在德矣。若晉取虞，而明德以薦馨香，神其吐之乎？」

弗聽，許晉使。宮之奇以其族行，曰：「虞不臘矣！在此行也，晉不更舉矣。」冬，晉滅虢。師還，館於虞，遂襲虞，滅之，執虞公。

［二］觀止作「爲」，據左傳校本改。阮元校勘記：纂圖本、閩本、監本、毛本「謂」作「爲」，誤。

齊桓下拜受胙　左傳　僖公九年

會于葵丘，尋盟，且脩好，禮也。

王使宰孔賜齊侯胙，曰：「天子有事于文、武，使孔賜伯舅胙。」齊侯將下拜。孔曰：「且有後命。天子使孔曰：『以伯舅耋老，加勞，賜一級，無下拜。』」對曰：「天威不違顏咫尺，小白，余敢貪天子之命，無下拜？恐隕越于下，以遺天子羞，敢不下拜？」

陰飴甥對秦伯　左傳　僖公十五年

十月，晉陰飴甥會秦伯，盟于王城。

秦伯曰：「晉國和乎？」對曰：「不和。小人恥失其君而悼喪其親，不憚征繕以立圉也，曰：『必報讎，寧事戎狄。』君子愛其君而知其罪，不憚征繕以待秦命，曰：『必報德，有死無二。』以此不和。」

秦伯曰：「國謂君何？」對曰：「小人慼，謂之不免；君子恕，以爲必歸。小人曰：『我毒秦，秦豈歸君？』君子曰：『我知罪矣，秦必歸君。貳而執之，服而舍之，德莫厚焉，刑莫威焉。服者懷德，貳者畏刑。此一役也，秦可以霸。納而不定，廢而不立，以德爲怨，秦不其然。』」

秦伯曰：「是吾心也。」改館晉侯，饋七牢焉。

子魚論戰　左傳　僖公二十二年

楚人伐宋以救鄭，宋公將戰，大司馬固諫曰：「天之棄商久矣！君將興之，弗可赦也已。」弗聽。

及[三]楚人戰于泓。宋人既成列，楚人未既濟。司馬曰：「彼衆我寡，及其未既濟也，請擊之。」公曰：「不可。」既濟而未成列，又以告。公曰：「未可。」既陳而後擊之，宋師敗績。公傷股，門官殲焉。

國人皆咎公。公曰：「君子不重傷，不禽二毛。古之爲軍也，不以阻隘也。寡人雖亡國之餘，不鼓不成列。」子魚曰：「君未知戰。勍敵之人，隘而不列，天贊我也。阻而鼓之，不亦可乎？猶有懼焉。且今之勍者，皆吾敵也。雖及胡耇，獲則取之，何有於二毛？明恥教戰，求殺敵也。傷未及死，如何勿重？若愛重傷，則如勿傷；愛其二毛，則如服焉。三軍以利用也，金鼓以聲氣也。利而用之，阻隘可也；聲盛致志，鼓儳可也。」

〔二〕「及楚人」上原有「冬十一月己巳朔宋公」。

左傳　僖公二十四年　寺人披見文公

呂、郤畏偪，將焚公宮而弑晉侯。

寺人披請見。公使讓之，且辭焉，曰：「蒲城之役，君命一宿，女即至。其後余從狄君以田渭濱，女爲惠公來求殺余，命女三宿，女中宿至。雖有君命，何其速也？夫袪猶在，女其行乎！」

對曰：「臣謂君之入也，其知之矣。若猶未也，又將及難。君命無二，古之制也。除君之惡，唯力是視。蒲人、狄人，余何有焉？今君即位，其無蒲、狄乎？齊桓公置射鉤而使管仲相，君若易之，何辱命焉？行者甚衆，豈唯刑臣？」

公見之，以難告。三月，晉侯潛會秦伯于王城。己丑晦，公宮火。瑕甥、郤芮不獲公。乃如河上，秦伯誘而殺之。

介之推不言祿

左傳　僖公二十四年

晉侯賞從亡者，介之推不言祿，祿亦弗及。

推曰：「獻公之子九人，唯君在矣。惠、懷無親，外內棄之。天未絕晉，必將有主。主晉祀者，非君而誰？天實置之，而二三子以爲己力，不亦誣乎？竊人之財，猶謂之盜，況貪天之功以爲己力乎？下義其罪，上賞其姦，上下相蒙，難與處矣。」

其母曰：「盍亦求之？以死，誰懟？」對曰：「尤而效之，罪又甚焉！且出怨言，不食其食。」其母曰：「亦使知之，若何？」對曰：「言，身之文也。身將隱，焉用文之？是求顯也。」其母曰：「能如是乎？與女偕隱。」遂隱而死。

晉侯求之不獲，以緜上爲之田。曰：「以志吾過，且旌善人。」

展喜犒師

左傳　僖公二十六年

齊孝公伐我北鄙。[三] 公使展喜犒師，使受命於展禽。

齊侯未入竟，展喜從之，曰：「寡君聞君親舉玉趾，將辱於敝邑，使下臣犒執事。」

齊侯曰：「魯人恐乎？」對曰：「小人恐矣，君子則否。」齊侯曰：「室如縣罄，野無青草，何恃而不恐？」對曰：「恃先王之命。昔周公、大公股肱周室，夾輔成王。成王勞之，而賜之盟，曰：『世世子孫無相害也。』載在盟府，大師職之。桓公是以糾合諸侯，而謀其不協，彌縫其闕，而匡救其災，昭舊職也。及君即位，諸侯之望曰：『其率桓之功。』我敝邑用不敢保聚，曰：『豈其嗣世九年，而棄命廢職？其若先君何？君必不然。』恃此以不恐。」齊侯乃還。

〔二〕「齊孝公伐我北鄙」下原有「衛人伐齊，洮之盟故也。」

燭之武退秦師

左傳　僖公三十年

晉侯、秦伯圍鄭，以其無禮於晉，且貳於楚也。晉軍函陵，秦軍氾南。

佚之狐言於鄭伯曰：「國危矣！若使燭之武見秦君，師必退。」公從之。辭曰：「臣之壯也，猶不如人；今老矣，無能爲也已。」公曰：「吾不能早用子，今急而求子，是寡人之過也。然鄭亡，子亦有不利焉。」許之。

夜，縋而出。見秦伯曰：「秦、晉圍鄭，鄭既知亡矣。若亡鄭而有益於君，敢以煩執事。越國以鄙遠，君知其難也。焉用亡鄭以陪鄰？鄰之厚，君之薄也。若舍鄭以爲東道主，行李之往來，共其乏困，君亦無所害。且君嘗爲晉君賜矣，許君焦、瑕，朝濟而夕設版焉，君之所知也。夫晉，何厭之有？既東封鄭，又欲肆其西封，若不闕秦，將焉取之？闕秦以利晉，唯君圖之。」

秦伯說，與鄭人盟。使杞子、逢孫、楊孫戍之，乃還。

子犯請擊之，公曰：「不可，微夫人力不及此。因人之力而敝之，不仁；失其所與，不知；以亂易整，不武。吾其還也。」亦去之。

蹇叔哭師

左傳 僖公三十二年

杞子自鄭使告於秦曰：「鄭人使我掌其北門之管，若潛師以來，國可得也。」穆公訪諸蹇叔，蹇叔曰：「勞師以襲遠，非所聞也。師勞力竭，遠主備之，無乃不可乎？師之所為，鄭必知之；勤而無所，必有悖心。且行千里，其誰不知？」公辭焉。召孟明、西乞、白乙，使出師於東門之外。蹇叔哭之曰：「孟子，吾見師之出，而不見其入也。」公使謂之曰：「爾何知？中壽，爾墓之木拱矣！」

蹇叔之子與師，哭而送之，曰：「晉人禦師必於殽，殽有二陵焉。其南陵，夏后皋之墓也；其北陵，文王之所辟風雨也。必死是間，余收爾骨焉。」

秦師遂東。

古文觀止卷二　周文

鄭子家告趙宣子

左傳　文公十七年

晉侯復合諸侯于扈[一]，平宋也[二]。於是晉侯不見鄭伯，以爲貳於楚也。鄭子家使執訊而與之書，以告趙宣子，曰：

寡君即位三年，召蔡侯而與之事君。九月，蔡侯入於敝邑以行。敝邑以侯宣多之難，寡君是以不得與蔡侯偕。十一月，克減侯宣多，而隨蔡侯以朝於執事。十二年六月，歸生佐寡君之嫡夷，以請陳侯於楚，而朝諸君。十四年七月，寡君又朝以蕆陳事。十五年五月，陳侯自敝邑往朝於君。往年正月，燭之武往，朝夷也。八月，寡君又往朝。以陳、蔡之密邇於楚，而不敢貳焉，則敝邑之故也。雖敝邑之事君，何以不免？在位之中，一朝於襄，而再見於君。夷與孤之二三臣相及於絳。雖我小國，則蔑以過之矣。今大國曰：「爾未逞吾志。」敝邑有亡，無以加焉。

古人有言曰：「畏首畏尾，身其餘幾？」又曰：「鹿死不擇音。」小國之事大國也，德，則其人也；不德，則其鹿也。鋌而走險，急何能擇？命之罔極，亦知亡矣。將悉敝賦以待於鯈，唯執事命之。

文公二年[三]，朝於齊。四年[四]，爲齊侵蔡，亦獲成於楚。居大國之間，而從於強令，豈其罪也？大國若弗圖，無所逃命。

晉鞏朔行成於鄭，趙穿、公壻池爲質焉。

〔二〕左傳原作「晉侯蒐于黃父，遂復合諸侯于扈」，觀止省文。

〔三〕「平宋也」下原有「公不與會，齊難故也。書曰『諸侯』，無功也。」

〔三〕「文公二年」下原有「六月壬申」。

〔四〕「四年」下原有「二月壬戌」。

左傳　宣公三年　王孫滿對楚子

楚子伐陸渾之戎，遂至於雒，觀兵于周疆。定王使王孫滿勞楚子。楚子問鼎之大小、輕重焉。對曰：「在德不在鼎。昔夏之方有德也，遠方圖物，貢金九牧，鑄鼎象物，百物而爲之備，使民知神、姦。故民入川澤山林，不逢不若。螭魅罔兩，莫能逢之。用能協于上下，以承天休。桀有昏德，鼎遷于商，載祀六百。商紂暴虐，鼎遷于周。德之休明，雖小，重也；其姦回昏亂，雖大，輕也。天祚明德，有所厎[三]止。成王定鼎于郟鄏，卜世三十，卜年七百，天所命也。周德雖衰，天命未改。鼎之輕重，未可問也。」

[三] 觀止作「底」，據左傳校本改。阮元校勘記：補刊石經缺，纂圖本、閩、監、毛本作「底」。

左傳 成公二年　齊國佐不辱命

晉師從齊師，入自丘輿，擊馬陘。齊侯使賓媚人賂以紀甗、玉磬與地。「不可，則聽客之所爲。」

賓媚人致賂，晉人不可，曰：「必以蕭同叔子爲質，而使齊之封內盡東其畝。」對曰：「蕭同叔子非他，寡君之母也。若以匹敵，則亦晉君之母也。吾子布大命於諸侯，而曰必質其母以爲信，其若王命何？且是以不孝令也。詩曰：『孝子不匱，永錫爾類。』若以不孝令於諸侯，其無乃非德類也乎？先王疆理天下，物土之宜，而布其利。故詩曰：『我疆我理，南東其畝。』今吾子疆理諸侯，而曰『盡東其畝』而已，唯吾子戎車是利，無顧土宜，其無乃非先王之命也乎？反先王則不義，何以爲盟主？其晉實有闕。四王之王也，樹德而濟同欲焉；五伯之霸也，勤而撫之，以役王命。今吾子求合諸侯，以逞無疆之欲。詩曰：『布政[三]優優，百祿是遒。』子實不優，而棄百祿，諸侯何害焉？不然，寡君之命使臣，則有辭矣！曰：『子以君師辱於敝邑，不腆敝賦，以犒從者。畏君之震，師徒橈敗。吾子惠徼齊國之福，不泯其社稷，使繼舊好，唯是先君之敝器、土地不敢愛。子又不許，請收合餘燼，背城借一。敝邑之幸，亦云從也；況其不幸，敢不唯命是聽？』」

[三]觀止作「敷政」，據左傳校本改。阮元校勘記：詩作「敷政」，鄭氏儀禮聘禮注云：「今文『布』作『敷』」。

左傳　成公三年　楚歸晉知罃

晉人歸楚公子穀臣與連尹襄老之尸于楚，以求知罃。於是荀首佐中軍矣，故楚人許之。王送知罃，曰：「子其怨我乎？」對曰：「二國治戎，臣不才，不勝其任，以爲俘馘。執事不以釁鼓，使歸即戮，君之惠也。臣實不才，又誰敢怨？」王曰：「然則德我乎？」對曰：「二國圖其社稷而求紓其民，各懲其忿，以相宥也，兩釋纍囚，以成其好。二國有好，臣不與及，其誰敢德？」王曰：「子歸，何以報我？」對曰：「臣不任受怨，君亦不任受德，無怨無德，不知所報。」王曰：「雖然，必告不穀。」對曰：「以君之靈，纍臣得歸骨於晉，寡君之以爲戮，死且不朽。若從君之惠而免之，以賜君之外臣首；首其請於寡君，而以戮於宗，亦死且不朽。若不獲命，而使嗣宗職，次及於事，而帥偏師，以脩封疆。雖遇執事，其弗敢違。其竭力致死，無有二心，以盡臣禮。所以報也。」王曰：「晉未可與爭。」重爲之禮而歸之。

左傳 成公十三年　呂相絕秦

晉侯使呂相絕秦，曰：

昔逮我獻公及穆公相好，戮力同心，申之以盟誓，重之以昏姻。天禍晉國，文公如齊，惠公如秦。無祿，獻公即世。穆公不忘舊德，俾我惠公用能奉祀于晉。又不能成大勳，而爲韓之師。亦悔于厥心，用集我文公，是穆之成也。

文公躬擐甲冑，跋履山川，踰越險阻，征東之諸侯，虞、夏、商、周之胤而朝諸秦，則亦既報舊德矣。鄭人怒君之疆埸，我文公帥諸侯及秦圍鄭。秦大夫不詢于我寡君，擅及鄭盟，諸侯疾之，將致命于秦。文公恐懼，綏靖諸侯，秦師克還無害，則是我有大造于西也。

無祿，文公即世，穆爲不弔，蔑死我君，寡我襄公，迭我殽地，奸絕我好，伐我保城，殄滅我費滑，散離我兄弟，撓亂我同盟，傾覆我國家。我襄公未忘君之舊勳，而懼社稷之隕，是以有殽之師。猶願赦罪于穆公，穆公弗聽，而即楚謀我。天誘其衷，成王隕命，穆公是以不克逞志于我。

穆、襄即世，康、靈即位。康公，我之自出，又欲闕翦我公室，傾覆我社稷，帥我蝥賊，以來蕩搖我邊疆，我是以有令狐之役。康猶不悛，入我河曲，伐我涑川，俘我王官，翦我羈馬，我是以有河曲之戰。東道之不通，則是康公絕我好也。

及君之嗣也，我君景公引領西望，曰：「庶撫我乎！」君亦不惠稱盟，利吾有狄難，入我河縣，焚我箕、郜，芟夷我農功，虔劉我邊陲，我是以有輔氏之聚。

君亦悔禍之延，而欲徼福于先君獻、穆，使伯車來命我景公曰：「吾與女同好棄惡，復脩舊德，以追念前勳。」言誓未就，景公即世，我寡君是以有令狐之會。君又不祥，背棄盟誓。白狄及君同州，君之仇讎，而我之昏姻也。君來賜命曰：「吾與女伐狄。」寡君不敢顧昏姻，畏君之威，而受命于吏[二]。君有二心於狄，曰：「晉將伐女。」狄應且憎，是用告我。楚人惡君之二三其德也，亦來告我曰：「秦背令狐之盟，而來求盟于我，昭告昊天上帝、秦三公、楚三王，曰：『余雖與晉出入，余唯利是視。』不穀惡其無成德，是用宣之，以懲不壹[三]。」

諸侯備聞此言，斯是用痛心疾首，暱就寡人。寡人帥以聽命，唯好是求。君若惠顧諸侯，矜哀寡人，而賜之盟，則寡人之願也，其承寧諸侯以退，豈敢徼亂？君若不施大惠，寡人不佞，其不能以諸侯退矣。敢盡布之執事，俾執事實圖利之。

〔二〕觀止作「使」，據左傳改。

〔三〕觀止作「一」，據左傳改。

左傳 襄公十四年　駒支不屈于晉

會于向〔一〕，將執戎子駒支，范宣子親數諸朝，曰：「來，姜戎氏！昔秦人迫逐乃祖吾離于瓜州，乃祖吾離被苫蓋，蒙荊棘以來歸我先君。我先君惠公有不腆之田，與女剖分而食之。今諸侯之事我寡君不如昔者，蓋言語漏洩，則職女之由。詰朝之事，爾無與焉。與，將執女。」

對曰：「昔秦人負恃其衆，貪于土地，逐我諸戎。惠公蠲其大德，謂我諸戎，是四嶽之裔胄也，毋是翦棄。賜我南鄙之田，狐狸〔二〕所居，豺狼所嗥。我諸戎除翦其荊棘，驅其狐狸豺狼，以爲先君不侵不叛之臣，至于今不貳。昔文公與秦伐鄭，秦人竊與鄭盟而舍戍焉，於是乎有殽之師。晉禦其上，戎亢其下，秦師不復，我諸戎實然。譬如捕鹿，晉人角之，諸戎掎之，與晉踣之。戎何以不免？自是以來，晉之百役，與我諸戎相繼于時，以從執政，猶殽志也。豈敢離逷？今官之師旅無乃實有所闕，以攜諸侯，而罪我諸戎！我諸戎飲食衣服不與華同，贄幣不通，言語不達，何惡之能爲？不與於會，亦無瞢焉。」賦青蠅而退。宣子辭焉，使即事於會，成愷悌也。

〔二〕原作「十四年春，吳告敗于晉。會于向，爲吳謀楚故也。范宣子數吳之不德也，以退吳人。執莒公子務婁，以其通楚使也。」

〔三〕觀止作「狸」，據左傳校本改。阮元校勘記：岳本依釋文作「狸」，案說文無「狸」字，陸氏云「本又作貍」。

祁奚請免叔向

左傳　襄公二十一年

欒盈出奔楚，宣子殺羊舌虎，囚叔向〔一〕。人謂叔向曰：「子離於罪，其爲不知乎？」叔向曰：「與其死亡若何？詩曰：『優哉游哉，聊以卒歲。』知也。」

欒王鮒見叔向曰：「吾爲子請。」叔向弗應。出，不拜。其人皆咎叔向。叔向曰：「必祁大夫。」室老聞之曰：「欒王鮒言於君，無不行，求赦吾子，吾子不許。祁大夫所不能也，而曰必由之，何也？」叔向曰：「欒王鮒，從君者也，何能行？祁大夫外舉不棄讎，內舉不失親，其獨遺我乎？詩曰：『有覺德行，四國順之。』夫子覺者也。」

晉侯問叔向之罪於樂王鮒。對曰：「不棄其親，其有焉。」於是祁奚老矣，聞之，乘馹而見宣子，曰：「詩曰：『惠我無疆，子孫保之。』書曰：『聖有謩勳，明徵定保。』夫謀而鮮過、惠訓不倦者，叔向有焉，社稷之固也，猶將十世宥之，以勸能者。今壹不免其身，以棄社稷，不亦惑乎？鯀殛而禹興；伊尹放大甲而相之，卒無怨色；管、蔡爲戮，周公右王，若之何其以虎也棄社稷？子爲善，誰敢不勉？多殺何爲？」宣子說，與之乘，以言諸公而免之。不見叔向而歸，叔向亦不告免焉而朝。

〔三〕原作：「宣子殺箕遺、黃淵、嘉父、司空靖、邴豫、董叔、邴師、申書、羊舌虎、叔羆，囚伯華、叔向、籍偃。」

左傳　襄公二十四年　子產告范宣子輕幣

范宣子爲政，諸侯之幣重，鄭人病之。

二月，鄭伯如晉，子產寓書於子西，以告宣子，曰：「子爲晉國，四鄰諸侯不聞令德，而聞重幣，僑也惑之。僑聞君子長國家者，非無賄之患，而無令名之難。夫諸侯之賄聚於公室，則諸侯貳。若吾子賴之，則晉國貳。諸侯貳，則晉國壞；晉國貳，則子之家壞，何沒沒也！將焉用賄？夫令名，德之輿也；德，國家之基也。有基無壞，無亦是務乎！有德則樂，樂則能久。詩云『樂只君子，邦家之基』，有令德也夫！『上帝臨女，無貳爾心』，有令名也夫！恕思以明德，則令名載而行之，是以遠至邇安。毋寧使人謂子，『子實生我』，而謂『子浚我以生』乎？象有齒以焚其身，賄也。」宣子說，乃輕幣。

左傳　襄公二十五年　晏子不死君難

崔武子見棠姜而美之，遂取之。莊公通焉，崔子弒之。〔一〕

晏子立於崔氏之門外，其人曰：「死乎？」曰：「獨吾君也乎哉，吾死也？」曰：「行乎？」曰：「吾罪也乎哉，吾亡也？」曰：「歸乎？」曰：「君死，安歸？君民者，豈以陵民？社稷是主。臣君者，豈爲其口實？社稷是養。故君爲社稷死，則死之；爲社稷亡，則亡之。若爲己死，而爲己亡，非其私暱，誰敢任之？且人有君而弒之，吾焉得死之？而焉得亡之？將庸何歸？」門啓而入，枕尸股而哭。興，三踊而出。人謂崔子「必殺之！」崔子曰：「民之望也，舍之，得民。」

〔一〕崔子之弒莊公，觀止省文，原作：
齊棠公之妻，東郭偃之姊也。東郭偃臣崔武子。棠公死，偃御武子以弔焉，見棠姜而美之，使偃取之，偃曰：「男女辨姓，今君出自丁，臣出自桓，不可。」武子筮之，遇困䷮之大過䷛，史皆曰「吉」。示陳文子，文子曰：「夫從風，風隕妻，不可娶也。且其繇曰：『困于石，據于蒺梨，入于其宮，不見其妻，凶。』『困于石』，往不濟也。『據于蒺梨』，所恃傷也。『入于其宮，不見其妻，凶』，無所歸也。」崔子曰：「嫠也，何害？先夫當之矣。」遂取之。莊公通焉，驟如崔氏，以崔子之冠賜人。侍者曰：「不可。」公曰：「不爲崔子，其無冠乎？」崔子因是，又以其間伐晉也，曰：「晉必將報。」欲弒公以說于晉，而不獲間。公鞭侍人賈舉，而又近之，乃爲崔子間公。

夏，五月，莒爲且于之役故，莒子朝于齊。甲戌，饗諸北郭，崔子稱疾不視事。乙亥，公問崔子，遂從姜氏，姜入于室，與崔子自側戶出，公拊楹而歌，侍人賈舉止衆從者而入，閉門。甲興，公登臺而請，弗許；請盟，弗許；請自刃於廟，弗許。皆曰：「君之臣杼疾病，不能聽命。近於公宮，陪臣干掫有淫者，不知二命。」公踰牆，又射之，中股，反隊，遂弒之。賈舉、州綽、邴師、公孫敖、封具、鐸父、襄伊、僂堙皆死。祝佗父祭於高唐，至，復命，不說弁而死於崔氏。申蒯，侍漁者，退，謂其宰曰：「爾以帑免，我將死。」其宰曰：「免，是反子之義也。」與之皆死。崔氏殺鬷蔑于平陰。

季札觀周樂

左傳　襄公二十九年

吳公子札來聘[三]，請觀於周樂。使工爲之歌周南、召南，曰：「美哉！始基之矣，猶未也，然勤而不怨矣。」爲之歌邶、鄘、衞，曰：「美哉淵乎！憂而不困者也。吾聞衞康叔、武公之德如是，是其衞風乎？」爲之歌王，曰：「美哉！思而不懼，其周之東乎？」爲之歌鄭，曰：「美哉！其細已甚，民弗堪也。是其先亡乎！」爲之歌齊，曰：「美哉，泱泱乎！大風也哉！表東海者，其大公乎！國未可量也！」爲之歌豳，曰：「美哉，蕩乎！樂而不淫，其周公之東乎！」爲之歌秦，曰：「此之謂夏聲。夫能夏則大，大之至也，其周之舊乎！」爲之歌魏，曰：「美哉，渢渢乎！大而婉，險而易行。以德輔此，則明主也。」爲之歌唐，曰：「思深哉！其有陶唐氏之遺民乎！不然，何憂之遠也？非令德之後，誰能若是？」爲之歌陳，曰：「國無主，其能久乎？」自鄶以下無譏焉。

爲之歌小雅，曰：「美哉！思而不貳，怨而不言，其周德之衰乎？猶有先王之遺民焉！」爲之歌大雅，曰：「廣哉，熙熙乎！曲而有直體，其文王之德乎！」

爲之歌頌，曰：「至矣哉！直而不倨，曲而不屈，邇而不偪，遠而不攜，遷而不淫，復而不厭，哀而不愁，樂而不荒，用而不匱，廣而不宣，施而不費，取而不貪，處而不底，行而不流。五聲和，八風平，節有度，守有序。盛德之所同也！」見舞象箾、南籥者，曰：「美哉！猶有憾。」見舞大武者，曰：「美哉！周之盛也，其若此乎！」見舞韶濩者，曰：「聖人之弘也，而猶有慚德，聖人之難也！」見舞大夏者，曰：「美哉！勤而不德，非禹，其誰能脩之？」見舞韶箾者，曰：「德至矣哉，大矣！如天之無不幬也，如地之無不載也。雖甚盛德，其蔑以加於此矣，觀止矣。若有他樂，吾不敢請已。」

〔二〕「吳公子札來聘」下原有：「見叔孫穆子，說之。謂穆子曰：『子其不得死乎！好善而不能擇人。吾聞君子務在擇人。吾子爲魯宗卿，而任其大政，不愼舉，何以堪之？禍必及子！』」

左傳 襄公三十一年　子產壞晉館垣

子產相鄭伯以如晉，晉侯以我喪故，未之見也。子產使盡壞其館之垣而納車馬焉。士文伯讓之，曰：「敝邑以政刑之不脩，寇盜充斥，無若諸侯之屬辱在寡君者何，是以令吏人完客所館，高其閈閎，厚其牆垣，以無憂客使。今吾子壞之，雖從者能戒，其若異客何？以敝邑之爲盟主，繕完葺牆，以待賓客。若皆毀之，其何以共命？寡君使匄請命。」

對曰：「以敝邑褊小，介於大國，誅求無時，是以不敢寧居，悉索敝賦，以來會時事。逢執事之不閒，而未得見；又不獲聞命，未知見時。不敢輸幣，亦不敢暴露。其輸之，則君之府實也，非薦陳之，不敢輸也。其暴露之，則恐燥濕之不時而朽蠹，以重敝邑之罪。僑聞文公之爲盟主也，宮室卑庳，無觀臺榭，以崇大諸侯之館。館如公寢，庫廄繕脩，司空以時平易道路，圬人以時塓館宮室；諸侯賓至，甸設庭燎，僕人巡宮；車馬有所，賓從有代，巾車脂轄，隸人、牧、圉各瞻其事；百官之屬各展其物；公不留賓，而亦無廢事；憂樂同之，事則巡之；教其不知，而恤其不足。賓至如歸，無寧菑患；不畏寇盜，而亦不患燥濕。今銅鞮之宮數里，而諸侯舍於隸人，門不容車，而不可踰越；盜賊公行，而夭厲不戒。賓見無時，命不可知。若又勿壞，是無所藏幣以重罪也。敢請執事：將何所命之？雖君之有魯喪，亦敝邑之憂也。若獲薦幣，脩垣而行，君之惠也，敢憚勤勞！」

文伯復命。趙文子曰：「信。我實不德，而以隸人之垣以贏諸侯，是吾罪也。」使士文伯謝不敏焉。晉侯見鄭伯，有加禮，厚其宴、好而歸之。乃築諸侯之館。

叔向曰：「辭之不可以已也如是夫！子產有辭，諸侯賴之，若之何其釋辭也？詩曰『辭之輯矣，民之協矣；辭之繹矣，民之莫矣』其知之矣！」

左傳　襄公三十一年　子產論尹何爲邑

子皮欲使尹何爲邑。子產曰：「少，未知可否。」子皮曰：「愿，吾愛之，不吾叛也。使夫往而學焉，夫亦愈知治矣。」子產曰：「不可。人之愛人，求利之也。今吾子愛人則以政，猶未能操刀而使割也，其傷實多。子之愛人，傷之而已，其誰敢求愛於子？子於鄭國，棟也。棟折榱崩，僑將厭焉，敢不盡言？子有美錦，不使人學製焉。大官、大邑，身之所庇也，而使學者制焉，其爲美錦不亦多乎？僑聞學而後入政，未聞以政學者也。若果行此，必有所害。譬如田獵，射御貫，則能獲禽，若未嘗登車射御，則敗績厭覆是懼，何暇思獲？」

子皮曰：「善哉！虎不敏。吾聞君子務知大者、遠者，小人務知小者、近者。我，小人也。衣服附在吾身，我知而愼之；大官、大邑，所以庇身也，我遠而慢之。微子之言，吾不知也。他日我曰，子爲鄭國，我爲吾家，以庇焉，其可也。今而後知不足。自今請，雖吾家，聽子而行。」子產曰：「人心之不同如其面焉，吾豈敢謂子面如吾面乎？抑心所謂危，亦以告也。」子皮以爲忠，故委政焉。子產是以能爲鄭國。

左傳 昭公元年　子產卻楚逆女以兵

楚公子圍聘于鄭，且娶於公孫段氏。伍舉爲介。將入館。鄭人惡之，使行人子羽與之言，乃館於外。既聘，將以衆逆。子產患之，使子羽辭曰：「以敝邑褊小，不足以容從者，請墠聽命。」令尹命大宰伯州犁對曰：「君辱貺寡大夫圍，謂圍將使豐氏撫有而室。圍布几筵，告於莊、共之廟而來。若野賜之，是委君貺於草莽也，是寡大夫不得列於諸卿也。不寧唯是，又使圍蒙其先君，將不得爲寡君老，其蔑以復矣。唯大夫圖之！」子羽曰：「小國無罪，恃實其罪。將恃大國之安靖己，而無乃包藏禍心以圖之？小國失恃，而懲諸侯，使莫不憾者，距違君命，而有所壅塞不行是懼。不然，敝邑，館人之屬也，其敢愛豐氏之祧？」伍舉知其有備也，請垂櫜而入。許之。

子革對靈王

左傳　昭公十二年

楚子狩于州來，次于潁尾。使蕩侯、潘子、司馬督、囂尹午、陵尹喜，帥師圍徐以懼吳。楚子次于乾谿，以爲之援。雨雪，王皮冠，秦復陶，翠被，豹舄，執鞭以出。僕析父從。

右尹子革夕，王見之。去冠、被，舍鞭，與之語，曰：「昔我先王熊繹與呂伋、王孫牟、燮父、禽父並事康王，四國皆有分，我獨無有。今吾使人於周，求鼎以爲分，王其與我乎？」對曰：「與君王哉！昔我先王熊繹辟在荊山，篳路藍縷以處草莽，跋涉山林以事天子，唯是桃弧、棘矢以共禦王事。齊，王舅也；晉及魯、衛，王母弟也。楚是以無分，而彼皆有。今周與四國服事君王，將唯命是從，豈其愛鼎？」王曰：「昔我皇祖伯父昆吾，舊許是宅。今鄭人貪賴其田，而不我與。我若求之，其與我乎？」對曰：「與君王哉！周不愛鼎，鄭敢愛田？」王曰：「昔諸侯遠我而畏晉，今我大城陳、蔡、不羹，賦皆千乘，子與有勞焉，諸侯其畏我乎？」對曰：「畏君王哉！是四國者，專足畏也。又加之以楚，敢不畏君王哉？」

工尹路請曰：「君王命剝圭以爲鏚柲，敢請命。」王入視之。

析父謂子革：「吾子，楚國之望也。今與王言如響，國其若之何？」子革曰：「摩厲以須，王出，吾刃將斬矣。」

王出，復語。左史倚相趨過，王曰：「是良史也，子善視之！是能讀三墳、五典、八索、九丘。」對曰：「臣嘗問焉，昔穆王欲肆其心，周行天下，將皆必有車轍馬跡焉。祭公謀父作祈招之詩以止王心，王是以獲沒於祗宮。臣問其詩而不知也。若問遠焉，其焉能知之？」王曰：「子能乎？」對曰：「能。其詩曰：『祈招之愔愔，式昭德音。思我王度，式如玉，式如金。形民之力，而無醉飽之心。』」

王揖而入，饋不食，寢不寐。數日，不能自克，以及於難。

仲尼曰：「古也有志：『克己復禮，仁也。』信善哉！楚靈王若能如是，豈其辱於乾谿？」

子產論政寬猛

左傳　昭公二十年

鄭子產有疾，謂子大叔曰：「我死，子必爲政。唯有德者能以寬服民，其次莫如猛。夫火烈，民望而畏之，故鮮死焉；水懦弱，民狎而翫之，則多死焉。故寬難。」疾數月而卒。

大叔爲政，不忍猛而寬。鄭國多盜，取人於萑苻之澤。大叔悔之，曰：「吾早從夫子，不及此。」興徒兵以攻萑苻之盜，盡殺之，盜少止。

仲尼曰：「善哉！政寬則民慢，慢則糾之以猛。猛則民殘，殘則施之以寬。寬以濟猛，猛以濟寬，政是以和。」詩曰：『民亦勞止，汔可小康，惠此中國，以綏四方』，施之以寬也。『毋從詭隨，以謹無良；式遏寇虐，慘不畏明』，糾之以猛也。『柔遠能邇，以定我王』，平之以和也。又曰『不競不絿，不剛不柔，布政優優，百祿是遒』，和之至也！」

及子產卒，仲尼聞之，出涕曰：「古之遺愛也。」

吳許越成　左傳　哀公元年

吳王夫差敗越于夫椒，報檇李也。遂入越。越子以甲楯五千保于會稽，使大夫種因吳大宰嚭以行成。

吳子將許之。伍員曰：「不可。臣聞之：『樹德莫如滋，去疾莫如盡。』昔有過澆殺斟灌以伐斟鄩，滅夏后相，后緡方娠，逃出自竇，歸于有仍，生少康焉。爲仍牧正，惎澆能戒之。澆使椒求之，逃奔有虞，爲之庖正，以除其害。虞思於是妻之以二姚，而邑諸綸，有田一成，有眾一旅。能布其德，而兆其謀，以收夏眾，撫其官職；使女艾諜澆，使季杼誘豷，遂滅過、戈，復禹之績，祀夏配天，不失舊物。今吳不如過，而越大於少康，或將豐之，不亦難乎！句踐能親而務施，施不失人，親不棄勞。與我同壤，而世爲仇讎。於是乎克而弗取，將又存之，違天而長寇讎，後雖悔之，不可食已。姬之衰也，日可俟也。介在蠻夷，而長寇讎，以是求伯，必不行矣！」弗聽。退而告人曰：「越十年生聚，而十年教訓，二十年之外，吳其爲沼乎！」

古文觀止卷三　周文

國語　周語上　祭公諫征犬戎

穆王將征犬戎，祭公謀父諫曰：

不可。先王耀德不觀兵。夫兵戢而時動，動則威，觀則玩，玩則無震。是故周文公之頌曰：「載戢干戈，載櫜弓矢。我求懿德，肆于時夏，允王保之。」先王之於民也，茂正其德而厚其性，阜其財求而利其器用，明利害之鄉，以文修之，使務利而避害，懷德而畏威，故能保世以滋大。

昔我先王世后稷，以服事虞、夏。及夏之衰也，棄稷不務，我先王不窋用失其官，而自竄於戎、翟之間，不敢怠業，時序其德，纂修其緒，修其訓典，朝夕恪勤，守以惇篤，奉以忠信，奕世載德，不忝前人。至于武王，昭前之光明而加之以慈和，事神保民，莫不欣喜。商王帝辛，大惡於民。庶民弗忍，欣戴武王，以致戎于商牧。是先王非務武也，勤恤民隱而除其害也。

夫先王之制：邦內甸服，邦外侯服，侯、衞賓服，蠻、夷要服，戎、翟荒服。甸服者祭，侯服者祀，賓服者享，要服者貢，荒服者王。日祭、月祀、時享、歲貢、終王，先王之訓也。有不祭則修意，有不祀則修言，有不享則修文，有不貢則修名，有不王則修德，序成而有不至則修刑。於是乎有刑不祭，伐不祀，征不享，讓不貢，告不王。於是乎有刑罰之辟，有攻伐之兵，有征討之備，有威讓之令，有文告之辭。布令陳辭而又不至，則又增修於德無勤民於遠，是以近無不聽，遠無不服。

今自大畢、伯士之終也，犬戎氏以其職來王，天子曰：「予必以不享征之，且觀之兵。」其無乃廢先王之訓而王幾頓乎！吾聞夫犬戎樹惇，能帥舊德而守終純固，其有以禦我矣！

王不聽，遂征之，得四白狼，四白鹿以歸。自是荒服者不至。

國語　周語上　召公諫厲王弭謗

厲王虐，國人謗王，召公告曰：「民不堪命矣！」王怒，得衞巫，使監謗者，以告，則殺之。國人莫敢言，道路以目。王喜，告召公曰：「吾能弭謗矣，乃不敢言。」

召公曰：「是障之也，防民之口，甚於防川。川壅而潰，傷人必多，民亦如之。是故爲川者決之使導，爲民者宣之使言。故天子聽政，使公卿至於列士獻詩，瞽獻典，史獻書，師箴，瞍賦，矇誦，百工諫，庶人傳語，近臣盡規，親戚補察，瞽、史教誨，耆、艾修之，而後王斟酌焉，是以事行而不悖。民之有口，猶土之有山川也，財用於是乎出；猶其有原隰衍沃也，衣食於是乎生。口之宣言也，善敗於是乎興，行善而備敗，所以阜財用、衣食者也。夫民慮之於心而宣之於口，成而行之，胡可壅也？若壅其口，其與能幾何？」

王弗聽，於是國人莫敢出言。三年，乃流王於彘。

國語　周語中　襄王不許請隧

晉文公既定襄王於郟，王勞之以地，辭，請隧焉。王弗許，曰：「昔我先王之有天下也，規方千里以爲甸服，以供上帝山川百神之祀；以備百姓兆民之用，以待不庭不虞之患。其餘以均分公侯伯子男，使各有寧宇，以順及天地，無逢其災害。先王豈有賴焉。內官不過九御，外官不過九品，足以供給神祇而已，豈敢厭縱其耳目心腹以亂百度？亦唯是死生之服物采章，以臨長百姓而輕重布之，王何異之有？今天降禍災於周室，余一人僅亦守府，又不佞以勤叔父，而班先王之大物以賞私德。其叔父實應且憎，以非余一人，余一人豈敢有愛也？先民有言曰：『改玉改行。』叔父若能光裕大德，更姓改物，以創制天下，自顯庸也，而縮取備物以鎮撫百姓，余一人其流辟於裔土，何辭之與有？若由[三]是姬姓也，尚將列爲公侯，以復先王之職，大物其未可改也。叔父其茂昭明德，物將自至，余敢以私勞變前之大章，以忝天下。其若先王與百姓何？何政令之爲也？若不然，叔父有地而隧焉，余安能知之？」

文公遂不敢請，受地而還。

[三] 觀止作「猶」，據國語各本改。徐元誥集解：「由」與「猶」通用。

國語 周語中　單子知陳必亡

定王使單襄公聘於宋。遂假道於陳，以聘於楚。火朝覿矣，道茀不可行也，候不在疆，司空不視塗，澤不陂，川不梁，野有庾積，場功未畢，道無列樹，墾田若蓺，膳宰不致餼，司里不授館，國無寄寓，縣無施舍，民將築臺於夏氏。及陳，陳靈公與孔寧、儀行父南冠以如夏氏，留賓弗見。

單子歸，告王曰：「陳侯不有大咎，國必亡。」王曰：「何故？」對曰：

夫辰角見而雨畢，天根見而水涸，本見而草木節解，駟見而隕霜，火見而清風戒寒。故先王之教曰：「雨畢而除道，水涸而成梁，草木節解而備藏，隕霜而冬裘具，清風至而修城郭宮室。」故夏令曰：「九月除道，十月成梁。」其時儆曰：「收而場功，侍而畚梮[三]，營室之中，土功其始。火之初見，期於司里。」此先王所以不用財賄，而廣施德於天下者也。今陳國火朝覿矣，而道路若塞，野場若棄，澤不陂障，川無舟梁，是廢先王之教也。

周制有之曰：「列樹以表道，立鄙食以守路。國有郊牧，疆有寓望，藪有圃草，囿有林池，所以禦災也。其餘無非穀土，民無懸耜，野無奧草。不奪民時，不蔑民功。有優無匱，有逸無罷。國有班事，縣有序民。」今陳國道路不可知，田在草間，功成而不收，民罷於逸樂，是棄先王之法制也。

周之秩官有之曰：「敵國賓至，關尹以告，行理以節逆之，候人爲導，卿出郊勞，門尹除門，宗祝執祀，司里授館，司徒具徒，司空視塗，司寇詰姦，虞人入材，甸人積薪，火師監燎，水師監濯，膳宰致饔，廩人獻餼，司馬陳芻，工人展車，百官[三]以物至，賓入如歸。是故小大莫不懷愛。其貴國之賓至，則以班加一等，益虔。至於王使，則皆官正蒞事，上卿監之。若王巡守，則君親監之。」今雖朝也不才，有分族於周，承王命以爲過賓於陳，而司事莫至，是蔑先王之官也。

先王之令有之曰：「天道賞善而罰淫，故凡我造國，無從非[三]彝，無即慆淫，各守爾典，以承天休。」今陳侯不念胤續之常，棄其伉儷妃嬪，而帥其卿佐以淫於夏氏，不亦瀆姓矣乎？陳，我大姬之後也。棄袞冕而南冠以出，不亦簡彝乎？是又犯先王之令也。昔先王之教，茂帥其德也，猶恐殞越。若廢其教而棄其制，蔑其官而犯其令，將何以守國？居大國之閒，而無此四者，其能久乎？

六年，單子如楚。八年，陳侯殺於夏氏。九年，楚子入陳。

〔一〕觀止作「捐」，據國語校本改。汪遠孫考異：舊音出「畚挶」，案內傳襄九年「陳畚挶」，唐石經從木，說文「挶，輂持也。」非此義。

〔二〕觀止「百官」下有「各」字，據國語校本刪。

〔三〕觀止作「匪」，從國語各本改。

國語 魯語上　展禽論祀爰居

海鳥曰「爰居」，止於魯東門之外三日，臧文仲使國人祭之。展禽曰：

越哉，臧孫之爲政也！夫祀，國之大節也；而節，政之所成也。故愼制祀以爲國典。今無故而加典，非政之宜也。

夫聖王之制祀也，法施於民則祀之，以死勤事則祀之，以勞定國則祀之，能禦大災則祀之，能捍大患則祀之。非是族也，不在祀典。昔烈山氏之有天下也，其子曰柱，能殖[二]百穀百蔬；夏之興也，周棄繼之，故祀以爲稷。共工氏之伯九有也，其子曰后土，能平九土，故祀以爲社。黃帝能成命百物，以明民共財，顓頊能修之。帝嚳能序三辰以固民，堯能單均刑法以儀民，舜勤民事而野死，鯀鄣洪水而殛死，禹能以德修鯀之功，契爲司徒而民輯，冥勤其官而水死，湯以寬治民而除其邪，稷勤百穀而山死，文王以文昭，武王去民之穢。故有虞氏禘黃帝而祖顓頊，郊堯而宗舜；夏后氏禘黃帝而祖顓頊，郊鯀而宗禹；商人禘舜而祖契，郊冥而宗湯；周人禘嚳而郊稷，祖文王而宗武王；幕，能帥顓頊者也，有虞氏報焉；杼，能帥禹者也，夏后氏報焉；上甲微，能帥契者也，商人報焉；高圉、大王，能帥稷者也，周人報焉。凡禘、郊、祖、宗、報，此五者國之典祀也。

加之以社稷山川之神，皆有功烈於民者也；及前哲令德之人，所以爲明[三]質也；及天之三辰，民所以瞻仰也；及地之五行，所以生殖也；及九州名山川澤，所以出財用也。非是，不在祀典。今海鳥至，己[三]不知而祀之，以爲國典，難以爲仁且知矣。夫仁者講功，而知者處物。無功而祀之，非仁也；不知而不問，非知也。今茲海其有災乎？夫廣川之鳥獸，恆知避其災也。

是歲也，海多大風，冬煥。文仲聞柳下季之言，曰：「信吾過也，季子之言不可不法也。」使書以爲三筴。

〔一〕觀止作「植」，據國語各本改。
〔二〕觀止作「民」，據國語各本改。
〔三〕觀止作「已」，據國語各本改。

里革斷罟匡君

國語 魯語上

宣公夏濫於泗淵，里革斷其罟而棄之，曰：「古者大寒降，土蟄發，水虞於是乎講罛罶，取名魚，登川禽，而嘗之寢廟，行諸國人，助宣氣也。鳥獸孕，水蟲成，獸虞於是乎禁罝羅，矠魚鱉以爲夏犒，助生阜也。鳥獸成，水蟲孕，水虞於是乎禁罝䍡，設穽鄂，以實廟庖，畜功用也。且夫山不槎蘖，澤不伐夭，魚禁鯤鮞，獸長麑䴠，鳥翼鷇卵，蟲舍蚳蝝，蕃庶物也，古之訓也。今魚方別孕，不教魚長，又行網罟，貪無藝也。」

公聞之曰：「吾過而里革匡我，不亦善乎！是良罟也，爲我得法。使有司藏之，使吾無忘諗。」師存侍，曰：「藏罟不如寘里革於側之不忘也。」

國語　魯語下　敬姜論勞逸

公父文伯退朝，朝其母，其母方績，文伯曰：「以歜之家而主猶績，懼干季孫之怒也。其以歜爲不能事主乎？」其母歎曰：

「魯其亡乎！使僮子備官而未之聞耶？居，吾語女。昔聖王之處民也，擇瘠土而處之，勞其民而用之，故長王天下。夫民勞則思，思則善心生；逸則淫，淫則忘善，忘善則惡心生。沃土之民不材，淫也；瘠土之民莫不嚮義，勞也。是故天子大采朝日，與三公、九卿祖識地德，日中考政，與百官之政事、師尹、惟旅、牧、相宣序民事；少采夕月，與大史、司載糾虔天刑；日入監九御，使潔奉禘、郊之粢盛，而後即安。諸侯朝修天子之業命，晝考其國職，夕省其典刑，夜儆百工，使無慆淫，而後即安。卿大夫朝考其職，晝講其庶政，夕序其業，夜庀其家事，而後即安。士朝受業，晝而講貫，夕而習復，夜而計過無憾，而後即安。自庶人以下，明而動，晦而休，無日以怠。

王后親織玄紞，公侯之夫人加之紘、綖，卿之內子爲大帶，命婦成祭服，列士之妻加之以朝服，自庶士以下，皆衣其夫。社而賦事，烝而獻功，男女效績，愆則有辟，古之制也。君子勞心，小人勞力，先王之訓也。自上以下，誰敢淫心舍力？

今我，寡也，爾又在下位，朝夕處事，猶恐忘先人之業。況有怠惰，其何以避辟？吾冀而朝夕修我，曰：「必無廢先人。」爾今曰：「胡不自安？」以是承君之官，余懼穆伯之絕祀也。

仲尼聞之曰：「弟子志之，季氏之婦不淫矣！」

國語 晉語八　叔向賀貧

叔向見韓宣子，宣子憂貧，叔向賀之。宣子曰：「吾有卿之名，而無其實，無以從二三子，吾是以憂，子賀我何故？」

對曰：「昔欒武子無一卒之田，其官不備其宗器，宣其德行，順其憲則，使越于諸侯，諸侯親之，戎、狄懷之，以正晉國，行刑不疚，以免於難。及桓子驕泰奢侈，貪欲無藝，略則行志，假貸[三]居賄，宜及於難，而賴武之德，以沒其身。及懷子改桓之行，而修武之德，可以免於難，而離桓之罪，以亡於楚。夫郤昭子，其富半公室，其家半三軍，恃其富寵，以泰于國，其身尸於朝，其宗滅於絳。不然，夫八郤，五大夫三卿，其寵大矣，一朝而滅，莫之哀也，唯無德也。今吾子有欒武子之貧，吾以爲能其德矣，是以賀。若不憂德之不建，而患貨之不足，將弔不暇，何賀之有？」

宣子拜稽首焉，曰：「起也將亡，賴子存之，非起也敢專承之，其自桓叔以下嘉吾子之賜。」

〔二〕觀止作「貨」，據國語各本改。

王孫圉論楚寶

國語　楚語下

王孫圉聘於晉，定公饗之，趙簡子鳴玉以相，問於王孫圉曰：「楚之白珩猶在乎？」對曰：「然。」簡子曰：「其爲寶也，幾何矣。」

曰：「未嘗爲寶。楚之所寶者，曰觀射父，能作訓辭，以行事於諸侯，使無以寡君爲口實。又有左史倚相，能道訓典，以敘百物，以朝夕獻善敗於寡君，使寡君無忘先王之業；又能上下說乎鬼神，順道其欲惡，使神無有怨痛於楚國。又有藪曰雲連徒洲，金木竹箭之所生也。龜、珠、角、齒、皮、革、羽、毛，所以備賦，以戒不虞者也。所以共幣帛，以賓享於諸侯者也。若諸侯之好幣具，而導之以訓辭，有不虞之備，而皇神相之，寡君其可以免罪於諸侯，而國民保焉。此楚國之寶也。若夫白珩，先王之玩也，何寶焉？圉聞國之寶六而已。聖能制議百物，以輔相國家，則寶之；玉足以庇廕嘉穀，使無水旱之災，則寶之；龜足以憲臧否，則寶之；珠足以禦火災，則寶之；金足以禦兵亂，則寶之；山林藪澤足以備財用，則寶之。若夫譁囂之美，楚雖蠻夷，不能寶也。」

國語　吳語

諸稽郢行成於吳

吳王夫差起師伐越，越王句踐起師逆之江[三]。大夫種乃獻謀曰：「夫吳之與越，唯天所授，王其無庸戰。夫申胥、華登簡服吳國之士於甲兵，而未嘗有所挫也。夫一人善射，百夫決拾，勝未可成也。夫謀必素見成事焉，而後履之，不可以授命。王不如設戎，約辭行成，以喜其民，以廣侈吳王之心。吾以卜之於天，天若棄吳，必許吾成而不吾足也，將必寬然有伯諸侯之心焉。既罷弊其民，而天奪之食，安受其燼，乃無有命矣。」越王許諾。

乃命諸稽郢行成於吳，曰：

寡君句踐使下臣郢不敢顯然布幣行禮，敢私告於下執事曰：昔者越國見禍，得罪於天王。天王親趨玉趾，以心孤句踐，而又宥赦之。君王之於越也，繄起死人而肉白骨也。孤不敢忘天災，其敢忘君王之大賜乎！今句踐申禍無良，草鄙之人，敢忘天王之大德，而思邊垂之小怨，以重得罪於下執事？句踐用帥二三之老，親委重罪，頓顙於邊。

今君王不察，盛怒屬兵，將殘伐越國。越國固貢獻之邑也，君王不以鞭箠使之，而辱軍士使寇令焉。句踐請盟：一介嫡女，執箕帚以晐姓於王宮；一介嫡男，奉槃匜以隨諸御；春秋貢獻，不解於王府。天王豈辱裁之？亦征諸侯之禮也。

夫諺曰：「狐埋之而狐搰之，是以無成功。」今天王既封殖越國，以明聞於天下，而又刈亡之，是天王之無成勞也。雖四方之諸侯，則何實以事吳？敢使下臣盡辭，唯天王秉利度義焉！

〔二〕觀止從公序本「之」下有「江」字。汪遠孫考異：公序本下有「江」字，或涉注而衍。

國語　吳語　申胥諫許越成

吳王夫差乃告諸大夫曰：「孤將有大志於齊，吾將許越成，而無拂吾慮。若越既改，吾又何求？若其不改，反行，吾振旅焉。」

申胥諫曰：「不可許也。夫越非實忠心好吳也，又非懾畏吾兵甲之彊也。大夫種勇而善謀，將還玩吳國於股掌之上，以得其志。夫固知君王之蓋威以好勝也，故婉約其辭，以從逸王志，使淫樂於諸夏之國，以自傷也。使吾甲兵鈍獘，民人離落，而日以憔悴，然後安受吾燼。夫越王好信以愛民，四方歸之，年穀時熟，日長炎炎。及吾猶可以戰也，爲虺弗摧，爲蛇將若何？」

吳王曰：「大夫奚隆於越，越曾足以爲大虞乎？若無越，則吾何以春秋曜吾軍士？」乃許之成。

將盟，越王又使諸稽郢辭曰：「以盟爲有益乎？前盟口血未乾，足以結信矣。以盟爲無益乎？君王舍甲兵之威以臨使之，而胡重於鬼神而自輕也？」吳王乃許之，荒成不盟。

公羊傳　隱公元年　春王正月

元年者何？君之始年也。春者何？歲之始也。王者孰謂？謂文王也。曷爲先言王而後言正月？王正月也。何言乎王正月？大一統也。

公何以不言即位？成公意也。何成乎公之意？公將平國而反之桓。曷爲反之桓？桓幼而貴，隱長而卑。其爲尊卑也微，國人莫知。隱長又賢，諸大夫扳隱而立之。隱於是焉而辭立，則未知桓之將必得立也。且如桓立，則恐諸大夫之不能相幼君也，故凡隱之立爲桓立也。隱長又賢，何以不宜立？立適以長不以賢，立子以貴不以長。桓何以貴？母貴也。母貴則子何以貴？子以母貴，母以子貴。

公羊傳　宣公十五年　宋人及楚人平

外平不書，此何以書？大其平乎己也。何大乎〔三〕其平乎己？莊王圍宋，軍有七日之糧爾，盡此不勝，將去而歸爾。於是使司馬子反乘堙而闚宋城，宋華元亦乘堙而出見之。司馬子反曰：「子之國如何？」華元曰：「憊矣！」曰：「何如？」曰：「易子而食之，析骸而炊之。」司馬子反曰：「嘻！甚矣憊！雖然，吾聞之也。圍者柑馬而秣之，使肥者應客，是何子之情也？」華元曰：「吾聞之，君子見人之厄則矜之，小人見人之厄則幸之。吾見子之君子也，是以告情于子也。」司馬子反曰：「諾，勉之矣！吾軍亦有七日之糧爾，盡此不勝，將去而歸爾。」揖而去之。

反于莊王。莊王曰：「何如？」司馬子反曰：「憊矣！」曰：「何如？」曰：「易子而食之，析骸而炊之。」莊王曰：「嘻！甚矣憊！雖然，吾今取此，然後而歸爾。」司馬子反曰：「不可。臣已告之矣，軍有七日之糧爾。」莊王怒曰：「吾使子往視之，子曷爲告之？」司馬子反曰：「以區區之宋，猶有不欺人之臣，可以楚而無乎？是以告之也。」莊王曰：「諾，舍而止。雖然，吾猶取此然後歸爾。」司馬子反曰：「然則君請處于此，臣請歸爾。」莊王曰：「子去我而歸，吾孰與處于此？吾亦從子而歸爾。」引師而去之。故君子大其平乎己也。此皆大夫也。

其稱人何？貶。曷爲貶？平者在下也。

〔二〕觀止「大」下脱「乎」字，據公羊傳校本補。

吳子使季札來聘

公羊傳　襄公二十九年

吳無君無大夫，此何以有君有大夫？賢季子也。何賢乎季子？讓國也。其讓國奈何？謁也、餘祭也、夷昧也與季子同母者四。季子弱而才，兄弟皆愛之，同欲立之以爲君。謁曰：「今若是迮而與季子國，季子猶不受也。請無與子而與弟，弟兄迭爲君，而致國乎季子。」皆曰：「諾。」故諸爲君者，皆輕死爲勇，飲食必祝，曰：「天苟有吳國，尚速有悔於予身。」故謁也死，餘祭也立。餘祭也死，夷昧也立。夷昧也死，則國宜之季子者也。季子使而亡焉。

僚者，長庶也，即之。季子使而反，至而君之爾。闔廬曰：「先君之所以不與子國，而與弟者，凡爲季子故也。將從先君之命與？則國宜之季子者也。如不從先君之命與？則我宜立者也。僚惡得爲君乎？」於是使專諸刺僚，而致國乎季子。季子不受，曰：「爾弒吾君，吾受爾國，是吾與爾爲篡也。爾殺吾兄，吾又殺爾，是父子兄弟相殺，終身無已也。」去之延陵，終身不入吳國。故君子以其不受爲義，以其不殺爲仁。

賢季子則吳何以有君有大夫？以季子爲臣，則宜有君者也。札者何？吳季子之名也。

春秋賢者不名，此何以名？許夷狄者不壹而足也。季子者所賢也，曷爲不足乎季子？許人臣者必使臣，許人子者必使子也！

鄭伯克段于鄢

穀梁傳　隱公元年

克者何？能也。何能也？能殺也。何以不言殺？見段之有徒衆也。段，鄭伯弟也。何以知其爲弟也？殺世子母弟目君，以其目君，知其爲弟也。段，弟也，而弗謂弟；公子也，而弗謂公子；貶之也。段失子弟之道矣，賤段而甚鄭伯也。何甚乎鄭伯？甚鄭伯之處心積慮，成於殺也。于鄢，遠也。猶曰取之其母之懷中而殺之云爾，甚之也。然則爲鄭伯者宜奈何？緩追逸賊，親親之道也。

虞師晉師滅夏陽

穀梁傳　僖公二年

非國而曰滅，重夏陽也。虞無師，其曰師，何也？以其先晉，不可以不言師也。其先晉，何也？爲主乎滅夏陽也。夏陽者，虞、虢之塞邑也，滅夏陽而虞、虢舉矣。

虞之爲主乎滅夏陽，何也？晉獻公欲伐虢，荀息曰：「君何不以屈產之乘，垂棘之璧而借道乎虞也？」公曰：「此晉國之寶也，如受吾幣而不借吾道則如之何？」荀息曰：「此小國之所以事大國也，彼不借吾道必不敢受吾幣，如受吾幣而借吾道，則是我取之中府而藏之外府，取之中廄而置之外廄也。」公曰：「宮之奇存焉，必不使受之也。」荀息曰：「宮之奇之爲人也，達心而懦，又少長於君。達心則其言略，懦則不能彊諫，少長於君則君輕之。且夫玩好在耳目之前，而患在一國之後，此中知以上乃能慮之。臣料虞君中知以下也。」

公遂借道而伐虢。宮之奇諫曰：「晉國之使者，其辭卑而幣重，必不便於虞。」虞公弗聽，遂受其幣而借之道。宮之奇[二]諫曰：「語曰『脣亡則齒寒』，其斯之謂與！」挈其妻子以奔曹。

獻公亡虢，五年而後舉虞。荀息牽馬操璧而前曰：「璧則猶是也，而馬齒加長矣。」

[二] 觀止「宮之奇」下有「又」字，據穀梁傳校本改。

禮記　檀弓上　晉獻公殺世子申生

晉獻公將殺其世子申生。公子重耳謂之曰：「子蓋言子之志於公乎？」世子曰：「不可。君安驪姬，是我傷公之心也。」曰：「然則蓋行乎？」世子曰：「不可。君謂我欲弒君也。天下豈有無父之國哉！吾何行如之？」

使人辭於狐突曰：「申生有罪，不念伯氏之言也，以至於死。申生不敢愛其死。雖然，吾君老矣，子少，國家多難。伯氏不出而圖吾君，伯氏苟出而圖吾君，申生受賜而死！」再拜稽首，乃卒。是以爲恭世子也。

禮記　檀弓上　曾子易簀

曾子寢疾，病。樂正子春坐於牀下，曾元、曾申坐於足，童子隅坐而執燭。童子曰：「華而睆，大夫之簀與？」子春曰：「止！」曾子聞之，瞿然曰：「呼！」曰：「華而睆，大夫之簀與？」曾子曰：「然。斯季孫之賜也，我未之能易也。元，起易簀！」曾元曰：「夫子之病革矣，不可以變，幸而至於旦，請敬易之。」曾子曰：「爾之愛我也不如彼。君子之愛人也以德，細人之愛人也以姑息。吾何求哉？吾得正而斃焉，斯已矣。」舉扶而易之，反席未安而沒。

禮記　檀弓上　有子之言似夫子

有子問於曾子曰：「問喪於夫子乎？」曰：「聞之矣：『喪欲速貧，死欲速朽。』」有子曰：「是非君子之言也！」曾子曰：「參也聞諸夫子也！」有子又曰：「是非君子之言也！」曾子曰：「參也與子游聞之。」有子曰：「然，然則夫子有爲言之也。」

曾子以斯言告於子游。子游曰：「甚哉！有子之言似夫子也。昔者夫子居於宋，見桓司馬自爲石椁，三年而不成，夫子曰：『若是其靡也，死不如速朽之愈也。』死之欲速朽，爲桓司馬言之也。南宮敬叔反，必載寶而朝。夫子曰：『若是其貨也，喪不如速貧之愈也。』喪之欲速貧，爲敬叔言之也。」

曾子以子游之言告於有子。有子曰：「然。吾固曰非夫子之言也。」曾子曰：「子何以知之？」有子曰：「夫子制於中都，四寸之棺，五寸之椁，以斯知不欲速朽也。昔者夫子失魯司寇，將之荆，蓋先之以子夏，又申之以冉有，以斯知不欲速貧也。」

禮記 檀弓下 公子重耳對秦客

晉獻公之喪，秦穆公使人弔公子重耳，且曰：「寡人聞之，亡國恆於斯，得國恆於斯。雖吾子儼然在憂服之中，喪亦不可久也，時亦不可失也，孺子其圖之！」以告舅犯。舅犯曰：「孺子其辭焉。喪人無寶，仁親以爲寶。父死之謂何？又因以爲利，而天下其孰能說之？孺子其辭焉！」公子重耳對客曰：「君惠弔亡臣重耳。身喪父死，不得與於哭泣之哀，以爲君憂。父死之謂何？或敢有他志，以辱君義。」稽顙而不拜，哭而起，起而不私。

子顯以致命於穆公。穆公曰：「仁夫公子重耳！夫稽顙而不拜，則未爲後也，故不成拜。哭而起，則愛父也。起而不私，則遠利也。」

杜蕢揚觶

禮記　檀弓下

知悼子卒，未葬。平公飲酒，師曠、李調侍鼓鐘。杜蕢自外來，聞鐘聲，曰：「安在？」曰：「在寢。」杜蕢入寢，歷階而升。酌曰：「曠飲斯。」又酌曰：「調飲斯。」又酌，堂上北面坐飲之。降，趨而出。

平公呼而進之，曰：「蕢，曩者爾心或開予，是以不與爾言。爾飲曠何也？」曰：「子卯不樂。知悼子在堂，斯其爲子卯也大矣！曠也太師也，不以詔。是以飲之也。」「爾飲調，何也？」曰：「調也，君之褻臣也，爲一飲一食，忘君之疾，是以飲之也。」「爾飲何也？」曰：「蕢也，宰夫也，非刀匕是共，又敢與知防，是以飲之也。」

平公曰：「寡人亦有過焉，酌而飲寡人。」杜蕢洗而揚觶。公謂侍者曰：「如我死，則必毋廢斯爵也。」至于今，既畢獻，斯揚觶，謂之「杜舉」。

晉獻文子成室

禮記　檀弓下

晉獻文子成室，晉大夫發焉。張老曰：「美哉輪焉！美哉奐焉！歌於斯，哭於斯，聚國族於斯！」文子曰：「武也得歌於斯，哭於斯，聚國族於斯，是全要領以從先大夫於九京也！」北面再拜稽首。君子謂之善頌、善禱。

古文觀止卷四　秦文　楚辭

戰國策　秦策一

蘇秦以連橫說秦

蘇秦始將連橫說秦惠王，曰：「大王之國，西有巴、蜀、漢中之利，北有胡貉、代馬之用，南有巫山、黔中之限，東有殽函之固，田肥美，民殷富，戰車萬乘，奮擊百萬，沃野千里，蓄積饒多，地勢形便，此所謂天府，天下之雄國也。以大王之賢，士民之衆，車騎之用，兵法之教，可以幷諸侯，吞天下，稱帝而治。願大王少留意，臣請奏其効。」

秦王曰：「寡人聞之，毛羽不豐滿者不可以高飛，文章不成者不可以誅罰，道德不厚者不可以使民，政教不順者不可以煩大臣。今先生儼然不遠千里而庭教之，願以異日。」

蘇秦曰：「臣固疑大王之不能用也。昔者神農伐補遂，黃帝伐涿鹿而禽蚩尤，堯伐驩兜，舜伐三苗，禹伐共工，湯伐有夏，文王伐崇，武王伐紂，齊桓任戰而霸天下。由此觀之，惡有不戰者乎？古者使車轂擊馳，言語相結，天下爲一。約從連橫，兵革不藏。文士並飭，諸侯亂惑。萬端俱起，不可勝理。科條既備，民多僞態。書策稠濁，百姓不足。上下相愁，民無所聊。明言章理，兵甲愈起。辯言偉服，戰攻不息。繁稱文辭，天下不治。舌敝耳聾，不見成功。行義約信，天下不親。於是及廢文任武，厚養死士，綴甲厲兵，効勝於戰場。夫徒處而致利，安坐而廣地，雖古五帝、三王、五霸，明主賢君，常欲坐而致之，其勢不能，故以戰續之。寬則兩軍相攻，迫則杖戟相橦，然後可建大功。是故兵勝於外，義強於內，威立於上，民服於下。今欲并天下，凌萬乘，詘敵國，制海內，子元元，臣諸侯，非兵不可。今之嗣主，忽於至道，皆惛於教，亂於治，迷於言，惑於言，沉於辯，溺於辭，以此論之，王固不能行也。」

說秦王書十上而說不行，黑貂之裘敝，黃金百斤盡。資用乏絕，去秦而歸。羸縢履蹻，負書擔橐，形容枯槁，面目黧黑，狀有愧色。歸至家，妻不下紝，嫂不爲炊，父母不與言。蘇秦喟然歎曰：「妻不以我爲夫，嫂不以我爲叔，父母不以我爲子，是皆秦之罪也！」乃夜發書，陳篋數十，得太公陰符之謀。伏而誦之，簡練以爲揣摩。讀書欲睡，引錐自刺其股，血流至足，曰：「安有說人主不能出其金玉錦繡，取卿相之尊者乎？」

期年，揣摩成。曰：「此眞可以說當世之君矣。」於是乃摩燕烏集闕，見說趙王於華屋之下，抵掌而談。趙王大悅，封爲武安君，受相印，革車百乘，錦繡千純，白璧百雙，黃金萬鎰，以隨其後。約從散橫，以抑強秦。故蘇秦相於趙而關不通。當此之時，天下之大，萬民之衆，王侯之威，謀臣之權，皆欲決蘇秦之策。不費斗糧，未煩一兵，未戰一士，未絕一弦，未折一矢，諸侯相親，賢於兄弟。夫賢人在而天下服，一人用而天下從。故曰：「式於政，不式於勇；式於廊廟之內，不式於四境之外。」當秦之隆，黃金萬鎰爲用，轉轂連騎，炫熿於道。山東之國，從風而服，使趙大重。且夫蘇秦特窮巷掘門、桑戶棬樞之士耳。伏軾撙銜，橫歷天下，庭說諸侯之主，杜左右之口，天下莫之伉。

將說楚王，路過洛陽。父母聞之，清宮除道，張樂設飲，郊迎三十里。妻側目而視，側耳而聽。嫂蛇行匍伏，四拜自跪而謝。蘇秦曰：「嫂何前倨而後卑也？」嫂曰：「以季子之位尊而多金。」蘇秦曰：「嗟乎！貧窮則父母不子，富貴則親戚畏懼。人生世上，勢位富厚，蓋可忽乎哉？」

司馬錯論伐蜀

戰國策 秦策一

司馬錯與張儀爭論於秦惠王前。司馬錯欲伐蜀，張儀曰：「不如伐韓。」王曰：「請聞其說。」

對曰：「親魏善楚，下兵三川，塞轘轅、緱氏之口，當屯留之道，魏絕南陽，楚臨南鄭，秦攻新城、宜陽，以臨二周之郊，誅周主之罪，侵楚、魏之地。周自知不救，九鼎寶器必出。據九鼎，按圖籍，挾天子以令天下，天下莫敢不聽，此王業也。今夫蜀，西僻之國而戎狄之長也，弊兵[三]勞眾不足以成名，得其地不足以爲利。臣聞爭名者於朝，爭利者於市。今三川、周室，天下之市朝也，而王不爭焉，顧爭於戎狄，去王業遠矣。」

司馬錯曰：「不然。臣聞之，欲富國者務廣其地，欲強兵者務富其民，欲王者務博其德。二資者備，而王隨之矣。今王之地小民貧，故臣願從事於易。夫蜀，西僻之國也，而戎狄之長也，而有桀、紂之亂。以秦攻之，譬如使豺狼逐羣羊也。取其地足以廣國也，得其財足以富民。繕兵不傷衆，而彼已服矣。故拔一國，而天下不以爲暴；利盡西海，諸侯不以爲貪。是我一舉而名實兩附，而又有禁暴正亂之名。今攻韓劫天子，劫天子，惡名也，而未必利也，又有不義之名，而攻天下之所不欲，危。臣請謁其故。周，天下之宗室也，韓，周之與國也。周自知失九鼎，韓自知亡三川，則必將二國并力合謀，以因於齊、趙，而求解乎楚、魏。以鼎與楚，以地與魏，王不能禁。此臣所謂危，不如伐蜀之完也。」惠王曰：「善！寡人聽子。」

卒起兵伐蜀，十月取之，遂定蜀。蜀主更號爲侯，而使陳莊相蜀。蜀既屬，秦益強富厚，輕諸侯。

[三] 觀止同吳本作「名」，下注「作兵」，據戰國策校本改。吳師道校注補曰：一本「名」作「兵」。黃丕烈札記：史記、新序皆作「兵」。范祥雍箋證：鮑本亦作「兵」，疑一本涉下「名」字而誤。

范雎說秦王

范雎至，秦王庭迎范雎，敬執賓主之禮[一]。范雎辭讓。是日見范雎，見者無不變色易容者。

秦王屏左右，宮中虛無人，秦王跪而進曰：「先生何以幸教寡人？」范雎曰：「唯，唯。」有間，秦王復請，范雎曰：「唯，唯。」若是者三。秦王跽曰：「先生不幸教寡人乎？」范雎謝曰：

非敢然也。臣聞始時呂尚之遇文王也，身爲漁父而釣於渭陽之濱耳。若是者交疏也。已一說而立爲太師，載與俱歸者，其言深也。故文王果收功於呂尚，卒擅天下而身立爲帝王。即使文王疏呂望而弗與深言，是周無天子之德，而文、武無與成其王也。今臣，羈旅之臣也，交疏於王，而所願陳者，皆匡君臣之事，處人骨肉之間。願以陳臣之陋忠，而未知王心也，所以王三問而不對者是也。臣非有所畏而不敢言也，知今日言之於前，而明日伏誅於後，然臣弗敢畏也。

大王信行臣之言，死不足以爲臣患，亡不足以爲臣憂，漆身而爲厲，被髮而爲狂，不足以爲臣恥。五帝之聖而死，三王之仁而死，五伯之賢而死，烏獲之力而死，奔、育之勇焉而死。死者，人之所必不免也。處必然之勢，可以少有補於秦，此臣之所大願也，臣何患乎？伍子胥橐載而出昭關，夜行而晝伏，至於淩水[二]，無以餌[三]其口，坐[四]行蒲服，乞食於吳市，卒興吳國，闔廬爲霸。使臣得進謀如伍子胥，加之以幽囚不復見，是臣說之行也，臣何憂乎？箕子、接輿，漆身而爲厲，被髮而爲狂，無益於殷、楚。使臣得同行於箕子、接輿，可以補所賢之主，是臣之大榮也，臣又何恥乎？臣之所恐者，獨恐臣死之後，天下見臣盡忠而身蹷也，是以杜口裹足，莫肯即秦耳[五]。足下上畏太后之嚴，下惑姦臣之態，居深宮之中，不離保傅之手，終身闇惑，無與照姦。大者宗廟滅覆，小者身以孤危。此臣之所恐耳。若夫窮辱之事，死亡之患，臣弗敢畏也。臣死而秦治，賢於生也。

秦王跽曰：「先生是何言也！夫秦國僻遠，寡人愚不肖，先生乃幸至此，此天以寡人慁先生，而存先王之廟也。寡人得受命於先生，此天所以幸先王而不棄其孤也。先生奈何而言若此！事無大小，上及太后，下至大臣，願先生悉以教寡人，無疑寡人也。」范雎再拜，秦王亦再拜。

[三]「秦王庭迎范雎」下至「敬執賓主之禮」上觀止略，國策原作：

秦王庭迎，謂范雎曰：「寡人宜以身受令久矣。今者義渠之事急，寡人日自請太后。今義渠之事已，寡人乃得以身受命。躬竊閔然不敏，敬執賓主之禮。」

觀止「迎」下無「謂」字。范祥雍箋證：鮑本、吳本無「謂」字。

〔三〕觀止從鮑本作「菱夫」，據戰國策今校本改。姚本：史記作「陵水」。

〔三〕觀止同史記范睢傳作「餬」，據戰國策各本改。范祥雍箋證：范睢傳「餌」作「餬」；廣雅釋詁云「餌，食也。」餌、餬義近；說文「餬，寄食也。」

〔四〕觀止同范睢傳作「膝」，據戰國策各本改。范祥雍箋證：范睢傳作「膝行」，義同。

〔五〕觀止作「因以杜口裹足，莫肯向秦耳」，范睢傳「向」作「鄉」，據戰國策各本改。吳師道校注補曰：「即」一作「鄉」。黃丕烈札記：史記作「鄉」。范祥雍箋證：按淮南子繆稱訓高注云「即，就也」「是以」猶「因以」；范睢傳作「因以杜口裹足，莫肯鄉秦耳」。

戰國策 齊策一　鄒忌諷齊王納諫

鄒忌脩八尺有餘，而形貌昳麗。朝服衣冠，窺鏡，謂其妻曰：「我孰與城北徐公美？」其妻曰：「君美甚，徐公何能及君也。」城北徐公，齊國之美麗者也。忌不自信，而復問其妾曰：「吾孰與徐公美？」妾曰：「徐公何能及君也。」

旦日，客從外來，與坐談。問之：「吾與徐公孰美？」客曰：「徐公不若君之美也。」明日，徐公來，孰視之，自以爲不如。窺鏡而自視，又弗如遠甚。暮寢而思之曰：「吾妻之美我者，私我也。妾之美我者，畏我也。客之美我者，欲有求於我也。」

於是入朝見威王曰：「臣誠知不如徐公美。臣之妻私臣，臣之妾畏臣，臣之客欲有求於臣，皆以美於徐公。今齊地方千里，百二十城。宮婦左右莫不私王，朝廷之臣莫不畏王，四境之內莫不有求於王。由此觀之，王之蔽甚矣！」

王曰：「善。」乃下令：「羣臣吏民，能面刺寡人之過者，受上賞。上書諫寡人者，受中賞。能謗議於市朝，聞寡人之耳者，受下賞。」令初下，羣臣進諫，門庭若市。數月之後，時時而間進。期年之後，雖欲言，無可進者。燕、趙、韓、魏聞之，皆朝於齊，此所謂戰勝於朝廷。

戰國策　齊策四　顏斶說齊王

齊宣王見顏斶曰：「斶前。」斶亦曰：「王前。」宣王不說。左右曰：「王，人君也。斶，人臣也。王曰『斶前』，斶亦曰『王前』，可乎？」斶對曰：「夫斶前爲慕勢，王前爲趨士，與使斶爲慕勢，不如使王爲趨士。」

王忿然作色曰：「王者貴乎？士貴乎？」對曰：「士貴耳，王者不貴。」王曰：「有說乎？」斶曰：「有。昔者秦攻齊，令曰：『有敢去柳下季壟五十步而樵採者，死不赦。』令曰：『有能得齊王頭者，封萬戶侯，賜金千鎰。』由是觀之，生王之頭，曾不若死士之壟也。」[二]

宣王曰：「嗟乎！君子焉可侮哉？寡人自取病耳。願[三]請受爲弟子，且顏先生與寡人遊，食必太牢，出必乘車，妻子衣服麗都。」顏斶辭去曰：「夫玉生於山，制則破焉。非弗寶貴矣，然大璞不完。士生乎鄙野，推選則祿焉。非不得尊遂也，然而形神不全。斶願得歸，晚食以當肉，安步以當車，無罪以當貴，清淨貞正以自虞。」則再拜而辭去。

君子曰：「斶知足矣！歸眞反璞，則終身不辱。」

〔三〕「死士之壟也」下原有：

宣王默然不悅。左右皆曰：「斶來，斶來！大王據千乘之地，而建千石鐘，萬石簴。天下之士，仁義皆來役處；辯知並進，莫不來語；東西南北，莫敢不服。求萬物不備具，而百無不親附。今夫士之高者，乃稱匹夫，徒步而處農畝，下則鄙野、監門、閭里，士之賤也，亦甚矣！」

斶對曰：「不然。斶聞古大禹之時，諸侯萬國。何則？德厚之道，得貴士之力也。故舜起農畝，出於野鄙，而為天子。及湯之時，諸侯三千。當今之世，南面稱寡者，乃二十四。由此觀之，非得失之策與？稍稍誅滅，滅亡無族之時，欲為監門、閭里，安可得而有乎哉？是故易傳不云乎：『居上位，未得其實，以喜其為名者，必以驕奢為行。据慢驕奢，則凶從之。是故無其實而喜其名者削，無德而望其福者約，無功而受其祿者辱，禍必握。』故曰：『矜功不立，虛願不至。』此皆幸樂其名，華而無其實德者也。是以堯有九佐，舜有七友，禹有五丞，湯有三輔，自古及今而能虛成名於天下者，無有。是以君王無羞亟問，不媿下學；是故成其道德而揚功名於後世者，堯、舜、禹、湯、周文王是也。故曰：『無形者，形之君也。無端者，事之本也。』夫上見其原，下通其流，至聖人明學，何不吉之有哉！老子曰：『雖貴，必以賤為本；雖高，必以下為基。是以侯王稱孤寡不穀，是其賤之本與？』非夫孤寡者，人之困賤下位也，而侯王以自謂，豈非下人而尊貴士與？夫堯傳舜，舜傳禹，周成王任周公旦，而世世稱曰明主，是以明乎士之貴也。」

觀止略。

〔三〕「願」上原有「及今聞君子之言，乃今聞細人之行」，觀止略。

戰國策 齊策四　馮煖客孟嘗君

齊人有馮煖者，貧乏不能自存，使人屬孟嘗君，願寄食門下。孟嘗君曰：「客何好？」曰：「客無好也。」曰：「客何能？」曰：「客無能也。」孟嘗君笑而受之，曰：「諾！」左右以君賤之也，食以草具。

居有頃，倚柱彈其劍，歌曰：「長鋏歸來乎！食無魚！」左右以告。孟嘗君曰：「食之，比門下之客。」居有頃，復彈其鋏，歌曰：「長鋏歸來乎！出無車！」左右皆笑之，以告。孟嘗君曰：「爲之駕，比門下之車客。」於是，乘其車，揭其劍，過其友，曰：「孟嘗君客我！」後有頃，復彈其劍鋏，歌曰：「長鋏歸來乎！無以爲家！」左右皆惡之，以爲貪而不知足。孟嘗君問：「馮公有親乎？」對曰：「有老母！」孟嘗君使人給其食用，無使乏。於是馮煖不復歌。

後孟嘗君出記，問門下諸客：「誰習計會，能爲文收責於薛者乎？」馮煖署曰：「能！」

孟嘗君怪之曰：「此誰也？」左右曰：「乃歌夫長鋏歸來者也。」孟嘗君笑曰：「客果有能也。吾負之，未嘗見也。」請而見之，謝曰：「文倦於是，憒於憂，而性懧愚，沉於國家之事，開罪於先生。先生不羞，乃有意欲爲收責於薛乎？」馮煖曰：「願之！」

於是，約車治裝，載券契而行，辭曰：「責收畢，以何市而反？」孟嘗君曰：「視吾家所寡有者！」驅而之薛，使吏召諸民當償者，悉來合券。券遍合赴。矯命以責賜諸民，因燒其券，民稱萬歲。長驅到齊，晨而求見。孟嘗君怪其疾也，衣冠而見之，曰：「責畢收乎？來何疾也！」曰：「收畢矣！」「以何市而反？」馮煖曰：「君云『視吾家所寡有者』，臣竊計：君宮中積珍寶，狗馬實外廄，美人充下陳。君家所寡有者以義耳！竊以爲君市義。」孟嘗君曰：「市義奈何？」曰：「今君有區區之薛，不拊愛子其民，因而賈利之。臣竊矯君命，以責賜諸民，因燒其券，民稱萬歲，乃臣所以爲君市義也。」孟嘗君不說，曰：「諾！先生休矣！」

後期年，齊王謂孟嘗君曰：「寡人不敢以先王之臣爲臣！」孟嘗君就國於薛，未至百里，民扶老攜幼，迎君道中終日。孟嘗君顧謂馮煖曰：「先生所爲文市義者，乃今日見之。」

馮煖曰：「狡兔有三窟，僅得免其死耳。今君有一窟，未得高枕而臥也，請爲君復鑿二窟。」孟嘗君予車五十乘，金五百斤，西遊於梁，謂梁王曰：「齊放其大臣孟嘗君於諸侯，諸侯先迎之者富而兵強！」於是，梁王虛上位，以故相爲上將軍，遣使者黃金千斤，車百乘，往聘孟嘗君。馮煖先驅，誡孟嘗君曰：「千金，重幣也；百乘，顯使也；齊其聞之矣！」梁使三反，孟嘗君固辭不往也。

齊王聞之，君臣恐懼，遣太傅齎黃金千斤，文車二駟，服劍一，封書謝孟嘗君曰：「寡人不祥，被於宗廟之祟，沉於諂諛之臣，開罪於君，寡人不足爲也。願君顧先王之宗廟，姑反國，統萬人乎！」馮煖誡孟嘗君曰：「願請先王之祭器，立宗廟於薛。」廟成，還報孟嘗君曰：「三窟已就，君姑高枕爲樂矣！」

孟嘗君爲相數十年，無纖介之禍者，馮煖之計也。

趙威后問齊使

戰國策 齊策四

齊王使使者問趙威后。書未發，威后問使者曰：「歲亦無恙耶？民亦無恙耶？王亦無恙耶？」使者不說，曰：「臣奉使使威后，今不問王，而先問歲與民，豈先賤而後尊貴者乎？」威后曰：「不然。苟無歲何有民？苟無民何有君？故有問，舍本而問末者耶？」

乃進而問之曰：「齊有處士曰鍾離子，無恙耶？是其爲人也，有糧者亦食，無糧者亦食；有衣者亦衣，無衣者亦衣。是助王養其民者也，何以至今不業也？葉陽子無恙乎？是其爲人，哀鰥寡，卹孤獨，振困窮，補不足。是助王息其民者也，何以至今不業也？北宮之女嬰兒子無恙耶？徹其環瑱，至老不嫁，以養父母。是皆率民而出於孝情者也，胡爲至今不朝也？此二士弗業，一女不朝，何以王齊國，子萬民乎？於陵子仲尚存乎？是其爲人也，上不臣於王，下不治其家，中不索交諸侯。此率民而出於無用者，何爲至今不殺乎？」

戰國策 楚策四

莊辛論幸臣

臣聞鄙語曰：「見兔而顧犬，未爲晚也；亡羊而補牢，未爲遲也。」臣聞昔湯、武以百里昌，桀、紂以天下亡。今楚國雖小，絕長續短，猶以數千里，豈特百里哉？王獨不見夫蜻蛉乎？六足四翼，飛翔乎天地之間，俛啄蚊虻而食之，仰承甘露而飲之。自以爲無患，與人無爭也。不知夫五尺童子，方將調飴膠絲，加己乎四仞之上，而下爲螻蟻食也。夫蜻蛉其小者也，黃雀因是以俯噣白粒，仰棲茂樹，鼓翅奮翼，自以爲無患，與人無爭也。不知夫公子王孫，左挾彈，右攝丸，將加己乎十仞之上，以其類爲招。晝游乎茂樹，夕調乎酸鹹，倏忽之間，墜於公子之手。夫雀其小者也，黃鵠因是以。游乎江海，淹乎大沼，府噣鱔鯉，仰嚙蔆衡，奮其六翮，而凌清風，飄搖乎高翔，自以爲無患，與人無爭也。不知夫射者，方將脩其碆盧，治其矰繳，將加己乎百仞之上。被礛磻，引微繳，折清風而抎矣。故晝游乎江河，夕調乎鼎鼐。

夫黃鵠其小者也，蔡靈侯之事因是以。南游乎高陂，北陵乎巫山，飲茹谿流，食湘波之魚，左抱幼妾，右擁嬖女，與之馳騁乎高蔡之中，而不以國家爲事。不知夫子發方受命乎靈王，繫己以朱絲而見之也。蔡靈侯之事其小者也，君王之事因是以。左州侯，右夏侯，輦從鄢陵君與壽陵君，飯封祿之粟，而戴方府之金，與之馳騁乎雲夢之中，而不以天下國家爲事。而不知夫穰侯方受命乎秦王，塡黽塞之內，而投己乎黽塞之外。

觸讋說趙太后

戰國策 趙策四

趙太后新用事，秦急攻之，趙氏求救於齊。齊曰：「必以長安君爲質，兵乃出。」太后不肯，大臣強諫。太后明謂左右：「有復言令長安君爲質者，老婦必唾其面。」

左師觸讋願見，太后盛氣而揖之。入而徐趨，至而自謝曰：「老臣病足，曾不能疾走，不得見久矣。竊自恕，恐太后玉體之有所郄也，故願望見。」太后曰：「老婦恃輦而行。」曰：「日食飲得無衰乎？」曰：「恃鬻耳。」曰：「老臣今者殊不欲食，乃自強步，日三四里，少益嗜食，和於身。」曰：「老婦不能。」太后之色稍解。

左師公曰：「老臣賤息舒祺最少，不肖，而臣衰，竊愛憐之，願令得補黑衣之數，以衞王宮，沒死以聞。」太后曰：「敬諾。年幾何矣？」對曰：「十五歲矣。雖少，願及未塡溝壑而託之。」太后曰：「丈夫亦愛憐其少子乎？」對曰：「甚於婦人。」太后笑曰：「婦人異甚。」對曰：「老臣竊以爲媼之愛燕后，賢於長安君。」曰：「君過矣！不若長安君之甚。」左師公曰：「父母之愛子，則爲之計深遠。媼之送燕后也，持其踵，爲之泣。念悲其遠也，亦哀之矣。已行，非弗思也；祭祀必祝之，祝曰：『必勿使反。』豈非計久長有子孫相繼爲王也哉？」太后曰：「然。」

左師公曰：「今三世以前，至於趙之爲趙，趙王之子孫侯者，其繼有在者乎？」曰：「無有。」曰：「微獨趙，諸侯有在者乎？」曰：「老婦不聞也。」「此其近者禍及身，遠者及其子孫。

豈人主之子孫，則必不善哉？位尊而無功，奉厚而無勞，而挾重器多也。今媼尊長安之位，而封以膏腴之地，多予之重器，而不及今令有功於國，一旦山陵崩，長安君何以自託於趙？老臣以媼爲長安君計短也，故以爲其愛不若燕后。」太后曰：「諾。恣君之所使之。」於是爲長安君約車百乘，質於齊，齊兵乃出。

子義聞之曰：「人主之子也，骨肉之親也，猶不能恃無功之尊，無勞之奉，以守金玉之重也，而況人臣乎？」

戰國策 趙策三　魯仲連義不帝秦

秦圍趙之邯鄲。魏安釐王使將軍晉鄙救趙。畏秦，止於蕩陰，不進。魏王使客將軍辛垣衍間入邯鄲，因平原君謂趙王曰：「秦所以急圍趙者，前與齊閔王爭強爲帝，已而復歸帝，以齊故。今齊閔王已益弱。方今唯秦雄天下，此非必貪邯鄲，其意欲求爲帝。趙誠發使尊秦昭王爲帝，秦必喜，罷兵去。」平原君猶豫未有所決。

此時魯仲連適游趙，會秦圍趙。聞魏將欲令趙尊秦爲帝，乃見平原君曰：「事將奈何矣？」平原君曰：「勝也何敢言事？百萬之衆折於外，今又內圍邯鄲而不去。魏王使客將軍辛垣衍令趙帝秦。今其人在是，勝也何敢言事？」魯連曰：「始吾以君爲天下之賢公子也，吾乃今然後知君非天下之賢公子也。梁客辛垣衍安在？吾請爲君責而歸之。」平原君曰：

「勝請召而見之於先生。」平原君遂見辛垣衍曰：「東國有魯連先生，其人在此，勝請爲紹介而見之於將軍。」辛垣衍曰：「吾聞魯連先生，齊國之高士也。衍，人臣也，使事有職。吾不願見魯連先生也。」平原君曰：「勝已泄之矣。」辛垣衍許諾。

魯連見辛垣衍而無言。辛垣衍曰：「吾視居此圍城之中者，皆有求於平原君者也。今吾視先生之玉貌，非有求於平原君者，曷爲久居此圍城之中而不去也？」魯連曰：「世以鮑焦無從容而死者，皆非也。今衆人不知，則爲一身。彼秦，棄禮義上首功之國也。權使其士，虜使其民。彼則肆然而爲帝，過而遂正於天下，則連有赴東海而死耳。吾不忍爲之民也！所爲見將軍者，欲以助趙也。」辛垣衍曰：「先生助之奈何？」魯連曰：「吾將使梁及燕助之。齊、楚固助之矣。」辛垣衍曰：「燕則吾請以從矣。若乃梁，則吾乃梁人也，先生惡能使梁助之耶？」魯連曰：「梁未睹秦稱帝之害故也，使梁睹秦稱帝之害，則必助趙矣。」辛垣衍曰：「秦稱帝之害將奈何？」魯仲連曰：「昔齊威王嘗爲仁義矣，率天下諸侯而朝周。周貧且微，諸侯莫朝，而齊獨朝之。居歲餘，周烈王崩，諸侯皆弔，齊後往。周怒，赴於齊曰：『天崩地坼，天子下席。東藩之臣田嬰齊後至，則斮之。』威王勃然怒曰：『叱嗟，而母婢也。』卒爲天下笑。故生則朝周，死則叱之，誠不忍其求也。彼天子固然，其無足怪。」辛垣衍曰：「先生獨未見夫僕乎？十人而從一人者，寧力不勝，智不若邪？畏之也。」魯仲連曰：「然梁之比於秦若僕邪？」辛垣衍曰：「然。」魯仲連曰：「然則吾將使秦王烹醢梁王。」辛垣衍怏然不說曰：「嘻，亦太甚矣，先生之言也！先生又惡能使秦王烹醢梁王？」

魯仲連曰：「固也，待吾言之。昔者，鬼侯、鄂侯、文王，紂之三公也。鬼侯有子而好，故入之於紂，紂以爲惡，醢鬼侯。鄂侯爭之急，辨之疾，故脯鄂侯。文王聞之，喟然而歎，故拘之於牖里之庫，百日而欲令之死。曷爲與人俱稱帝王，卒就脯醢之地也？齊閔王將之魯，夷維子執策而從，謂魯人曰：『子將何以待吾君？』魯人曰：『吾將以十太牢待子之君。』夷維子曰：『子安取禮而來待吾君？彼吾君者，天子也。天子巡狩，諸侯避舍，納於筦鍵，攝衽抱几，視膳於堂下，天子已食，退而聽朝也。』魯人投其籥，不果納。不得入於魯，將之薛，假塗於鄒。當是時，鄒君死，閔王欲入弔。夷維子謂鄒之孤曰：『天子弔，主人必將倍殯柩，設北面於南方，然後天子南面弔也。』鄒之羣臣曰：『必若此，吾將伏劍而死。』故不敢入於鄒。鄒、魯之臣，生則不得事養，死則不得飯含。然且欲行天子之禮於鄒、魯之臣，不果納。今秦萬乘之國，梁亦萬乘之國。俱據萬乘之國，交有稱王之名，睹其一戰而勝，欲從而帝之，是使三晉之大臣不如鄒、魯之僕妾也。且秦無已而帝，則且變易諸侯之大臣。彼將奪其所謂不肖，而予其所謂賢；奪其所憎，而與其所愛。彼又將使其子女讒妾爲諸侯妃姬，處梁之宮，梁王安得晏然而已乎？而將軍又何以得故寵乎？」

於是，辛垣衍起，再拜謝曰：「始以先生爲庸人，吾乃今日而知先生爲天下之士也。吾請去，不敢復言帝秦。」秦將聞之，爲卻軍五十里。

適會公子無忌奪晉鄙軍以救趙擊秦，秦軍引而去。

於是平原君欲封魯仲連。魯仲連辭讓者三，終不肯受。平原君乃置酒，酒酣，起前以千金爲魯連壽。魯連笑曰：「所貴於天下之士者，爲人排患、釋難、解紛亂而無所取也。即有所取者，是商賈之人也，仲連不忍爲也。」遂辭平原君而去，終身不復見。

戰國策 魏策二　魯共公擇言

梁王魏嬰觴諸侯於范臺，酒酣，請魯君舉觴。魯君興，避席擇言曰：「昔者帝女令儀狄作酒而美，進之禹，禹飲而甘之，遂疏儀狄，絕旨酒，曰：『後世必有以酒亡其國者。』齊桓公夜半不嗛，易牙乃煎敖燔炙和調五味而進之，桓公食之而飽，至旦不覺，曰：『後世必有以味亡其國者。』晉文公得南之威，三日不聽朝，遂推南之威而遠之，曰：『後世必有以色亡其國者。』楚王登強臺而望崩山，左江而右湖，以臨彷徨，其樂忘死，遂盟強臺而弗登，曰：『後世必有以高臺陂池亡其國者。』今主君之尊，儀狄之酒也；主君之味，易牙之調也；左白台而右閭須，南威之美也；前夾林而後蘭臺，強臺之樂也。有一於此，足以亡其國。今主君兼此四者，可無戒與？」梁王稱善相屬。

戰國策 魏策四　唐雎說信陵君

信陵君殺晉鄙，救邯鄲，破秦人，存趙國，趙王自郊迎。

唐雎謂信陵君曰：「臣聞之曰，事有不可知者，有不可不知者；有不可忘者，有不可不忘者。」

信陵君曰：「何謂也？」

對曰：「人之憎我也，不可不知也；吾[二]憎人也，不可得而知也。人之有德於我也，不可忘也；吾有德於人也，不可不忘也。今君殺晉鄙，救邯鄲，破秦人，存趙國，此大德也。今趙王自郊迎，卒然見趙王，臣願君之忘之也。」

信陵君曰：「無忌謹受教。」

[二] 觀止作「我」，據戰國策各本改。

唐雎不辱使命

戰國策 魏策四

秦王使人謂安陵君曰：「寡人欲以五百里之地易安陵，安陵君其許寡人？」安陵君曰：「大王加惠，以大易小，甚善。雖然，受地於先王，願終守之，弗敢易。」秦王不說。安陵君因使唐雎使於秦。

秦王謂唐雎曰：「寡人以五百里之地易安陵，安陵君不聽寡人，何也？且秦滅韓亡魏，而君以五十里之地存者，以君爲長者，故不錯意也。今吾以十倍之地，請廣於君，而君逆寡人者，輕寡人與？」唐雎對曰：「否，非若是也。安陵君受地於先王而守之，雖千里不敢易也，豈直五百里哉？」

秦王怫然怒，謂唐雎曰：「公亦嘗聞天子之怒乎？」唐雎對曰：「臣未嘗聞也。」秦王曰：「天子之怒，伏屍百萬，流血千里。」唐雎曰：「大王嘗聞布衣之怒乎？」秦王曰：「布衣之怒，亦免冠徒跣，以頭搶地耳。」唐雎曰：「此庸夫之怒也，非士之怒也。夫專諸之刺王僚也，彗星襲月；聶政之刺韓傀也，白虹貫日；要離之刺慶忌也，倉[三]鷹擊於殿上。此三子者，皆布衣之士也，懷怒未發，休祲降於天，與臣而將四矣。若士必怒，伏屍二人，流血五步，天下縞素，今日是也。」挺劍而起。

秦王色撓，長跪而謝之曰：「先生坐，何至於此，寡人諭矣。夫韓、魏滅亡，而安陵以五十里之地存者，徒以有先生也。」

[三] 觀止作「蒼」，據戰國策各本改。吳師道校注補曰：「倉」即「蒼」。

戰國策 燕策二　樂毅報燕王書

昌國君樂毅爲燕昭王合五國之兵而攻齊，下七十餘城，盡郡縣之以屬燕。三城未下，而燕昭王死。惠王即位，用齊人反間，疑樂毅，而使騎劫代之將。樂毅奔趙，趙封以爲望諸君。齊田單詐騎劫，卒敗燕軍，復收七十餘城以復齊。燕王悔，懼趙用樂毅承燕之弊以伐燕。

燕王乃使人讓樂毅，且謝之曰：「先王舉國而委將軍，將軍爲燕破齊，報先王之讎，天下莫不振動，寡人豈敢一日而忘將軍之功哉！會先王棄羣臣，寡人新即位，左右誤寡人。寡人之使騎劫代將軍，爲將軍久暴露於外，故召將軍且休計事。將軍過聽，以與寡人有隙，遂捐燕而歸趙。將軍自爲計則可矣，而亦何以報先王之所以遇將軍之意乎？」

望諸君乃使人獻書報燕王曰：

臣不佞，不能奉承先王之教，以順左右之心，恐抵斧質之罪，以傷先王之明，而又害於足下之義，故遁逃奔趙。自負以不肖之罪，故不敢爲辭說。今王使使者數之罪，臣恐侍御者之不察先王之所以畜幸臣之理，而又不白於臣之所以事先王之心，故敢以書對。

臣聞賢聖之君，不以祿私其親，功多者授之；不以官隨其愛，能當者處之。故察能而授官者，成功之君也；論行而結交者，立名之士也。臣以所學者觀之，先王之舉錯，有高世之心，故假節於魏王，而以身得察於燕。先王過舉，擢之乎賓客之中，而立之乎羣臣之上，不謀於父兄，而使臣爲亞卿。臣自以爲奉令承教，可以幸無罪矣，故受命而不辭。

先王命之曰：「我有積怨深怒於齊，不量輕弱，而欲以齊爲事。」臣對曰：

「夫齊，霸國之餘教也，而驟勝之遺事也，閑於兵甲[三]，習於戰攻。王若欲攻之，則必舉天下而圖之。舉天下而圖之，莫徑於結趙矣。且又淮北、宋地，楚魏之所同願也。趙若許，約楚、魏，宋盡力，四國攻之，齊可大破也。」先王曰：「善。」臣乃口受令，具符節，南使臣於趙。顧反命，起兵隨而攻齊。以天之道，先王之靈，河北之地，隨先王舉而有之於濟上。濟上之軍，奉令擊齊，大勝之。輕卒銳兵，長驅至國。齊王逃遁走莒，僅以身免。珠玉財寶，車甲珍器，盡收入燕。大呂陳於元英，故鼎反於曆室，齊器設於寧臺。薊丘之植，植於汶篁。自五伯以來，功未有及先王者也。先王以爲順于其志，以臣爲不頓命，故裂地而封之，使之得比乎小國諸侯。臣不佞，自以爲奉令承教，可以幸無罪矣，故受命而弗辭。

臣聞賢明之君，功立而不廢，故著於春秋；蚤知之士，名成而不毀，故稱於後世。若先王之報怨雪恥，夷萬乘之強國，收八百歲之蓄積，及至棄羣臣之日，遺令詔後嗣之餘義，執政任事之臣，所以能循法令，順庶孽者，施及萌隸，皆可以教於後世。

臣聞善作者，不必善成；善始者，不必善終。昔者伍子胥說聽乎闔閭，故吳王遠跡至於郢。夫差弗是也，賜之鴟夷而浮之江。故吳王夫差不悟先論之可以立功，故沉子胥而弗悔。子胥不蚤見主之不同量，故入江而不改。夫免身全功，以明先王之跡者，臣之上計也。離毀辱之非，墮先王之名者，臣之所大恐也。臨不測之罪，以幸爲利者，義之所不敢出也。

臣聞古之君子，交絕不出惡聲；忠臣之去也，不潔其名。臣雖不佞，數奉教於君子矣。恐侍御者之親左右之說，而不察疏遠之行也。故敢以書報，唯君之留意焉。

〔二〕觀止倒作「甲兵」，據戰國策各本改。

秦文　李斯諫逐客書

秦宗室大臣皆言秦王曰：「諸侯人來事秦者，大抵爲其主遊閒於秦耳，請一切逐客。」李斯議亦在逐中。斯乃上書曰：

臣聞吏議逐客，竊以爲過矣。昔穆公求士，西取由余於戎，東得百里奚於宛，迎蹇叔於宋，求丕豹、公孫支於晉。此五子者，不產於秦，而穆公用之，幷國二十，遂霸西戎。孝公用商鞅之法，移風易俗，民以殷盛，國以富彊，百姓樂用，諸侯親服，獲楚、魏之師，舉地千里，至今治彊。惠王用張儀之計，拔三川之地，西幷巴、蜀，北收上郡，南取漢中。包九夷，制鄢、郢，東據成皋〔三〕之險，割膏腴之壤，遂散六國之從，使之西面事秦，功施到今。昭王得范雎，廢穰侯，逐華陽，彊公室，杜私門，蠶食諸侯，使秦成帝業。此四君者，皆以客之功。由此觀之，客何負於秦哉！向使四君卻客而不內，疏士而不與，是使國無富利之實，而秦無彊大之名也。

今陛下致昆山之玉，有隨、和之寶，垂明月之珠，服太阿之劍，乘纖離之馬，建翠鳳之旗，樹靈鼉之鼓。此數寶者，秦不生一焉，而陛下說之，何也？必秦國之所生然後可，則是夜光之璧不飾朝廷，犀象之器不爲玩好，鄭、衛[三]之女不充後宮，而駿良[三]駃騠不實外廄，江南金錫不爲用，西蜀丹青不爲采。所以飾後宮充下陳娛心意說耳目者，必出於秦然後可，則是宛珠之簪，傅璣之珥，阿縞之衣，錦繡之飾不進於前，而隨俗雅化佳冶窈窕趙女不立於側也。夫擊甕叩缶，彈箏搏髀，而歌呼嗚嗚快耳目者，眞秦之聲也；鄭、衛、桑間、韶、虞、武、象者，異國之樂也。今棄擊甕叩缶[四]而就鄭衛，退彈箏而取韶虞，若是者何也？快意當前，適觀而已矣。今取人則不然，不問可否，不論曲直，非秦者去，爲客者逐，然則是所重者在乎色樂珠玉，而所輕者在乎人民也。此非所以跨海內，致諸侯之術也。

臣聞地廣者粟多，國大者人衆，兵彊則士勇。是以太山不讓土壤，故能成其大；河海不擇細流，故能就其深；王者不卻衆庶，故能明其德。是以地無四方，民無異國，四時充美，鬼神降福。此五帝、三王之所以無敵也。今乃棄黔首以資敵國，卻賓客以業諸侯，使天下之士退而不敢西向，裹足不入秦，此所謂「藉寇兵而齎盜糧者」也。

夫物不產於秦，可寶者多；士不產於秦，而願忠者眾。今逐客以資敵國，損民以益讎，內自虛而外樹怨於諸侯，求國無危[五]，不可得也。

秦王乃除逐客之令，復李斯官。

[二] 觀止作「城皐」，據史記本改。
[三] 觀止作「魏」，據史記本改。
[三] 觀止作「馬」，崇古文訣、冊府元龜同，據史記本改。
[四] 觀止「擊甕」下無「叩缶」二字，據史記補。文選考異：袁本、茶陵本無「叩缶」二字。
[五] 觀止「國」下有「之」字，據史記本刪。

楚辭　卜居

屈原既放，三年不得復見，竭智盡忠，而蔽鄣於讒，心煩慮亂，不知所從。乃往見太卜鄭詹尹曰：「余有所疑，願因先生決之。」詹尹乃端策拂龜曰：「君將何以教之？」屈原曰：

「吾寧悃悃款款，朴以忠乎？將送往勞來，斯無窮乎？寧誅鋤草茅，以力耕乎？將遊大人，以成名乎？寧正言不諱，以危身乎？將從俗富貴，以媮生乎？寧超然高舉，以保眞乎？將哫訾慄斯，喔咿嚅唲，以事婦人乎？寧廉潔正直，以自清乎？將突梯滑稽，如脂如韋，以絜楹乎？寧昂昂若千里之駒乎？將氾氾若水中之鳧？與波上下，偷以全吾軀乎？寧與騏驥亢軛乎？將隨駑馬之迹乎？寧與黃鵠比翼乎？將與雞鶩爭食乎？此孰吉孰凶？何去何從？世溷濁而不清：蟬翼爲重，千鈞爲輕；黃鐘毀棄，瓦釜雷鳴；讒人高張，賢士無名。吁嗟默默兮，誰知吾之廉貞！」

詹尹乃釋策而謝曰：「夫尺有所短，寸有所長；物有所不足，智有所不明，數有所不逮，神有所不通。用君之心，行君之意。龜策誠不能知此事。」

楚辭

宋玉對楚王問

楚襄王問於宋玉曰：「先生其有遺行與？何士民眾庶不譽之甚也！」

宋玉對曰：「唯，然，有之。願大王寬其罪，使得畢其辭。客有歌於郢中者，其始曰下里、巴人，國中屬而和者數千人；其爲陽阿、薤露，國中屬而和者數百人；其爲陽春、白雪，國中屬而和者不過數十人；引商刻羽，雜以流徵，國中屬而和者不過數人而已。是其曲彌高，其和彌寡。故鳥有鳳而魚有鯤，鳳凰上擊九千里，絕雲霓，負蒼天，足亂浮雲，翱翔乎杳冥之上。夫藩籬之鷃，豈能與之料天地之高哉？鯤魚朝發崑崙之墟，暴鬐於碣石，暮宿於孟諸。夫尺澤之鯢，豈能與之量江海之大哉？故非獨鳥有鳳而魚有鯤也，士亦有之。夫聖人瑰意琦行，超然獨處；世俗之民，又安知臣之所爲哉？」

古文觀止卷五　漢文

史記　五帝本紀贊

太史公曰：學者多稱五帝，尚矣。然尚書獨載堯以來；而百家言黃帝，其文不雅馴，薦紳先生難言之。孔子所傳宰予問五帝德及帝繫姓，儒者或不傳。余嘗西至空峒，北過涿鹿，東漸於海，南浮江淮矣。至長老皆各往往稱黃帝、堯、舜之處，風教固殊焉。總之不離古文者近是。予觀春秋、國語，其發明五帝德、帝繫姓章矣。顧弟弗深考，其所表見皆不虛。書缺有間矣，其軼乃時時見於他說。非好學深思，心知其意，固難爲淺見寡聞道也。余并論次，擇其言尤雅者，故著爲本紀書首。

史記　項羽本紀贊

太史公曰：吾聞之周生曰：「舜目蓋重瞳子」，又聞項羽亦重瞳子。羽豈其苗裔邪？何興之暴也！夫秦失其政，陳涉首難，豪傑蠭起，相與並爭，不可勝數。然羽非有尺寸，乘勢起隴畝之中，三年，遂將五諸侯滅秦，分裂天下，而封王侯，政由羽出，號爲「霸王」，位雖不終，近古以來未嘗有也。及羽背關懷楚，放逐義帝而自立，怨王侯叛己，難矣。自矜功伐，奮其私智而不師古，謂霸王之業，欲以力征經營天下，五年卒亡其國，身死東城，尚不覺寤而不自責，過矣。乃引「天亡我，非用兵之罪也」，豈不謬哉！

史記　秦楚之際月表

太史公讀秦楚之際，曰：初作難，發於陳涉；虐戾滅秦，自項氏；撥亂誅暴，平定海內，卒踐帝祚，成於漢家。五年之間，號令三嬗，自生民以來未始有受命若斯之亟也。

昔虞、夏之興，積善累功數十年，德洽百姓，攝行政事，考之於天，然後在位。湯、武之王，乃由契、后稷脩仁行義十餘世，不期而會孟津八百諸侯，猶以爲未可，其後乃放弒。秦起襄公，章於文、繆，獻、孝之後，稍以蠶食六國，百有餘載，至始皇乃能并冠帶之倫。以德若彼，用力如此，蓋一統若斯之難也。

秦既稱帝，患兵革不休，以有諸侯也，於是無尺土之封，墮壞名城，銷鋒鏑，鉏豪傑，維萬世之安。然王跡之興，起於閭巷，合從討伐，軼於三代，鄉秦之禁，適足以資賢者爲驅除難耳。故憤發其所爲天下雄，安在無土不王？此乃傳之所謂大聖乎？豈非天哉、豈非天哉！非大聖孰能當此受命而帝者乎？

史記　高祖功臣侯年表

太史公曰：古者人臣功有五品，以德立宗廟定社稷曰勳，以言曰勞，用力曰功，明其等曰伐，積日曰閱。封爵之誓曰：「使河如帶，泰山若厲。國以永寧，爰及苗裔。」始未嘗不欲固其根本，而枝葉稍陵夷衰微也。

余讀高祖侯功臣，察其首封，所以失之者，曰：異哉所聞！書曰「協和萬國」，遷于夏商，或數千歲。蓋周封八百，幽厲之後，見於春秋。尚書有唐虞之侯伯，歷三代千有餘載，自全以蕃衛天子，豈非篤于仁義，奉上法哉？漢興，功臣受封者百有餘人。天下初定，故大城名都散亡戶口，可得而數者十二三，是以大侯不過萬家，小者五六百戶。後數世，民咸歸鄉里，戶益息，蕭、曹、絳、灌之屬，或至四萬，小侯自倍，富厚如之。子孫驕溢，忘其先，淫嬖。至太初百年之間，見侯五，餘皆坐法隕命亡國，耗矣。罔亦少密焉，然皆身無兢兢於當世之禁云。

居今之世，志古之道，所以自鏡也，未必盡同。帝王者各殊禮而異務，要以成功爲統紀，豈可緄乎？觀所以得尊寵及所以廢辱，亦當世得失之林也，何必舊聞？於是謹其終始，表見其文，頗有所不盡本末；著其明，疑者闕之。後有君子，欲推而列之，得以覽焉。

史記　孔子世家贊

太史公曰：詩有之：「高山仰止。景行行止。」雖不能至，然心鄉往之。余讀孔氏書，想見其爲人。適魯觀仲尼廟堂，車服禮器，諸生以時習禮其家，余低回留之不能去云。天下君王至於賢人衆矣，當時則榮，沒則已焉。孔子布衣，傳十餘世，學者宗之。自天子王侯，中國言六藝者折中於夫子，可謂至聖矣！

史記　外戚世家序

自古受命帝王及繼體守文之君，非獨內德茂也，蓋亦有外戚之助焉。夏之興也以塗山，而桀之放也以末喜[三]。殷之興也以有娀，紂之殺也嬖妲己。周之興也以姜原及大任，而幽王之禽也淫於褒姒。故易基乾坤，詩始關雎，書美釐降，春秋譏不親迎。夫婦之際，人道之大倫也。禮之用，唯婚姻爲兢兢。夫樂調而四時和，陰陽之變，萬物之統也。可不愼與？人能弘道，無如命何。甚哉，妃匹之愛，君不能得之於臣，父不能得之於子，況卑下乎！既驩合矣，或不能成子姓；能成子姓矣，或不能要其終：豈非命也哉？孔子罕稱命，蓋難言之也。非通幽明之變，惡能識乎性命哉？

〔三〕觀止作「妹喜」，據史記各本改。

史記　伯夷列傳

夫學者載籍極博，猶考信於六藝。詩書雖缺，然虞夏之文可知也。堯將遜位，讓於虞舜，舜禹之間，岳牧咸薦，乃試之於位，典職數十年，功用既興，然後授政。示天下重器，王者大統，傳天下若斯之難也。而說者曰堯讓天下於許由，許由不受，恥之，逃隱。及夏之時，有卞隨、務光者。此何以稱焉？太史公曰：余登箕山，其上蓋有許由冢云。孔子序列古之仁聖賢人，如吳太伯、伯夷之倫詳矣。余以所聞由、光義至高，其文辭不少概見，何哉？孔子曰：「伯夷、叔齊，不念舊惡，怨是用希。」「求仁得仁，又何怨乎？」余悲伯夷之意，睹軼詩可異焉。其傳曰：

伯夷、叔齊，孤竹君之二子也。父欲立叔齊，及父卒，叔齊讓伯夷。伯夷曰：

「父命也。」遂逃去。叔齊亦不肯立而逃之。國人立其中子。於是伯夷、叔齊聞西伯昌善養老，盍往歸焉。及至，西伯卒，武王載木主，號爲文王，東伐紂。伯夷、叔齊叩馬而諫曰：「父死不葬，爰及干戈，可謂孝乎？以臣弑君，可謂仁乎？」左右欲兵之。太公曰：「此義人也。」扶而去之。武王已平殷亂，天下宗周，而伯夷、叔齊恥之，義不食周粟，隱於首陽山，采薇而食之。及餓且死，作歌。其辭曰：「登彼西山兮，采其薇矣。以暴易暴兮，不知其非矣。神農、虞、夏忽焉沒兮，我安適歸矣？于嗟徂兮，命之衰矣！」遂餓死於首陽山。

由此觀之，怨邪非邪？

或曰：「天道無親，常與善人。」若伯夷、叔齊，可謂善人者非邪？積仁絜行如此而餓死！且七十子之徒，仲尼獨薦顏淵爲好學。然回也屢空，糟糠不厭，而卒蚤夭。天之報施善人，其何如哉？盜跖日殺不辜，肝人之肉，暴戾恣睢，聚黨數千人橫行天下，竟以壽終。是遵何德哉？此其尤大彰明較著者也。若至近世，操行不軌，事犯忌諱，而終身逸樂，富厚累世不絕。或擇地而蹈之，時然後出言，行不由徑，非公正不發憤，而遇禍災者，不可勝數也。余甚惑焉，儻所謂天道，是邪非邪？

子曰「道不同不相爲謀」，亦各從其志也。故曰「富貴如可求，雖執鞭之士，吾亦爲之。如不可求，從吾所好。」「歲寒，然後知松柏之後凋。」舉世混濁，淸士乃見。豈以其重若彼，其輕若此哉？

「君子疾沒世而名不稱焉。」賈子曰：「貪夫徇財，烈士徇名，夸者死權，衆庶馮生。」「同明相照，同類相求。」「雲從龍，風從虎，聖人作而萬物覩。」伯夷、叔齊雖賢，得夫子而名益彰。顏淵雖篤學，附驥尾而行益顯。巖穴之士，趣舍有時若此，類名堙滅而不稱，悲夫！閭巷之人，欲砥行立名者，非附青雲之士，惡能施於後世哉？

史記　管晏列傳

管仲夷吾者，潁上人也。少時常與鮑叔牙游，鮑叔知其賢。管仲貧困，常欺鮑叔，鮑叔終善遇之，不以爲言。已而鮑叔事齊公子小白，管仲事公子糾。及小白立爲桓公，公子糾死，管仲囚焉。鮑叔遂進管仲。管仲既用，任政於齊，齊桓公以霸，九合諸侯，一匡天下，管仲之謀也。

管仲曰：「吾始困時，嘗與鮑叔賈，分財利多自與，鮑叔不以我爲貪，知我貧也。吾嘗爲鮑叔謀事而更窮困，鮑叔不以我爲愚，知時有利不利也。吾嘗三仕三見逐於君，鮑叔不以我爲不肖，知我不遭時也。吾嘗三戰三走，鮑叔不以我怯，知我有老母也。公子糾敗，召忽死之，吾幽囚受辱，鮑叔不以我爲無恥，知我不羞小節而恥功名不顯于天下也。生我者父母，知我者鮑子也。」

鮑叔既進管仲，以身下之。子孫世祿於齊，有封邑者十餘世，常爲名大夫。天下不多管仲之賢而多鮑叔能知人也。

管仲既任政相齊，以區區之齊在海濱，通貨積財，富國彊兵，與俗同好惡。故其稱曰：「倉廩實而知禮節，衣食足而知榮辱，上服度則六親固。四維不張，國乃滅亡。下令如流水之原，令順民心。」故論卑而易行。俗之所欲，因而予之；俗之所否，因而去之。

其爲政也，善因禍而爲福，轉敗而爲功。貴輕重，愼權衡。桓公實怒少姬，南襲蔡，管仲因而伐楚，責包茅不入貢於周室。桓公實北征山戎，而管仲因而令燕修召公之政。於柯之會，桓公欲背曹沫之約，管仲因而信之，諸侯由是歸齊。故曰：「知與之爲取，政之寶也。」

管仲富擬於公室，有三歸、反坫，齊人不以爲侈。管仲卒，齊國遵其政，常彊於諸侯。後百餘年而有晏子焉。

晏平仲嬰者，萊之夷維人也。事齊靈公、莊公、景公，以節儉力行重於齊。既相齊，食不重肉，妾不衣帛。其在朝，君語及之，即危言；語不及之，即危行。國有道，即順命；無道，即衡命。以此三世顯名於諸侯。

越石父賢，在縲紲中。晏子出，遭之塗，解左驂贖之，載歸。弗謝，入閨，久之。越石父請絕。晏子懼然，攝衣冠謝曰：「嬰雖不仁，免子於戹，何子求絕之速也？」石父曰：「不然。吾聞君子詘於不知己而信於知己者。方吾在縲紲中，彼不知我也。夫子既已感寤而贖我，是知己；知己而無禮，固不如在縲紲之中。」晏子於是延入爲上客。

晏子爲齊相，出，其御之妻從門閒而闚其夫。其夫爲相御，擁大蓋，策駟馬，意氣揚揚甚自得也。既而歸，其妻請去。夫問其故。妻曰：「晏子長不滿六尺，身相齊國，名顯諸侯。今者妾觀其出，志念深矣，常有以自下者。今子長八尺，乃爲人僕御，然子之意自以爲足，妾是以求去也。」其後夫自抑損。晏子怪而問之，御以實對。晏子薦以爲大夫。

太史公曰：吾讀管氏牧民、山高、乘馬、輕重、九府，及晏子春秋，詳哉其言之也。既見其著書，欲觀其行事，故次其傳。至其書，世多有之，是以不論，論其軼事。

管仲世所謂賢臣，然孔子小之。豈以爲周道衰微，桓公既賢，而不勉之至王，乃稱霸哉？語曰「將順其美，匡救其惡，故上下能相親也」。豈管仲之謂乎？

方晏子伏莊公尸哭之，成禮然後去，豈所謂「見義不爲無勇」者邪？至其諫說，犯君之顏，此所謂「進思盡忠，退思補過」者哉！假令晏子而在，余雖爲之執鞭，所忻慕焉。

史記　屈原列傳

屈原者，名平，楚之同姓也。爲楚懷王左徒。博聞彊志，明於治亂，嫻于辭令。入則與王圖議國事，以出號令；出則接遇賓客，應對諸侯。王甚任之。

上官大夫與之同列，爭寵而心害其能。懷王使屈原造爲憲令，屈平屬草稾未定。上官大夫見而欲奪之，屈平不與，因讒之曰：「王使屈平爲令，衆莫不知，每一令出，平伐其功，曰以爲『非我莫能爲』也。」王怒而疏屈平。

屈平疾王聽之不聰也，讒諂之蔽明也，邪曲之害公也，方正之不容也，故憂愁幽思而作離騷。離騷者，猶離憂也。夫天者，人之始也；父母者，人之本也。人窮則反本，故勞苦倦極，未嘗不呼天也；疾痛慘怛，未嘗不呼父母也。屈平正道直行，竭忠盡智以事其君，讒人間之，可謂窮矣。信而見疑，忠而被謗，能無怨乎？屈平之作離騷，蓋自怨生也。國風好色而不淫，小雅怨誹而不亂。若離騷者，可謂兼之矣。上稱帝嚳，下道齊桓，中述湯武，以刺世事。明道德之廣崇，治亂之條貫，靡不畢見。其文約，其辭微，其志絜，其行廉，其稱文小而其指極大，舉類邇而見義遠。其志絜，故其稱物芳。其行廉，故死而不容。自疏濯淖汙泥之中，蟬蛻於濁穢，以浮游塵埃之外，不獲世之滋垢，皭然泥而不滓者也。推此志也，雖與日月爭光可也。

屈平既絀，其後秦欲伐齊，齊與楚從親，惠王患之，乃令張儀詳去秦，厚幣委質事楚，曰：「秦甚憎齊，齊與楚從親，楚誠能絕齊，秦願獻商、於之地六百里。」楚懷王貪而信張儀，遂絕齊，使使如秦受地。張儀詐之曰：「儀與王約六里，不聞六百里。」楚使怒去，歸告懷王。懷王怒，大興師伐秦。秦發兵擊之，大破楚師於丹、淅[三]，斬首八萬，虜楚將屈匄，遂取楚之漢中地。懷王乃悉發國中兵以深入擊秦，戰於藍田。魏聞之，襲楚至鄧。楚兵懼，自秦歸。而齊竟怒不救楚，楚大困。

明年，秦割漢中地與楚以和。楚王曰：「不願得地，願得張儀而甘心焉。」張儀聞，乃曰：「以一儀而當漢中地，臣請往如楚。」如楚，又因厚幣用事者臣靳尚，而設詭辯於懷王之寵姬鄭袖。懷王竟聽鄭袖，復釋去張儀。是時屈平既疏，不復在位，使於齊，顧反，諫懷王曰：「何不殺張儀？」懷王悔，追張儀不及。

其後諸侯共擊楚，大破之，殺其將唐眛[三]。

時秦昭王與楚婚，欲與懷王會。懷王欲行，屈平曰：「秦虎狼之國，不可信，不如無行。」懷王稚子子蘭勸王行：「柰何絕秦歡！」懷王卒行。入武關，秦伏兵絕其後，因留懷王，以求割地。懷王怒，不聽。亡走趙，趙不內。復之秦，竟死於秦而歸葬。

長子頃襄王立，以其弟子蘭爲令尹。楚人既咎子蘭以勸懷王入秦而不反也。

屈平既嫉之，雖放流，睠顧楚國，繫心懷王，不忘欲反，冀幸君之一悟，俗之一改也。其存君興國而欲反覆之，一篇之中三致志[三]焉。然終無可柰何，故不可以反，卒以此見懷王之終不悟也。人君無愚智賢不肖，莫不欲求忠以自爲，舉賢以自佐，然亡國破家相隨屬，而聖君治國累世而不見者，其所謂忠者不忠，而所謂賢者不賢也。懷王以不知忠臣之分，故內惑於鄭袖，外欺於張儀，疏屈平而信上官大夫、令尹子蘭。兵挫地削，亡其六郡，身客死於秦，爲天下笑。此不知人之禍也。易曰：「井泄[四]不食，爲我心惻，可以汲。王明，並受其福。」王之不明，豈足福哉！

令尹子蘭聞之大怒，卒使上官大夫短屈原於頃襄王，頃襄王怒而遷之。

屈原至於江濱，被髮行吟澤畔。顏色憔悴，形容枯槁。漁父見而問之曰：「子非三閭大夫歟？何故而至此？」屈原曰：「舉世混濁而我獨清，衆人皆醉而我獨醒，是以見放。」漁父曰：「夫聖人者，不凝滯於物而能與世推移。舉世混濁，何不隨其流而揚其波？衆人皆醉，何不餔其糟而啜其醨？何故懷瑾握瑜而自令見放爲？」屈原曰：「吾聞之，新沐者必彈冠，新浴者必振衣，人又誰能以身之察察，受物之汶汶者乎！寧赴常流而葬乎江魚腹中耳，又安能以皓皓之白而蒙世俗之溫蠖乎！」

乃作懷沙之賦。[五] 於是懷石遂自投汨羅以死。

屈原既死之後，楚有宋玉、唐勒、景差之徒者，皆好辭而以賦見稱；然皆祖屈原之從容辭令，終莫敢直諫。其後楚日以削，數十年竟爲秦所滅。

自屈原沉汨羅後百有餘年，漢有賈生，爲長沙王太傅，過湘水，投書以弔屈原。[六]

太史公曰：余讀離騷、天問、招魂、哀郢，悲其志。適長沙，觀[七]屈原所自沉淵，未嘗不垂涕，想見其爲人。及見賈生弔之，又怪屈原以彼其材，游諸侯，何國不容，而自令若是。讀服鳥賦，同死生，輕去就，又爽然自失矣。

[二] 觀止作「浙」，據史記點校本改。張文虎札記：索隱本、淩、毛本並譌「浙」，注同，依攷異改。

[三] 觀止作「昧」，據史記點校本改。張文虎札記：各本譌「昧」依志疑改。

〔三〕觀止作「意」，據史記各本改。

〔四〕觀止作「渫」，據史記點校本改。易作「渫」。

〔五〕觀止注「懷沙賦刪去。」

〔六〕史記下有賈生列傳，略。

〔七〕觀止作「過」，據史記各本改。

史記　酷吏列傳序

孔子曰：「導〔二〕之以政，齊之以刑，民免而無恥。導之以德，齊之以禮，有恥且格。」老氏稱：「上德不德，是以有德；下德不失德，是以無德。法令滋章，盜賊多有。」太史公曰：信哉是言也！法令者治之具，而非制治清濁之源也。昔天下之網嘗密矣，然姦僞萌起，其極也，上下相遁，至於不振。當是之時，吏治若救火揚沸，非武健嚴酷，惡能勝其任而愉快乎！言道德者，溺其職矣。故曰「聽訟，吾猶人也，必也使無訟乎」。「下士聞道大笑之」。非虛言也。漢興，破觚而爲圜，斲雕而爲朴，網漏於吞舟之魚，而吏治烝烝，不至於姦，黎民艾安。由是觀之，在彼不在此。

〔二〕觀止作「道」，同論語所引，據史記改。

史記　游俠列傳序

韓子曰：「儒以文亂法，而俠以武犯禁。」二者皆譏，而學士多稱於世云。至如以術取宰相卿大夫，輔翼其世主，功名俱著於春秋，固無可言者。及若季次、原憲，閭巷人也，讀書懷獨行君子之德，義不苟合當世，當世亦笑之。故季次、原憲終身空室蓬戶，褐衣疏食不厭。死而已四百餘年，而弟子志之不倦。今游俠，其行雖不軌於正義，然其言必信，其行必果，已諾必誠，不愛其軀，赴士之阨困，既已存亡死生矣，而不矜其能，羞伐其德，蓋亦有足多者焉。

且緩急，人之所時有也。太史公曰：昔者虞舜窘於井廩，伊尹負於鼎俎，傅說匿於傅險，呂尚困於棘津，夷吾桎梏，百里飯牛，仲尼畏匡，菜色陳、蔡。此皆學士所謂有道仁人也，猶然遭此菑，況以中材而涉亂世之末流乎？其遇害何可勝道哉！

鄙人有言曰：「何知仁義，已饗其利者爲有德。」故伯夷醜周，餓死首陽山，而文武不以其故貶王；跖、蹻暴戾，其徒誦義無窮。由此觀之，「竊鉤者誅，竊國者侯，侯之門，仁義存」，非虛言也。

今拘學或抱咫尺之義，久孤於世，豈若卑論儕俗，與世沈浮[三]而取榮名哉！而布衣之徒，設取予然諾，千里誦義，爲死不顧世，此亦有所長，非苟而已也。故士窮窘而得委命，此豈非人之所謂賢豪閒者邪？誠使鄉曲之俠，予季次、原憲比權量力，效功於當世，不同日而論矣。要以功見言信，俠客之義又曷可少哉！

古布衣之俠，靡得而聞已。近世延陵、孟嘗、春申、平原、信陵之徒，皆因王者親屬，藉於有土卿相之富厚，招天下賢者，顯名諸侯，不可謂不賢者矣。比如順風而呼，聲非加疾，其執激也。至如閭巷之俠，脩行砥名，聲施於天下，莫不稱賢，是爲難耳。然儒、墨皆排擯不載。自秦以前，匹夫之俠，湮滅不見，余甚恨之。以余所聞，漢興有朱家、田仲、王公、劇孟、郭解之徒，雖時扞當世之文罔，然其私義廉絜退讓，有足稱者。名不虛立，士不虛附。至如朋黨宗彊比周，設財役貧，豪暴侵淩孤弱，恣欲自快，游俠亦醜之。余悲世俗不察其意，而猥以朱家、郭解等令與暴豪之徒同類而共笑之也。

[二] 觀止倒作「浮沉」，據史記改。

史記　滑稽列傳

孔子曰：「六藝於治一也。禮以節人，樂以發和，書以道[一]事，詩以達意，易以神化，春秋以道義。」太史公曰：天道恢恢，豈不大哉！談言微中，亦可以解紛。

淳于髡者，齊之贅壻也。長不滿七尺，滑稽多辯，數使諸侯，未嘗屈辱。齊威王之時喜隱，好爲淫樂長夜之飲，沈湎不治，委政卿大夫。百官荒亂，諸侯並侵，國且危亡，在於旦暮，左右莫敢諫。淳于髡說之以隱曰：「國中有大鳥，止王之庭，三年不蜚又不鳴，王知此鳥何也？」王曰：「此鳥不飛則已，一飛沖天〔三〕；不鳴則已，一鳴驚人。」於是乃朝諸縣令長七十二人，賞一人，誅一人，奮兵而出。諸侯振驚，皆還齊侵地。威行三十六年。語在田完世家中。

威王八年，楚大發兵加齊。齊王使淳于髡之趙請救兵，齎金百斤，車馬十駟。淳于髡仰天大笑，冠纓索絕。王曰：「先生少之乎？」髡曰：「何敢！」王曰：「笑豈有說乎？」髡曰：「今者臣從東方來，見道傍有禳〔三〕田者，操一豚蹄，酒一盂，而祝曰：『甌窶滿篝，汙邪滿車，五穀蕃熟，穰穰滿家。』臣見其所持者狹而所欲者奢，故笑之。」於是齊威王乃益齎黃金千鎰，白璧十雙，車馬百駟。髡辭而行，至趙。趙王與之精兵十萬，革車千乘。楚聞之，夜引兵而去。

威王大說，置酒後宮，召髡賜之酒。問曰：「先生能飲幾何而醉？」對曰：「臣飲一斗亦醉，一石亦醉。」威王曰：「先生飲一斗而醉，惡能飲一石哉！其說可得聞乎？」髡曰：「賜酒大王之前，執法在傍，御史在後，髡恐懼俯伏而飲，不過一斗徑醉矣。若親有嚴客，髡帣韝鞠䐜，待酒於前，時賜餘瀝，奉觴上壽，數起，飲不過二斗徑醉矣。若朋友交遊，久不相見，卒然相覩，歡然道故，私情相語，飲可五六斗徑醉矣。若乃州閭之會，男女雜坐，行酒稽留，六博投壺，相引爲曹，握手無罰，目眙不禁，前有墮珥，后有遺簪，髡竊樂此，飲可八斗而醉二參。日暮酒闌，合尊促坐，男女同席，履舄交錯，杯盤狼藉，堂上燭滅，主人留髡而送客，羅襦襟解，微聞薌澤，當此之時，髡心最歡，能飲一石。故曰酒極則亂，樂極則悲；萬事盡然。」言不可極，極之而衰。以諷諫焉。齊王曰：「善。」乃罷長夜之飲，以髡爲諸侯主客。宗室置酒，髡嘗在側。

〔一〕觀止作「導」，據史記各本改。
〔二〕觀止「飛」作「蜚」，據史記改。
〔三〕觀止作「穰」，據史記點校本改。張文虎札記：索隱本、舊刻、毛本「禳」，各本譌「穰」。

史記　貨殖列傳序

老子曰：「至治之極，鄰國相望，雞狗之聲相聞，民各甘其食，美其服，安其俗，樂其業，至老死不相往來。」必用此爲務，輓近世塗民耳目，則幾無行矣。

太史公曰：夫神農以前，吾不知已。至若詩書所述虞夏以來，耳目欲極聲色之好，口欲窮芻豢之味，身安逸樂，而心誇矜埶能之榮使。俗之漸民久矣，雖戶說以眇論，終不能化。故善者因之，其次利道之，其次教誨之，其次整齊之，最下者與之爭。

夫山西饒材、竹、穀、纑、旄、玉石；山東多魚、鹽、漆、絲、聲色；江南出枏、梓、薑、桂、金、錫、連、丹沙、犀、瑇瑁、珠璣、齒革；龍門、碣石北多馬、牛、羊、旃裘、筋角；銅、鐵則千里往往山出棊置：此其大較也。皆中國人民所喜好，謠俗被服飲食奉生送死之具也。故待農而食之，虞而出之，工而成之，商而通之。此寧有政教發徵期會哉？人各任其能，竭其力，以得所欲。故物賤之徵貴，貴之徵賤，各勸其業，樂其事，若水之趨下，日夜無休時，不召而自來，不求而民出之。豈非道之所符，而自然之驗邪？

周書曰：「農不出則乏其食，工不出則乏其事，商不出則三寶絕，虞不出則財匱少。」財匱少而山澤不辟矣。此四者，民所衣食之原也。原大則饒，原小則鮮。上則富國，下則富家。貧富之道，莫之奪予，而巧者有餘，拙者不足。故太公望封於營丘，地潟鹵，人民寡，於是太公勸其女功，極技巧，通魚鹽，則人物歸之，繦至而輻湊。故齊冠帶衣履天下，海岱之閒斂袂而往朝焉。其後齊中衰，管子修之，設輕重九府，則桓公以霸，九合諸侯，一匡天下；而管氏亦有三歸，位在陪臣，富於列國之君。是以齊富彊至於威、宣也。

故曰：「倉廩實而知禮節，衣食足而知榮辱。」禮生於有而廢於無。故君子富，好行其德；小人富，以適其力。淵深而魚生之，山深而獸往之，人富而仁義附焉。富者得埶益彰，失埶則客無所之，以而不樂。夷狄益甚。[二]諺曰：「千金之子，不死於市。」此非空言也。故曰：「天下熙熙，皆爲利來；天下壤壤，皆爲利往。」夫千乘之王，萬家之侯，百室之君，尚猶患貧，而況匹夫編戶之民乎！

[二]「夷狄益甚」句，觀止脫，據史記補。

史記　太史公自序

太史公曰：「先人有言：『自周公卒五百歲而有[三]孔子。孔子卒後至於今五百歲，有能紹明世，正易傳，繼春秋，本詩書禮樂之際？』意在斯乎！意在斯乎！小子何敢讓焉。」

上大夫壺遂曰：「昔孔子何爲而作春秋哉？」太史公曰：「余聞董生曰：『周道衰廢，孔子爲魯司寇，諸侯害之，大夫壅之。孔子知言之不用，道之不行也，是非二百四十二年之中，以爲天下儀表，貶天子，退諸侯，討大夫，以達王事而已矣。』子曰：『我欲載之空言，不如見之於行事之深切著明也。』夫春秋，上明三王之道，下辨人事之紀，別嫌疑，明是非，定猶豫，善善惡惡，賢賢賤不肖，存亡國，繼絕世，補敝起廢，王道之大者也。易著天地陰陽四時五行，故長於變；禮經紀人倫，故長於行；書記先王之事，故長於政；詩記山川谿谷禽獸草木牝牡雌雄，故長於風；樂樂所以立，故長於和；春秋辯是非，故長於治人。是故禮以節人，樂以發和，書以道事，詩以達意，易以道化，春秋以道義。撥亂世反之正，莫近於春秋。春秋文成數萬，其指數千。萬物之散聚皆在春秋。春秋之中，弒君三十六，亡國五十二，諸侯奔走不得保其社稷者不可勝數。察其所以，皆失其本已。故易曰『失之豪釐，差以千里』。故曰『臣弒君，子弒父，非一旦一夕之故也，其漸久矣』。故有國者不可以不知春秋，前有讒而弗見，後有賊而不知。爲人臣者不可以不知春秋，守經事而不知其宜，遭變事而不知其權。爲人君父而不通於春秋之義者，必蒙首惡之名。爲人臣子而不通於春秋之義者，必陷簒弒之誅，死罪之名。其實皆以爲善，爲之不知其義，被之空言而不敢辭。夫不通禮義之旨，至於君不君，臣不臣，父不父，子不子。君不君則犯，臣不臣則誅，父不父則無道，子不子則不孝。此四行者，天下之大過也。以天下之大過予之，則受而弗敢辭。故春秋者，禮義之大宗也。夫禮禁未然之前，法施已然之後；法之所爲用者易見，而禮之所爲禁者難知。」

壺遂曰：「孔子之時，上無明君，下不得任用，故作春秋，垂空文以斷禮義，當一王之法。今夫子上遇明天子，下得守職，萬事既具，咸各序其宜，夫子所論，欲以何明？」

太史公曰：「唯唯，否否，不然。余聞之先人曰：『伏羲至純厚，作易八卦。堯舜之盛，尚書載之，禮樂作焉。湯武之隆，詩人歌之。春秋采善貶惡，推三代之德，褒周室，非獨刺譏而已也。』漢興以來，至明天子，獲符瑞，建封禪，改正朔，易服色，受命於穆清，澤流罔極，海外殊俗，重譯款塞，請來獻見者，不可勝道。臣下百官力誦聖德，猶不能宣盡其意。且士賢能而不用，有國者之恥；主上明聖而德不布聞，有司之過也。且余嘗掌其官，廢明聖盛德不載，滅功臣世家賢大夫之業不述，墮先人所言，罪莫大焉。余所謂述故事，整齊其世傳，非所謂作也，而君比之於春秋，謬矣。」

於是論次其文。七年而太史公遭李陵之禍，幽於縲紲。乃喟然而歎曰：「是余之罪也夫！是余之罪也夫！身毀不用矣。」退而深惟曰：「夫詩書隱約者，欲遂其志之思也。昔西伯拘羑里，演周易；孔子戹陳蔡，作春秋；屈原放逐，著離騷；左丘失明，厥有國語；孫子臏腳，而論兵法；不韋遷蜀，世傳呂覽；韓非囚秦，說難、孤憤；詩三百篇，大抵賢聖發憤之所為作也。此人皆意有所鬱結，不得通其道也，故述往事，思來者。」於是卒述陶唐以來，至于麟止，自黃帝始。

〔三〕觀止作「生」，據史記本改。

司馬遷　報任安書

太史公牛馬走司馬遷再拜言，少卿足下：曩者辱賜書，教以慎於接物，推賢進士為務。意氣勤勤懇懇，若望僕不相師，而用流俗人之言。僕非敢如此也。僕雖罷駑，亦嘗側聞長者之遺風矣。顧自以為身殘處穢，動而見尤，欲益反損，是以抑鬱而無誰語〔三〕。諺曰：「誰為為之？孰令聽之？」蓋鍾子期死，伯牙終身不復鼓琴。何則？士為知己者用，女為說己者容。若僕大質已虧缺矣，雖才懷隨和，行若由夷，終不可以爲榮，適足以發笑而自點耳。

書辭宜答，會東從上來，又迫賤事，相見日淺，卒卒無須臾之間，得竭志意。今少卿抱不測之罪，涉旬月，迫季冬；僕又薄從上雍，恐卒然不可爲諱。是僕終已不得舒憤懣以曉左右，則長逝者魂魄私恨無窮。請略陳固陋，闕然久不報，幸勿爲過。

僕聞之：修身者，智之符也；愛施者，仁之端也；取予者，義之表也；恥辱者，勇之決也；立名者，行之極也。士有此五者，然後可以託於世，而列於君子之林矣。故禍莫憯於欲利，悲莫痛於傷心，行莫醜於辱先，詬莫大於宮刑。刑餘之人，無所比數，非一世也，所從來遠矣。昔衞靈公與雍渠同載，孔子適陳；商鞅因景監見，趙良寒心；同子參乘，袁絲變色。自古而恥之。夫以中材之人，事有關於宦豎，莫不傷氣，而況於忼慨之士乎！如今朝廷雖乏人，柰何令刀鋸之餘，薦天下之豪俊哉！

僕賴先人緒業，得待罪輦轂下，二十餘年矣。所以自惟，上之，不能納忠效信，有奇策材力之譽，自結明主；次之，又不能拾遺補闕，招賢進能，顯巖穴之士；外之，不能備行伍，攻城野戰，有斬將搴旗之功；下之，不能積日累勞，取尊官厚祿，以爲宗族交遊光寵。四者無一遂，苟合取容，無所短長之效，可見於此矣。嚮者，僕亦嘗廁下大夫之列，陪奉外廷末議。不以此時引綱維，盡思慮。今已虧形爲掃除之隸，在闒茸之中，乃欲仰首伸眉，論列是非，不亦輕朝廷，羞當世之士邪！嗟乎！嗟乎！如僕，尚何言哉！尚何言哉！

且事本末未易明也。僕少負不羈之才，長無鄉曲之譽，主上幸以先人之故，使得奏薄伎，出入周衛之中。僕以爲戴盆何以望天，故絶賓客之知，亡室家之業，日夜思竭其不肖之才力，務一心營職，以求親媚於主上。而事乃有大謬不然者。

夫僕與李陵俱居門下，素非能相善也。趨舍異路，未嘗銜盃酒，接殷勤之餘歡。然僕觀其爲人，自守奇士，事親孝，與士信，臨財廉，取與義，分別有讓，恭儉下人，常思奮不顧身以徇[一]國家之急。其素所蓄積也，僕以爲有國士之風。夫人臣出萬死不顧一生之計，赴公家之難，斯已奇矣。今舉事一不當，而全軀保妻子之臣隨而媒孽其短，僕誠私心痛之。且李陵提步卒不滿五千，深踐戎馬之地，足歷王庭，垂餌虎口，横挑彊胡，仰億萬之師，與單于連戰十有餘日，所殺過當。虜救死扶傷不給，旃裘之君長咸震怖，乃悉徵其左右賢王，舉引弓之民，一國共攻而圍之。轉鬬千里，矢盡道窮，救兵不至，士卒死傷如積。然陵一呼勞軍，士無不起，躬自流涕，沬血飲泣，更張空弮[二]，冒白刃，北嚮爭死敵者。陵未沒時，使有來報，漢公卿王侯皆奉觴上壽。後數日，陵敗書聞，主上爲之食不甘味，聽朝不怡。大臣憂懼，不知所出。僕竊不自料其卑賤，見主上慘愴怛悼，誠欲效其款款之愚，以爲李陵素與士大夫絶甘分少，能得人之死力，雖古之名將，不能過也。身雖陷敗，彼觀其意，且欲得其當而報於漢。事已無可奈何，其所摧敗，功亦足以暴於天下矣。僕懷欲陳之，而未有路，適會召問，即以此指推言陵之功，欲以廣主上之意，塞睚眦之辭。未能盡明，明主不曉，以爲僕沮貳師，而爲李陵遊說，遂下於理。拳拳之忠，終不能自列。因爲誣上，卒從吏議。家貧，貨賂不足以自贖，交游莫救；左右親近，不爲一言。身非木石，獨與法吏爲伍，深幽囹圄之中，誰可告愬者！此眞少卿所親見，僕行事豈不然乎？李陵既生降，隤其家聲；而僕又佴之蠶室，重爲天下觀笑。悲夫！悲夫！事未易一二爲俗人言也。

僕之先人，非有剖符丹書之功，文史星曆〔四〕，近乎卜祝之間，固主上所戲弄，倡優所畜，流俗之所輕也。假令僕伏法受誅，若九牛亡一毛，與螻蟻何以異？而世俗又不能與死節者次比，特以爲智窮罪極，不能自免，卒就死耳。何也？素所自樹立使然也。人固有一死，死有重於泰山，或輕於鴻毛，用之所趨異也。太上不辱先，其次不辱身，其次不辱理色，其次不辱辭令，其次詘體受辱，其次易服受辱，其次關木索被箠楚受辱，其次剔毛髮嬰金鐵受辱，其次毀肌膚斷肢體受辱，最下腐刑，極矣。傳曰：「刑不上大夫。」此言士節不可不勉厲也。猛虎在深山，百獸震恐，及在檻穽之中，搖尾而求食，積威約之漸也。故士有畫地爲牢勢不可入，削木爲吏議不可對，定計於鮮也。今交手足，受木索，暴肌膚，受榜箠，幽於圜牆之中。當此之時，見獄吏則頭槍〔五〕地，視徒隸則心惕息，何者？積威約之勢也。及以至是言不辱者，所謂彊顏耳，曷足貴乎！且西伯，伯也，拘於羑里；李斯，相也，具于五刑；淮陰，王也，受械於陳；彭越、張敖，南面稱孤，繫獄抵罪；絳侯誅諸呂，權傾五伯，囚於請室；魏其，大將也，衣赭衣，關三木；季布爲朱家鉗奴；灌夫受辱於居室。此人皆身至王侯將相，聲聞鄰國，及罪至罔加，不能引決自裁，在塵埃之中，古今一體，安在其不辱也？由此言之，勇怯，勢也；彊弱，形也。審矣！何足怪乎？夫人不能蚤自裁繩墨之外，以稍陵遲至於鞭箠之間，乃欲引節，斯不亦遠乎！古人所以重施刑於大夫者，殆爲此也。

夫人情莫不貪生惡死，念父母，顧妻子，至激於義理者不然，乃有所不得已也。今僕不幸，早失父母，無兄弟之親，獨身孤立，少卿視僕於妻子何如哉？且勇者不必死節，怯夫慕義，何處不勉焉！僕雖怯懦欲苟活，亦頗識去就之分矣，何至自沈溺縲紲之辱哉？且夫臧獲婢妾，猶能引決，況僕之不得已乎？所以隱忍苟活，幽於糞土之中而不辭者，恨私心有所不盡，鄙陋沒世，而文彩不表於後世也。

古者富貴而名摩滅，不可勝記，唯倜儻非常之人稱焉。蓋文王拘而演周易；仲尼戹而作春秋；屈原放逐，乃賦離騷；左丘失明，厥有國語；孫子臏腳，兵法修列；不韋遷蜀，世傳呂覽；韓非囚秦，說難、孤憤。詩三百篇，大氐[六]聖賢發憤之所爲作也。此人皆意有所鬱結，不得通其道，故述往事，思來者。乃如左丘無目，孫子斷足，終不可用，退而論書策，以舒其憤，思垂空文以自見。

僕竊不遜，近自託於無能之辭，網羅天下放失舊聞，略考其事，綜其終始，稽其成敗興壞之紀，上計軒轅，下至于茲，爲十表，本紀十二，書八章，世家三十，列傳七十，凡百三十篇，亦欲以究天人之際，通古今之變，成一家之言。草創未就，會遭此禍，惜其不成，是以就極刑而無慍色。僕誠以著此書藏諸名山，傳之其人，通邑大都，則僕償前辱之責，雖萬被戮，豈有悔哉？然此可爲智者道，難爲俗人言也。

且負下未易居，下流多謗議，僕以口語遇遭此禍，重爲鄉黨所戮笑，以汙辱先人，亦何面目復上父母丘墓乎？雖累百世，垢彌甚耳！是以腸一日而九迴，居則忽忽若有所亡，出則不知所往。每念斯恥，汗未嘗不發背霑衣也。身直爲閨閤之臣，寧得自引深臧巖穴邪？故且從俗浮沈，與時俯仰，以通其狂惑。今少卿乃教以推賢進士，無乃與僕私心剌謬乎！今雖欲自雕琢，曼辭以自飾，無益於俗不信，適足取辱耳。要之死日，然後是非乃定。書不能悉意，略陳固陋，謹再拜。

〔一〕據漢書改，觀止作「是以獨抑鬱而誰與語」，文選作「是以獨鬱悒而與誰語」。梁章鉅文選旁證：六臣本無「以」字，「與誰」作「誰與」，漢書作「是以悒鬱而無誰語」。

〔二〕觀止作「殉」，據漢書、文選改。

〔三〕漢書、文選六臣本無「更」字，文選「脊」作「拳」。

〔四〕觀止訛作「歷」，據漢書、文選改。

〔五〕觀止作「搶」，據漢書、文選改。

〔六〕觀止作「底」，據文選改。漢書作「氐」。

古文觀止卷六　漢文

高帝求賢詔

西漢文

蓋聞王者莫高於周文，伯者莫高於齊桓，皆待賢人而成名。今天下賢者智能，豈特古之人乎？患在人主不交故也，士奚由進！今吾以天之靈，賢士大夫定有天下，以爲一家，欲其長久，世世奉宗廟亡絕也。賢人已與我共平之矣，而不與吾共安利之，可乎？賢士大夫有肯從我游者，吾能尊顯之。布告天下，使明知朕意。御史大夫昌下相國，相國酇侯下諸侯王，御史中執法下郡守，其有意稱明德者，必身勸，爲之駕，遣詣相國府，署行、義、年。有而弗言，覺，免。年老癃病，勿遣。

文帝議佐百姓詔

西漢文

間者數年比不登，又有水旱疾疫之災，朕甚憂之。愚而不明，未達其咎。意者朕之政有所失而行有過與？乃天道有不順，地利或不得，人事多失和，鬼神廢不享與？何以致此？將百官之奉養或費，無用之事或多與？何其民食之寡乏也！夫度田非益寡，而計民未加益，以口量地，其於古猶有餘，而食之甚不足者，其咎安在？無乃百姓之從事於末以害農者蕃，爲酒醪以靡穀者多，六畜之食焉者衆與？細大之義，吾未能得其中。其與丞相列侯吏二千石博士議之，有可以佐百姓者，率意遠思，無有所隱。

西漢文　景帝令二千石修職詔

雕文刻鏤，傷農事者也；錦繡纂組，害女紅者也。農事傷則飢之本也，女紅害則寒之原也。夫飢寒並至，而能亡[二]爲非者寡矣。朕親耕，后親桑，以奉宗廟粢盛祭服，爲天下先；不受獻，減太官，省繇賦，欲天下務農蠶，素有畜積，以備災害。彊毋攘弱，衆毋暴寡，老耆以壽終，幼孤得遂長。今歲或不登，民食頗寡，其咎安在？或詐僞爲吏，吏以貨賂爲市，漁奪百姓，侵牟萬民。縣丞，長吏也，奸法與盜盜，甚無謂也。其令二千石各修其職；不事官職耗亂者，丞相以聞，請其罪。布告天下，使明知朕意。

[二] 觀止作「無」，據漢書改。

武帝求茂材異等詔

西漢文

蓋有非常之功，必待非常之人，故馬或奔踶而致千里，士或有負俗之累而立功名。夫泛駕之馬，跅弛之士，亦在御之而已。其令州郡察吏民有茂材異等可爲將相及使絕國者。

過秦論上

西漢文　賈誼

秦孝公據殽函之固，擁雍州之地，君臣固守，以窺周室，有席卷天下，包舉宇內，囊括四海之意，并吞八荒之心。當是時也，商君佐之，內立法度，務耕織，修守戰之具，外連衡而鬭諸侯，於是秦人拱手而取西河之外。

孝公既沒，惠文、武、昭蒙故業，因遺策，南取漢中，西舉巴、蜀，東割膏腴之地，收要害之郡。諸侯恐懼，會盟而謀弱秦，不愛珍器重寶肥饒之地，以致天下之士，合從締交，相與爲一。當此之時，齊有孟嘗，趙有平原，楚有春申，魏有信陵。此四君者，皆明智而忠信，寬厚而愛人，尊賢而重士，約從離衡，兼韓、魏、燕、楚、齊、趙、宋、衞、中山之衆。於是六國之士有甯越、徐尚、蘇秦、杜赫之屬爲之謀，齊明、周最、陳軫、召滑、樓緩、翟景、蘇厲、樂毅之徒通其意，吳起、孫臏、帶佗、兒良、王廖、田忌、廉頗、趙奢之倫制其兵。嘗以什倍之地，百萬之衆，叩關而攻秦。秦人開關而延敵，九國之師逡巡而不敢進。秦無亡矢遺鏃之費，而天下諸侯已困矣。於是從散約解，爭割地而賂秦。秦有餘力而制其弊，追亡逐北，伏尸百萬，流血漂櫓。因利乘便，宰割天下，分裂河山，彊國請服，弱國入朝。

施及孝文王、莊襄王，享國日淺，國家無事。及至始皇，奮六世之餘烈，振長策而御宇內，吞二周而亡諸侯，履至尊而制六合，執敲扑以鞭笞天下，威振四海。南取百越之地，以爲桂林、象郡，百越之君俛首係頸，委命下吏。乃使蒙恬北築長城而守藩籬，卻匈奴七百餘里，胡人不敢南下而牧馬，士不敢彎弓而報怨。

於是廢先王之道，燔百家之言，以愚黔首。隳名城，殺豪俊，收天下之兵聚之咸陽，銷鋒鍉鑄以爲金人十二，以弱天下之民。然後踐華爲城，因河爲池，據億丈之城，臨不測之谿以爲固。良將勁弩守要害之處，信臣精卒陳利兵而誰何？天下以定，始皇之心，自以爲關中之固，金城千里，子孫帝王萬世之業也。

秦王既沒，餘威震於殊俗。然而陳涉，甕牖繩樞之子，氓隸之人，而遷徙之徒也，材能不及中庸，非有仲尼、墨翟之賢，陶朱、猗頓之富，躡足行伍之間，俛起阡陌之中，率罷弊之卒，將數百之衆，而轉攻秦。斬木爲兵，揭竿爲旗，天下雲集而響應，贏糧而景從，山東豪俊遂並起而亡秦族矣。

且夫天下非小弱也，雍州之地，殽函之固自若也。陳涉之位，不尊於齊、楚、燕、趙、韓、魏、宋、衛、中山之君也；鉏櫌棘矜，不銛於句戟長鎩也；謫戍之衆，非抗於九國之師也；深謀遠慮，行軍用兵之道，非及曩時之士也。然而成敗異變，功業相反。試使山東之國與陳涉度長絜大，比權量力，則不可同年而語矣。然秦以區區之地，致萬乘之權，招八州而朝同列，百有餘年矣。然後以六合爲家，殽函爲宮，一夫作難而七廟隳，身死人手，爲天下笑者，何也？仁義不施而攻守之勢異也。

西漢文 賈誼　治安策一

夫樹國固必相疑之勢，下數被其殃，上數爽其憂，甚非所以安上而全下也。今或親弟謀爲東帝，親兄之子西鄉而擊，今吳又見告矣。天子春秋鼎盛，行義未過，德澤有加焉，猶尚如是，況莫大諸侯，權力且十此者虖！

然而天下少安，何也？大國之王幼弱未壯，漢之所置傅相方握其事。數年之後，諸侯之王大抵皆冠，血氣方剛，漢之傅相稱病而賜罷，彼自丞尉以上偏置私人，如此，有異淮南、濟北之爲邪！此時而欲爲治安，雖堯舜不治。

黃帝曰：「日中必熭，操刀必割。」今令此道順而全安，甚易，不肯早爲，已乃墮骨肉之屬而抗剄之，豈有異秦之季世虖！夫以天子之位，乘今之時，因天之助，尚憚以危爲安，以亂爲治，假設陛下居齊桓之處，將不合諸侯而匡天下乎？臣又以知陛下有所必不能矣。假設天下如曩時，淮陰侯尚王楚，黥布王淮南，彭越王梁，韓信王韓，張敖王趙，貫高爲相，盧綰王燕，陳豨在代，令此六七公者皆亡恙，當是時而陛下即天子位，能自安乎？臣有以知陛下之不能也。天下殽亂，高皇帝與諸公併起，非有仄室之勢以豫席之也。諸公幸者，乃爲中涓，其次廑得舍人，材之不逮至遠也。高皇帝以明聖威武即天子位，割膏腴之地以王諸公，多者百餘城，少者乃三四十縣，悳至渥也，然其後十[三]年之間，反者九起。陛下之與諸公，非親角材而臣之也，又非身封王之也，自高皇帝不能以是一歲爲安，故臣知陛下之不能也。

然尚有可諉者，曰疏，臣請試言其親者。假令悼惠王王齊，元王王楚，中子王趙，幽王王淮陽，共王王梁，靈王王燕，厲王王淮南，六七貴人皆亡恙，當是時陛下即位，能爲治虖？臣又知陛下之不能也。若此諸王，雖名爲臣，實皆有布衣昆弟之心，慮亡不帝制而天子自爲者。擅爵人，赦死辠，甚者或戴黃屋，漢法令非行也。雖行不軌如厲王者，令之不肯聽，召之安可致乎！幸而來至，法安可得加！動一親戚，天下圜視而起，陛下之臣雖有悍如馮敬者，適啓其口，匕首已陷其匈[三]矣。陛下雖賢，誰與領此？故疏者必危，親者必亂，已然之效也。其異姓負彊而動者，漢已幸勝之矣，又不易其所以然。同姓襲是跡而動，既有徵矣，其勢盡又復然。殃旤之變，未知所移，明帝處之尚不能以安，後世將如之何！

屠牛坦一朝解十二牛，而芒刃不頓者，所排擊剝割，皆衆理解也。至於髖髀之所，非斤則斧。夫仁義恩厚，人主之芒刃也；權勢法制，人主之斤斧也。今諸侯王皆衆髖髀也，釋斤斧之用，而欲嬰以芒刃，臣以爲不缺則折。胡不用之淮南、濟北？勢不可也。

臣竊跡前事，大抵彊者先反。淮陰王楚最彊，則最先反；韓信倚胡，則又反；貫高因趙資，則又反；陳豨兵精，則又反；彭越用梁，則又反；黥布用淮南，則又反；盧綰最弱，最後反。長沙乃在二萬五千戶耳，功少而最完，勢疏而最忠，非獨性異人也，亦形勢然也。曩令樊、酈、絳、灌據數十城而王，今雖以殘亡可也；令信、越之倫列爲徹侯而居，雖至今存可也。

然則天下之大計可知已。欲諸王之皆忠附，則莫若令如長沙王；欲臣子之勿葅醢，則莫若令如樊、酈等；欲天下之治安，莫若衆建諸侯而少其力。力少則易使以義，國小則亡邪心。令海內之勢如身之使臂，臂之使指，莫不制從，諸侯之君不敢有異心，輻湊並進而歸命天子，雖在細民，且知其安，故天下咸知陛下之明。割地定制，令齊、趙、楚各爲若干國，使悼惠王、幽王、元王之子孫畢以次各受祖之分地，地盡而止，及燕、梁它[三]國皆然。其分地衆而子孫少者，建以爲國，空而置之，須其子孫生者，舉使君之。諸侯之地其削頗入漢者，爲徙其侯國及封其子孫也，所以數償之；一寸之地，一人之衆，天子亡所利焉，誠以定治而已，故天下咸知陛下之廉。地制壹定，宗室子孫莫慮不王，下無倍畔之心，上無誅伐之志，故天下咸知陛下之仁。法立而不犯，令行而不逆，貫高、利幾之謀不生，柴奇、開章之計不萌，細民鄉善，大臣致順，故天下咸知陛下之義。臥赤子天下之上而安，植遺腹，朝委裘，而天下不亂，當時大治，後世誦聖。壹動而五業附，陛下誰憚而久不爲此？

天下之勢方病大瘇。一脛之大幾如要，一指之大幾如股，平居不可屈信，一二指搐，身慮亡[四]聊。失今不治，必爲錮疾，後雖有扁鵲，不能爲已。病非徒瘇也，又苦蹠盭。元王之子，帝之從弟也；今之王者，從弟之子也。惠王，親兄子也；今之王者，兄子之子也。親者或亡分地以安天下，疏者或制大權以偪天子，臣故曰非徒病瘇也，又苦跋盭。可痛哭者，此病是也。

〔一〕觀止作「七」，據漢書改。
〔二〕觀止作「胸」，據漢書改。
〔三〕觀止作「他」，據漢書改。
〔四〕觀止作「無」，據漢書改。

論貴粟疏

西漢文　鼂錯

聖王在上而民不凍饑者，非能耕而食之，織而衣之也，爲開其資財之道也。故堯、禹有九年之水，湯有七年之旱，而國亡〔一〕捐瘠者，以畜積多而備先具也。今海內爲一，土地人民之眾不避湯、禹，〔二〕加以亡天災數年之水旱，而畜積未及者，何也？地有遺〔三〕利，民有餘力，生穀之土未盡墾，山澤之利未盡出也，游食之民未盡歸農也。民貧，則姦邪生。貧生於不足，不足生於不農，不農則不地著，不地著則離鄉輕家，民如鳥獸，雖有高城深池，嚴法重刑，猶不能禁也。

夫寒之於衣，不待輕煖；饑之於食，不待甘旨；饑寒至身，不顧廉恥。人情，一日不再食則饑，終歲不製衣則寒。夫腹饑不得食，膚寒不得衣，雖慈母不能保其子，君安能以有其民哉！明主知其然也，故務民於農桑，薄賦斂，廣畜積，以實倉廩，備水旱，故民可得而有也。

民者，在上所以牧之，趨利如水走下，四方亡擇也。夫珠玉金銀，饑不可食，寒不可衣，然而衆貴之者，以上用之故也。其爲物輕微易臧[四]，在於把握，可以周海內而亡饑寒之患。此令臣輕背其主，而民易去其鄉，盜賊有所勸，亡逃者得輕資也。粟米布帛生於地，長於時，聚於力，非可一日成也；數石之重，中人弗勝，不爲姦邪所利，一日弗得而饑寒至。是故明君貴五穀而賤金玉。

今農夫五口之家，其服役者不下二人，其能耕者不過百晦，百晦之收不過百石。春耕夏耘，秋穫冬臧，伐薪樵，治官府，給繇役；春不得避風塵，夏不得避暑熱，秋不得避陰雨，冬不得避寒凍，四時之間亡日休息；又私自送往迎來，弔死問疾，養孤長幼在其中。勤苦如此，尚復被水旱之災，急政暴虐，賦斂不時，朝令而暮改。當具有者半賈而賣，亡者取倍稱之息，於是有賣田宅鬻子孫以償責者矣。而商賈大者積貯倍息，小者坐列販賣，操其奇贏，日游都市，乘上之急，所賣必倍。故其男不耕耘，女不蠶織，衣必文采，食必粱肉；亡農夫之苦，有仟伯[五]之得。因其富厚，交通王侯，力過吏勢，以利相傾；千里游敖，冠蓋相望，乘堅策肥，履絲曳縞。此商人所以兼幷農人，農人所以流亡者也。

今法律賤商人，商人已富貴矣；尊農夫，農夫已貧賤矣。故俗之所貴，主之所賤也；吏之所卑，法之所尊也。上下相反，好惡乖迕，而欲國富法立，不可得也。

方今之務，莫若使民務農而已矣。欲民務農，在於貴粟；貴粟之道，在於使民以粟爲賞罰。今募天下入粟縣官，得以拜爵，得以除罪。如此，富人有爵，農民有錢，粟有所渫。夫能入粟以受爵，皆有餘者也；取於有餘，以供上用，則貧民之賦可損，所謂損有餘補不足，令出而民利者也。順於民心，所補者三：一曰主用足，二曰民賦少，三曰勸農功。今令民有車騎馬一匹者，復卒三人。車騎者，天下武備也，故爲復卒。神農之教曰：「有石城十仞，湯池百步，帶甲百萬，而亡粟，弗能守也。」以是觀之，粟者，王者大用，政之本務。令民入粟受爵至五大夫以上，乃復一人耳，此其與騎馬之功相去遠矣。爵者，上之所擅，出於口而亡窮；粟者，民之所種，生於地而不乏。夫得高爵與免罪，人之所甚欲也。使天下人入粟於邊，以受爵免罪，不過三歲，塞下之粟必多矣。

[一] 觀止作「無」，據漢書改。下文「四方亡擇」、「亡日休息」、「出於口而亡窮」同。

[二] 觀止倒作「禹湯」，據漢書改。

[三] 觀止涉下作「餘」，據漢書改。

[四] 觀止作「藏」，據漢書改。下文「秋穫冬臧」同。

[五] 觀止作「阡陌」，據漢書改。

獄中上梁王書

西漢文　鄒陽

鄒陽從梁孝王游。陽爲人有智略，忼慨不苟合，介於羊勝、公孫詭之間。勝等疾陽，惡之孝王。孝王怒，下陽吏，將殺之。陽迺從獄中上書，曰〔一〕：

臣聞忠無不報，信不見疑，臣常以爲然，徒虛語耳。昔荆軻慕燕丹之義，白虹貫日，太子畏之。衞先生爲秦畫長平之事，太白食昴，昭王疑之。夫精變天地，而信不諭兩主，豈不哀哉？今臣盡忠竭誠，畢議願知，左右不明，卒從吏訊，爲世所疑。是使荆軻、衞先生復起，而燕、秦不寤也。願大王孰察之。

昔玉人獻寶，楚王誅之；李斯竭忠，胡亥極刑。是以箕子陽狂，接輿避世，恐遭此患也。願大王察玉人、李斯之意，而後楚王、胡亥之聽，毋使臣爲箕子、接輿所笑。臣聞比干剖心，子胥鴟夷，臣始不信，乃今知之。願大王孰察，少加憐焉！

語曰「有白頭如新，傾蓋如故。」何則？知與不知也。故樊於期逃秦之燕，藉荆軻首以奉丹事；王奢去齊之魏，臨城自剄以卻齊而存魏。夫王奢、樊於期非新於齊、秦，而故於燕、魏也，所以去二國，死兩君者，行合於志，慕義無窮也。是以蘇秦不信於天下，爲燕尾生；白圭戰亡六城，爲魏取中山。何則？誠有以相知也。蘇秦相燕，人惡之燕王，燕王按劍而怒，食以駃騠；白圭顯於中山，人惡之於魏文侯，文侯賜以夜光之璧。何則？兩主二臣，剖心析肝相信，豈移於浮辭哉？

故女無美惡，入宮見妒；士無賢不肖，入朝見嫉。昔司馬喜臏腳於宋，卒相中山；范睢拉脅折齒於魏，卒爲應侯。此二人者，皆信必然之畫，捐朋黨之私，挾孤獨之交，故不能自免於嫉妒之人也。是以申徒狄蹈雍之河，徐衍負石入海。不容於世，義不苟取比周於朝以移主上之心。故百里奚乞食於道路，繆公委之以政；甯戚飯牛車下，桓公任之以國。此二人者，豈素宦於朝，借譽於左右，然後二主用之哉？感於心，合於行，堅如膠桼，昆弟不能離，豈惑於衆口哉？

故偏聽生姦，獨任成亂。昔魯聽季孫之說逐孔子；宋任子冉之計囚墨翟。夫以孔、墨之辯，不能自免於讒諛，而二國以危，何則？衆口鑠金，積毀銷骨也。秦用戎人由余，而伯中國；齊用越人子臧，而彊威、宣。此二國豈係於俗，牽於世，繫奇偏之浮辭哉？公聽並觀，垂明當世。故意合則胡[三]越爲兄弟，由余、子臧是矣；不合則骨肉爲讎敵，朱、象、管、蔡是矣。今人主誠能用齊、秦之明，後宋、魯之聽，則五伯不足侔，而三王易爲也。

是以聖王覺寤，捐子之之心，而不說田常之賢，封比干之後，修孕婦之墓，故功業覆於天下。何則？欲善亡厭也。夫晉文親其讎，彊伯諸侯；齊桓用其仇，而一匡天下。何則？慈仁殷勤，誠加於心，不可以虛辭借也。

至夫秦用商鞅之法，東弱韓、魏，立彊天下，卒車裂之。越用大夫種之謀，禽勁吳而伯中國，遂誅其身。是以孫叔敖三去相而不悔，於陵子仲辭三公爲人灌園。今人主誠能去驕傲之心，懷可報之意，披心腹，見情素，墮肝膽，施德厚，終與之窮達，無愛於士。則桀之犬可使吠堯，跖之客可使刺由，何況因萬乘之權，假聖王之資乎？然則荆軻湛七族，要離燔妻子，豈足爲大王道哉？

臣聞明月之珠，夜光之璧，以闇投人於道，衆莫不按劍相眄者。何則？無因而至前也。蟠木根柢，輪囷離奇，而爲萬乘器者，以左右先爲之容也。故無因而至前，雖出隨珠和璧，秪怨結而不見德；有人先游，則枯木朽株，樹功而不忘。今夫天下布衣窮居之士，身在貧羸，雖蒙堯、舜之術，挾伊、管之辯，懷龍逢、比干之意，而素無根柢之容；雖竭[三]精神，欲開忠於當世之君，則人主必襲按劍相眄之迹矣。是使布衣之士不得爲枯木朽株之資也。

是以聖王制世御俗，獨化於陶鈞之上，而不牽乎卑辭之語，不奪乎衆多之口，故秦皇帝任中庶子蒙嘉之言，以信荆軻，而匕首竊發；周文王獵涇渭，載呂尚歸，以王天下。秦信左右而亡，周用烏集而王。何則？以其能越攣拘之語，馳域外之議，獨觀乎昭曠之道也。

今人主沈諂諛之辭，牽帷廧之制，使不羈之士與牛驥同皁，此鮑焦所以憤於世也。

臣聞盛飾入朝者不以私汙義，底厲名號者不以利傷行。故里名勝母，曾子不入；邑號朝歌，墨子回車。今欲使天下寥廓之士，籠於威重之權，脅於位勢之貴，回面汙行，以事諂諛之人，而求親近於左右，則士有伏死堀穴巖藪之中耳，安有盡忠信而趨闕下者哉？

〔二〕漢書原作：「是時，景帝少弟梁孝王貴盛，亦待士。於是鄒陽、枚乘、嚴忌知吳不可說，皆去之梁，從孝王游。陽爲人有智略，忼慨不苟合，介於羊勝、公孫詭之間。勝等疾陽，惡之孝王。孝王怒，下陽吏，將殺之。陽客游以讒見禽，恐死而負絫，乃從獄中上書曰。」

〔三〕觀止作「吳」，據漢書改。

〔三〕觀止作「極」，據漢書改。

西漢文　司馬相如　上書諫獵

相如〔一〕從上至長楊獵。是時天子方好自擊熊豕，馳逐野獸，相如因上疏諫，曰〔二〕：

臣聞物有同類而殊能者，故力稱烏獲，捷言慶忌，勇期賁育。臣之愚，竊以爲人誠有之，獸亦宜然。今陛下好陵阻險，射猛獸，卒然遇逸材之獸，駭不存之地，犯屬車之清塵，輿不及還轅，人不暇施巧，雖有烏獲、逢蒙之技不能用，枯木朽株盡爲難矣。是胡越起於轂下，而羌夷接軫也，豈不殆哉！雖萬全而無患，然本非天子之所宜近也。

且夫清道而後行，中路而馳，猶時有銜橛之變。況乎涉豐草，騁丘[三]虛，前有利獸之樂，而內無存變之意，其爲害也不亦難矣！夫輕萬乘之重不以爲安，樂出萬有一危之塗以爲娛，臣竊爲陛下不取。

蓋明者遠見於未萌，而知者避危於無形，旤固多藏於隱微而發於人之所忽者也。故鄙諺曰：「家累千金，坐不垂堂。」此言雖小，可以喻大。臣願陛下留意幸察。

[一] 史記、漢書無「相如」二字，觀止據意增。
[二] 史記、漢書「曰」上有「其辭」。
[三] 觀止避諱作「邱」，改回。

答蘇武書

西漢文　李陵

子卿足下：勤宣令德，策名清時，榮問休暢。幸甚幸甚！遠託異國，昔人所悲，望風懷想，能不依依！昔者不遺，遠辱還答，慰誨勤勤，有踰骨肉。陵雖不敏，能不慨然！

自從初降，以至今日，身之窮困，獨坐愁苦，終日無覩，但見異類，韋鞲毳幕，以禦風雨，羶肉酪漿，以充飢渴。舉目言笑，誰與爲歡？胡地玄冰，邊土慘裂，但聞悲風蕭條之聲。涼秋九月，塞外草衰，夜不能寐，側耳遠聽，胡笳互動，牧馬悲鳴，吟嘯成羣，邊聲四起。晨坐聽之，不覺淚下。嗟乎子卿！陵獨何心，能不悲哉！

與子別後，益復無聊。上念老母，臨年被戮；妻子無辜，並爲鯨鯢。身負國恩，爲世所悲，子歸受榮；我留受辱，命也如何！身出禮義之鄉，而入無知之俗，違棄君親之恩，長爲蠻夷之域，傷已！令先君之嗣，更成戎狄之族，又自悲矣！功大罪小，不蒙明察，孤負陵心區區之意，每一念至，忽然忘生。陵不難刺心以自明，刎頸以見志；顧國家於我已矣，殺身無益，適足增羞，故每攘臂忍辱，輒復苟活。左右之人，見陵如此，以爲不入耳之歡，來相勸勉。異方之樂，秖[三]令人悲，增忉怛耳！

嗟乎子卿！人之相知，貴相知心。前書倉卒，未盡所懷，故復略而言之：昔先帝授陵步卒五千，出征絕域，五將失道，陵獨遇戰。而裹萬里之糧，帥徒步之師，出天漢之外，入彊胡之域。以五千之衆，對十萬之軍，策疲乏之兵，當新羈之馬。然猶斬將搴旗，追奔逐北，滅跡掃塵，斬其梟帥。使三軍之士，視死如歸。陵也不才，希當大任，意謂此時，功難堪矣。匈奴既敗，舉國興師，更練精兵，彊踰十萬。單于臨陣，親自合圍。客主之形，既不相如；步馬之勢，又甚懸絕。疲兵再戰，一以當千，然猶扶乘創痛，決命爭首，死傷積野，餘不滿百，而皆扶病，不任干戈。然陵振臂一呼，創病皆起，舉刃指虜，胡馬奔走。兵盡矢窮，人無尺鐵，猶復徒首奮呼，爭爲先登。當此時也，天地爲陵震怒，戰士爲陵飲血。單于謂陵不可復得，便欲引還。而賊臣教之，遂使復戰。故陵不免耳。

昔高皇帝以三十萬衆，困於平城。當此之時，猛將如雲，謀臣如雨，然猶七日不食，僅乃得免。況當陵者，豈易爲力哉？而執事者云云，苟怨陵以不死。然陵不死，罪也；子卿視陵，豈偷生之士，而惜死之人哉？寧有背君親，捐妻子，而反爲利者乎？然陵不死，有所爲也，故欲如前書之言，報恩於國主耳。誠以虛死不如立節，滅名不如報德也。昔范蠡不殉會稽之恥，曹沫不死三敗之辱，卒復句踐之讎，報魯國之羞。區區之心，切慕此耳。何圖志未立而怨已成，計未從而骨肉受刑，此陵所以仰天椎心而泣血也！

足下又云：「漢與功臣不薄。」子爲漢臣，安得不云爾乎？昔蕭、樊囚縶，韓、彭葅醢，鼂錯受戮，周、魏見辜，其餘佐命立功之士，賈誼、亞夫之徒，皆信命世之才，抱將相之具，而受小人之讒，並受禍敗之辱，卒使懷才受謗，能不得展。彼二子之遐舉，誰不爲之痛心哉？陵先將軍，功略蓋天地，義勇冠三軍，徒失貴臣之意，剄身絕域之表。此功臣義士所以負戟而長歎者也！何謂不薄哉？

且足下昔以單車之使，適萬乘之虜，遭時不遇，至於伏劍不顧，流離辛苦，幾死朔北之野。丁年奉使，皓首而歸。老母終堂，生妻去帷。此天下所希聞，古今所未有也。蠻貊之人，尚猶嘉子之節，況爲天下之主乎？陵謂足下，當享茅土之薦，受千乘之賞。聞子之歸，賜不過二百萬，位不過典屬國，無尺土之封，加子之勤。而妨功害能之臣，盡爲萬戶侯，親戚貪佞之類，悉為廊廟宰。子尚如此，陵復何望哉？

且漢厚誅陵以不死，薄賞子以守節，欲使遠聽之臣，望風馳命，此實難矣。所以每顧而不悔者也。陵雖孤恩，漢亦負德。昔人有言：「雖忠不烈，視死如歸。」陵誠能安，而主豈復能眷眷乎？男兒生以不成名，死則葬蠻夷中，誰復能屈身稽顙，還向北闕，使刀筆之吏，弄其文墨邪？願足下勿復望陵！

嗟乎子卿！夫復何言！相去萬里，人絕路殊。生為別世之人，死為異域之鬼，長與足下，生死辭矣！幸謝故人，勉事聖君。足下胤子無恙，勿以為念，努力自愛！時因北風，復惠德音。李陵頓首。

〔二〕觀止及各集作「秖」，據文選改。

尚德緩刑書

西漢文　路溫舒

昭帝崩〔二〕，昌邑王賀廢，宣帝初即位，路溫舒〔三〕上書，言宜尚德緩刑。其辭曰：

臣聞齊有無知之禍，而桓公以興；晉有驪姬之難，而文公用伯。近世趙王不終，諸呂作難，而孝文為大宗。繇是觀之，禍亂之作，將以開聖人也。故桓文扶微興壞，尊文武之業，澤加百姓，功潤諸侯，雖不及三王，天下歸仁焉。文帝永恩至德，以承天心，崇仁義，省刑罰，通關梁，一遠近，敬賢如大賓，愛民如赤子，內恕情之所安，而施之於海內，是以囹圄空虛，天下太平。夫繼變化之後，必有異舊之恩，此賢聖所以昭天命也。

往者，昭帝即世而無嗣，大臣憂戚，焦心合謀，皆以昌邑尊親，援而立之。然天不授命，淫亂其心，遂以自亡。深察禍變之故，乃皇天之所以開至聖也。故大將軍受命武帝，股肱漢國，披肝膽，決大計，黜亡義，立有德，輔天而行，然後宗廟以安，天下咸寧。

臣聞春秋正即位，大一統而愼始也。陛下初登至尊，與天合符，宜改前世之失，正始受命之統，滌煩文，除民疾，存亡繼絕，以應天意。

臣聞秦有十失，其一尚存，治獄之吏是也。秦之時，羞文學，好武勇，賤仁義之士，貴治獄之吏；正言者謂之誹謗，遏過者謂之妖言。故盛服先生不用於世，忠良切言皆鬱於胸，譽諛之聲日滿於耳；虛美熏心，實禍蔽塞。此乃秦之所以亡天下也。方今天下賴陛下恩厚，亡金革之危，飢寒之患，父子夫妻戮力安家，然太平未洽者，獄亂之也。

夫獄者，天下之大命也，死者不可復生，斷者不可復屬。書曰：「與其殺不辜，寧失不經。」今治獄吏則不然，上下相敺，以刻爲明；深者獲公名，平者多後患。故治獄之吏皆欲人死，非憎人也，自安之道在人之死。是以死人之血流離於市，被刑之徒比肩而立，大辟之計歲以萬數，此仁聖之所以傷也。太平之未洽，凡以此也。夫人情安則樂生，痛則思死。棰楚之下，何求而不得？故囚人不勝痛，則飾辭以視之；吏治者利其然，則指道以明之；上奏畏卻，則鍛練而周內之。蓋奏當之成，雖咎繇聽之，猶以爲死有餘辜。何則？成練者衆，文致之罪明也。是以獄吏專爲深刻，殘賊而亡極，媮爲一切，不顧國患，此世之大賊也。故俗語曰：「畫地爲獄，議不入；刻木爲吏，期不對。」此皆疾吏之風，悲痛之辭也。故天下之患，莫深於獄；敗法亂正，離親塞道，莫甚乎治獄之吏。此所謂一尚存者也。

臣聞烏鳶之卵不毀，而後鳳凰集；誹謗之罪不誅，而後良言進。故古人有言：「山藪藏疾，川澤納汙，瑾瑜匿惡，國君含詬。」唯陛下除誹謗以招切言，開天下之口，廣箴諫之路，掃亡秦之失，尊文武之悳，省法制，寬刑罰，以廢治獄，則太平之風可興於世，永履和樂，與天亡極，天下幸甚。

上善其言。

〔二〕漢書「昭帝」上有「會」字，觀止刪。

〔三〕漢書「溫舒」上無「路」字，觀止增。

報孫會宗書

西漢文　楊惲

惲既失爵位，家居治產業，起室宅，以財自娛。歲餘，其友人安定太守西河孫會宗，知略士也，與惲書諫戒之，為言大臣廢退，當闔門惶懼，為可憐之意，不當治產業，通賓客，有稱譽。惲宰相子，少顯朝廷，一朝晻昧語言見廢，內懷不服，報會宗書曰：

惲材朽行穢，文質無所底，幸賴先人餘業得備宿衛，遭遇時變以獲爵位，終非其任，卒與禍會。足下哀其愚，蒙賜書，教督以所不及，殷勤甚厚。然竊恨足下不深惟[一]其終始，而猥隨俗之毀譽也。言鄙陋之愚心，若逆指而文過，默而息乎，恐違孔氏「各言爾志」之義，故敢略陳其愚，唯君子察焉！

惲家方隆盛時，乘朱輪者十人，位在列卿，爵為通侯，總領從官，與聞政事，曾不能以此時有所建明，以宣德化，又不能與羣僚同心并力，陪輔朝廷之遺忘，已負竊位素餐之責久矣。懷祿貪勢，不能自退，遭遇變故，橫被口語，身幽北闕，妻子滿獄。當此之時，自以夷滅不足以塞責，豈意得全首領，復奉先人之丘[二]墓乎？伏惟聖主之恩，不可勝量。君子游道，樂以忘憂；小人全軀，說以忘罪。竊自思[三]念，過已大矣，行已虧矣，長為農夫以沒世矣。是故身率妻子，戮力耕桑，灌園治產，以給公上，不意當復用此為譏議也。

夫人情所不能止者，聖人弗禁，故君父至尊親，送其終也，有時而既。臣之得罪，已三年矣。田家作苦，歲時伏臘，亨羊炰羔，斗酒自勞。家本秦也，能爲秦聲。婦，趙女也，雅善鼓瑟。奴婢歌者數人，酒後耳熱，仰天拊缶而呼烏烏。其詩曰：「田彼南山，蕪穢不治，種一頃豆，落而爲萁。人生行樂耳，須富貴何時！」是日也，拂衣而喜，奮褎低卬，頓足起舞，誠淫荒無度，不知其不可也。惲幸有餘祿，方糴賤販貴，逐什一之利，此賈豎之事，汙辱之處，惲親行之。下流之人，衆毀所歸，不寒而栗。雖雅知惲者，猶隨風而靡，尚何稱譽之有！董生不云乎？「明明求仁義，常恐不能化民者，卿大夫意也；明明求財利，常恐困乏者，庶人之事也。」故「道不同，不相爲謀。」今子尚安得以卿大夫之制而責僕哉！

夫西河魏土，文侯所興，有段干木、田子方之遺風，漂然皆有節槩，知去就之分。頃者，足下離舊土，臨安定，安定山谷之間，昆戎舊壤，子弟貪鄙，豈習俗之移人哉？於今乃睹子之志矣。方當盛漢之隆，願勉旃，毋多談。

〔二〕觀止作「推」，據漢書改。

〔三〕觀止避諱作「邱」，改回。

〔三〕觀止作「私」，據漢書改。

東漢文　光武帝臨淄勞耿弇

車駕至臨淄自勞軍，羣臣大會。帝謂弇曰：「昔韓信破歷下以開基，今將軍攻祝阿以發跡，此皆齊之西界，功足相方。而韓信襲擊已降，將軍獨拔勍敵，其功乃難於信也。又田橫亨[三]酈生，及田橫降，高帝詔衛尉不聽爲仇。張步前亦殺伏隆，若步來歸命，吾當詔大司徒釋其怨，又事尤相類也。將軍前在南陽建此大策，常以爲落落難合，有志者事竟成也！」

[三] 觀止作「烹」，據後漢書改。

東漢文　馬援　誡兄子嚴敦書

援兄子嚴、敦並喜譏議，而通輕俠客。援前在交阯，還書誡之曰：「吾欲汝曹聞人過失，如聞父母之名，耳可得聞，口不可得言也。好論議人長短，妄是非正法，此吾所大惡也，寧死不願聞子孫有此行也。汝曹知吾惡之甚矣，所以復言者，施衿結褵，申父母之戒，欲使汝曹不忘之耳。龍伯高敦厚周愼，口無擇言，謙約節儉，廉公有威，吾愛之重之，願汝曹效之。杜季良豪俠好義，憂人之憂，樂人之樂，清濁無所失，父喪致客，數郡畢至，吾愛之重之，不願汝曹效也。效伯高不得，猶爲謹敕之士，所謂刻鵠不成尚類鶩者也。效季良不得，陷爲天下輕薄子，所謂畫虎不成反類狗者也。訖今季良尚未可知，郡將下車輒切齒，州郡以爲言，吾常爲寒心，是以不願子孫效也。」

前出師表

後漢文 諸葛亮

臣亮言：先帝創業未半而中道崩殂，今天下三分，益州疲弊〔一〕，此誠危急存亡之秋也。然侍衞之臣不懈於內，忠志之士忘身於外者，蓋追先帝之殊遇，欲報之於陛下也。誠宜開張聖聽，以光先帝遺德，恢弘〔二〕志士之氣，不宜妄自菲薄，引喻失義，以塞忠諫之路也。宮中府中俱爲一體，陟罰臧否，不宜異同。若有作姦犯科及爲忠善者，宜付有司論其刑賞，以昭陛下平明之治，不宜偏私，使內外異法也。

侍中、侍郎郭攸之、費禕、董允等，此皆良實，志慮忠純，是以先帝簡拔以遺陛下。愚以爲宮中之事，事無大小，悉以咨之，然後施行，必能裨補闕漏，有所廣益。將軍向寵，性行淑均，曉暢軍事，試用於昔日，先帝稱之曰能，是以衆議舉寵爲督。愚以爲營中之事，悉以咨之〔三〕，必能使行陣和穆，優劣得所也。親賢臣，遠小人，此先漢所以興隆也；親小人，遠賢臣，此後漢所以傾頹也。先帝在時，每與臣論此事，未嘗不歎息痛恨於桓、靈也。侍中、尚書、長史、參軍，此悉貞亮死節之臣也，願陛下親之信之，則漢室之隆，可計日而待也。

臣本布衣，躬耕於南陽，苟全性命於亂世，不求聞達於諸侯。先帝不以臣卑鄙，猥自枉屈，三顧臣於草廬之中，諮臣以當世之事，由是感激，遂許先帝以驅馳。後值傾覆，受任於敗軍之際，奉命於危難之間，爾來二十有一年矣。先帝知臣謹慎，故臨崩寄臣以大事也。受命以來，夙夜憂歎，恐託付不效，以傷先帝之明，故五月渡瀘，深入不毛。今南方已定，兵甲已足，當獎帥三軍，北定中原，庶竭駑鈍，攘除姦凶，興復漢室，還于舊都。此臣所以報先帝，而忠陛下之職分也。

至於斟酌損益，進盡忠言，則攸之、禕、允之任也。願陛下託臣以討賊興復之效；不效，則治臣之罪，以告先帝之靈。若無興德之言，則責攸之、禕、允等之咎，以彰其慢。陛下亦宜自謀，以咨諏善道，察納雅[四]言，深追先帝遺詔。臣不勝受恩感激，今當遠離，臨表涕零，不知所云。

〔一〕觀止作「敝」，據蜀志改。文選作「罷弊」，六臣本注：五臣作「疲敝」。
〔二〕觀止避諱作「宏」，據蜀志改。文選「恢」下無「弘」字。
〔三〕觀止「營中之事」下有「事無大小」，涉上衍，據蜀志、文選改。
〔四〕觀止作「人」，據蜀志、文選改。

後漢文　諸葛亮[一]　後出師表

先帝慮漢、賊不兩立，王業不偏安，故託臣以討賊也。以先帝之明，量臣之才，故知臣伐賊才弱敵彊也；然不伐賊，王業亦亡，惟坐而待亡，孰與伐之？是故託臣而弗疑也。臣受命之日，寢不安席，食不甘味，思惟北征，宜先入南，故五月渡瀘，深入不毛，并日而食。臣非不自惜也，顧王業不得偏安於蜀都，故冒危難以奉先帝之遺意也[二]，而議者謂爲非計。今賊適疲於西，又務於東，兵法乘勞，此進趨之時也。謹陳其事如左：

高帝明並日月，謀臣淵深，然涉險被創，危然後安。今陛下未及高帝，謀臣不如良、平，而欲以長計取勝，坐定天下，此臣之未解一也。

劉繇、王朗各據州郡，論安言計，動引聖人，羣疑滿腹，衆難塞胸，今歲不戰，明年不征，使孫策坐大，遂并江東，此臣之未解二也。

曹操智計殊絕於人，其用兵也，髣髴孫、吳，然困於南陽，險於烏巢，危於祁連，偪於黎陽，幾敗北山，殆死潼關，然後僞定一時耳，況臣才弱，而欲以不危而定之，此臣之未解三也。

曹操五攻昌霸不下，四越巢湖不成，任用李服而李服圖之，委夏侯而夏侯敗亡，先帝每稱操爲能，猶有此失，況臣駑下，何能必勝？此臣之未解四也。

自臣到漢中，中間朞年耳，然喪趙雲、陽羣、馬玉、閻芝、丁立、白壽、劉郃、鄧銅等及曲長屯將七十餘人，突將無前。賨、叟、青羌散騎、武騎一千餘人，此皆數十年之內所糾合四方之精鋭，非一州之所有，若復數年，則損三分之二也，當何以圖敵？此臣之未解五也。

今民窮兵疲，而事不可息，事不可息，則住與行勞費正等，而不及早圖之，欲以一州之地與賊持久，此臣之未解六也。

夫難平者，事也。昔先帝敗軍於楚，當此時，曹操拊手，謂天下以定。然後先帝東連吳、越，西取巴、蜀，舉兵北征，夏侯授首，此操之失計而漢事將成也。然後吳更違盟，關羽毁敗，秭歸蹉跌，曹丕稱帝。凡事如是，難可逆見[三]。臣鞠躬盡力，死而後已，至於成敗利鈍，非臣之明所能逆覩也。

[一] 疑僞託。

[二] 觀止下脱「也」字，據裴注本補。

[三] 觀止作「料」，據裴注本改。

古文觀止卷七　六朝　唐文

陳情表

李密

臣密言：臣以險釁，夙遭閔凶。生孩六月，慈父見背。行年四歲，舅奪母志。祖母劉，愍臣孤弱，躬親撫養。臣少多疾病，九歲不行，零丁孤苦，至于成立。既無叔伯，終鮮兄弟；門衰祚薄，晚有兒息。外無朞功強近之親，內無應門五尺之僮；煢煢孑立，形影相弔。而劉夙嬰疾病，常在牀蓐；臣侍湯藥，未曾廢離。

逮奉聖朝，沐浴清化。前太守臣逵察臣孝廉，後刺史臣榮舉臣秀才。臣以供養無主，辭不赴命。詔書特下，拜臣郎中，尋蒙國恩，除臣洗馬。猥以微賤，當侍東宮，非臣隕首所能上報。臣具以表聞，辭不就職。詔書切峻，責臣逋慢。郡縣逼迫，催臣上道；州司臨門，急於星火。臣欲奉詔奔馳，則劉病日篤；欲苟順私情，則告訴不許。臣之進退，實爲狼狽。

伏惟聖朝以孝治天下，凡在故老，猶蒙矜育，況臣孤苦，特爲尤甚。且臣少事僞朝，歷職郎署，本圖宦達，不矜名節。今臣亡國賤俘，至微至陋，過蒙拔擢，寵命優渥[三]，豈敢盤桓，有所希冀！但以劉日薄西山，氣息奄奄，人命危淺，朝不慮夕。臣無祖母，無以至今日；祖母無臣，無以終餘年。母孫二人，更相爲命。是以區區，不能廢遠。臣密今年四十有四，祖母劉今年九十有六，是臣盡節於陛下之日長，報養劉之日短也。烏鳥私情，願乞終養！

臣之辛苦，非獨蜀之人士及二州牧伯所見明知，皇天后土，實所共鑒。願陛下矜愍愚誠，聽臣微志，庶劉僥倖，保卒餘年。臣生當隕首，死當結草。

臣不勝犬馬怖懼之情，謹拜表以聞。

[三] 觀止脱「寵命優渥」，據文選補。

王羲之　蘭亭集序

永和九年，歲在癸丑，暮春之初，會于會稽山陰之蘭亭，脩禊事也。羣賢畢至，少長咸集。此地有崇山峻嶺，茂林脩竹，又有清流激湍，映帶左右，引以爲流觴曲水，列坐其次。雖無絲竹管弦之盛，一觴一詠，亦足以暢敘幽情。

是日也，天朗氣清，惠風和暢，仰觀宇宙之大，俯察品類之盛，所以遊目騁懷，足以極視聽之娱，信可樂也。

夫人之相與，俯仰一世，或取諸懷抱，悟[二]言一室之內，或因寄所託，放浪形骸之外。雖趣舍萬殊，靜躁不同，當其欣於所遇，暫得於己，快然自足，不知老之將至[三]。及其所之既倦，情隨事遷，感慨係之矣。向之所欣，俛仰之閒以爲陳迹，猶不能不以之興懷。況脩短隨化，終期於盡。古人云：「死生亦大矣。」豈不痛哉！

每攬昔人興感之由，若合一契，未嘗不臨文嗟悼，不能喻之於懷。固知一死生爲虛誕，齊彭殤爲妄作。後之視今，亦猶今之視昔，悲夫！故列敘時人，錄其所述，雖世殊事異，所以興懷，其致一也。後之覽者，亦將有感於斯文。

[二] 觀止作「晤」，據晉書等改。

[三] 觀止「不知」上有「曾」字，據晉書等刪。

歸去來辭　陶淵明

歸去來兮，田園將蕪胡不歸？既自以心爲形役，奚惆悵而獨悲？悟已往之不諫，知來者之可追。實迷途其未遠，覺今是而昨非。舟遙遙以輕颺，風飄飄而吹衣。問征夫以前路，恨晨光之熹微。乃瞻衡宇，載欣載奔。僮僕歡迎，稚子候門。三徑就荒，松菊猶存。攜幼入室，有酒盈罇。引壺觴以自酌，眄庭柯以怡顏。倚南牕以寄傲，審容膝之易安。園日涉以成趣，門雖設而常關。策扶老以流憩，時矯首而遐觀。雲無心以出岫，鳥倦飛而知還。景翳翳以將入，撫孤松而盤桓。歸去來兮，請息交以絕游。世與我而相遺，復駕言兮焉求？悅親戚之情話，樂琴書以消憂。農人告余以春及，將有事于西疇。或命巾車，或棹孤舟。既窈窕以尋壑，亦崎嶇而經丘[三]。木欣欣以向榮，泉涓涓而始流。善萬物之得時，感吾生之行休。已矣乎！寓形宇內復幾時，曷不委心任去留？胡爲乎遑遑欲何之？富貴非吾願，帝鄉不可期。懷良辰以孤往，或植杖而耘耔。登東皋以舒嘯，臨清流而賦詩。聊乘化以歸盡，樂夫天命復奚疑？

[三] 觀止作避諱「邱」，改回。

桃花源記

陶淵明

晉太元中，武陵人捕魚爲業。緣溪行，忘路之遠近，忽逢桃花林，夾岸數百步，中無雜樹，芳草鮮美，落英繽紛。漁人甚異之。復前行，欲窮其林，林盡水源，便得一山，山有小口，髣髴若有光。便捨船從口入，初極狹，纔通人，復行數十步，豁然開朗，土地平曠，屋舍儼然。有良田、美池、桑竹之屬。阡陌交通，雞犬相聞。其中往來種作，男女衣着，悉如外人。黃髮垂髫，並怡然自樂。見漁人乃大驚，問所從來，具答之。便要還家，設酒殺雞作食。村中聞有此人，咸來問訊。自云先世避秦時亂，率妻子邑人，來此絕境，不復出焉，遂與外人間隔。問今是何世，乃不知有漢，無論魏晉。此人一一爲具言所聞，皆歎惋。餘人各復延至其家，皆出酒食，停數日，辭去。此中人語云：「不足爲外人道也！」既出，得其船，便扶向路，處處誌之，及郡下。詣太守說如此，太守即遣人隨其往，尋向所誌，遂迷不復得路。南陽劉子驥，高尚士也，聞之，欣然親往，未果，尋病終，後遂無問津者。

陶淵明　五柳先生傳

先生不知何許人也，亦不詳其姓字。宅邊有五柳樹，因以爲號焉。閑靜少言，不慕榮利。好讀書，不求甚解，每有會意，便欣然忘食。性嗜酒，家貧不能常得，親舊知其如此，或置酒而招之。造飲輒盡，期在必醉，既醉而退，曾不吝情去留。環堵蕭然，不蔽風日，短褐穿結，簞瓢屢空，晏如也。常著文章自娛，頗示己志。忘懷得失，以此自終。贊曰：黔婁有言：「不戚戚於貧賤，不汲汲於富貴。」極其言茲若人之儔乎？酣[三]觴賦詩，以樂其志。無懷氏之民歟？葛天氏之民歟？

[三] 觀止作「銜」，據陶淵明集改。龔斌陶淵明集校箋：曾本云，一作「酒酣自得，賦詩樂志」；蘇寫本、咸豐本同；「酣」李本作「酬」。

北山移文

孔稚珪

鍾山之英，草堂之靈，馳煙驛路，勒移山庭。夫以耿介拔俗之標，蕭灑出塵之想，度白雪以方絜，干青雲而直上。吾方知之矣。若其亭亭物表，皎皎霞外，芥千金而不盼，屣萬乘其如脫。聞鳳吹於洛浦，值薪歌於延瀨。固亦有焉。豈其終始參差，蒼黃翻覆，淚翟子之悲，慟朱公之哭。乍迴跡以心染，或先貞而後黷，何其謬哉！嗚呼，尚生不存，仲氏既往，山阿寂寥，千載誰賞？

世有周子，儁俗之士，既文既博，亦玄亦史。然而學遁東魯，習隱南郭。竊吹草堂，濫巾北岳。誘我松桂，欺我雲壑。雖假容於江皋，乃纓情於好爵。其始至也，將欲排巢父，拉許由，傲百氏，蔑王侯。風情張日，霜氣橫秋。或歎幽人長往，或怨王孫不游。談空空於釋部，覈玄玄於道流。務光何足比，涓子不能儔。

及其鳴騶入谷，鶴書赴隴，形馳魄散，志變神動。爾乃眉軒席次，袂聳筵上。焚芰製而裂荷衣，抗塵容而走俗狀。風雲悽其帶憤，石泉咽而下愴。望林巒而有失，顧草木而如喪。至其紐金章，綰墨綬，跨屬城之雄，冠百里之首。張英風於海甸，馳妙譽於浙右。道帙長擯，法筵久埋。敲扑喧囂犯其慮，牒訴倥偬裝其懷。琴歌既斷，酒賦無續。常綢繆於結課，每紛綸於折獄。籠張趙於往圖，架卓魯於前籙。希蹤三輔豪，馳聲九州牧。使我[三]高霞孤映，明月獨舉，青松落陰，白雲誰侶？磵戶摧絕無與歸，石逕荒涼徒延佇。至於還飇入幕，寫霧出楹，蕙帳空兮夜鵠怨，山人去兮曉猨驚。昔聞投簪逸海岸，今見解蘭縛塵纓。

於是南岳獻嘲，北隴騰笑。列壑爭譏，攢峯竦誚。慨遊子之我欺，悲無人以赴弔。故其林慚無盡，澗愧不歇。秋桂遺風，春蘿罷月。騁西山之逸議，馳東皋之素謁。今又促裝下邑，浪拽[三]上京。雖情投於魏闕，或假步於山扃。豈可使芳杜厚顏，薜荔蒙恥，碧嶺再辱，丹崖重滓，塵游躅於蕙路，汙淥池以洗耳？宜扃岫幌，掩雲關。斂輕霧，藏鳴湍。截來轅於谷口，杜妄轡於郊端。於是叢條瞋膽，疊穎怒魄，或飛柯以折輪，乍低枝而掃跡。請迴俗士駕，為君謝逋客。

[二] 觀止作「其」，據文選改。

[三] 觀止作「栧」，據文選改。

諫太宗十思疏

魏徵

臣聞求木之長者，必固其根本；欲流之遠者，必浚其泉源；思國之安者，必積其德義。源不深而望流之遠，根不固而求木之長？德不厚而思國之治[三]，臣雖下愚，知其不可，而況於明哲乎！人君當神器之重，居域中之大[三]。不念居安思危，戒奢以儉[三]，斯亦伐根以求木茂，塞源而欲流長者[四]也。

凡百[五]元首，承天景命[六]。有善始者實繁，能[七]克終者蓋寡，豈其取之易而[八]守之難乎？[九]夫[一〇]在殷憂必竭誠以待下，既得志則縱情以傲物。竭誠則胡[一一]越爲一體，傲物則骨肉爲行路。雖董之以嚴刑，振之以威怒，終苟免而不懷仁，貌恭而不心服。怨不在大，可畏惟人。載舟覆舟，所宜深愼，奔車朽索，其可忽乎！[一二]

誠[一三]能見可欲則思知足以自戒，將有所作則思知止以安人，念高危則思謙沖而自牧，懼滿溢則思江海下百川，樂盤遊則思三驅以爲度，憂懈怠則思愼始而敬終，慮壅蔽則思虛心以納下，想[一四]讒邪則思正身以黜惡，恩所加則思無因喜以謬賞，罰所及則思無因[一五]怒而濫刑。總此十思，弘[一六]茲九德，簡能而任之，擇善而從之。則智者盡其謀，勇者竭其力，仁者播其惠，信者效其忠。文武並用，垂拱而治[一七]，何必勞神苦思，代百司之職役哉！[一八]

[一]觀止作「安」，冊府元龜、文章辨體同，舊唐書及各集作「治」，據改，貞觀政要作「理」。
[二]各本「居域中之大」下有「將崇極天之峻，永保無疆之休」句，觀止省文，文章辨體同。
[三]各本下有「德不處其厚，情不勝其欲」，觀止省文，文章辨體同。
[四]觀止無「者」字，文章辨體同，據各本補。
[五]觀止作「昔」，文章辨體同，據各本改。
[六]各本「承天景命」下有「莫不殷憂而道著，功成而德衰」句，觀止省文，文章辨體同。
[七]觀止無「能」字，文章辨體同，據各本補。

〔八〕觀止無「而」字，文章辨體同，據各本補。

〔九〕各本「守之難乎」下有「昔取之而有餘，今守之而不足，何也？」觀止省文，文章辨體同。

〔一〇〕觀止作「蓋」，文章辨體同，據各本改。

〔一一〕觀止作「吳」，據各本改。

〔一二〕各本「其可忽乎」下有「奔車朽索，其可忽乎」，觀止省文，文章辨體同。

〔一三〕各本「誠」上有「君人者」，觀止省文，文章辨體同。

〔一四〕觀止作「懼」，文章辨體同，據各本改。

〔一五〕觀止作「以」，文章辨體同，據各本改。

〔一六〕觀止避諱作「宏」，據各本改。

〔一七〕「文武並用，垂拱而治」：觀止同文章辨體，各本作：「文武爭馳，君臣無事，可以盡豫遊之樂，可以養松喬之壽，鳴琴垂拱，不言而化。」羅士琳舊唐書校勘記：「君臣無事」御覽同英華作「在君」。

〔一八〕「代百司之職役哉」：觀止同文章辨體，各本作：「代下司職，役聰明之耳目，虧無爲之大道哉！」

駱賓王　爲徐敬業討武曌檄

僞臨朝武氏者，性非和順，地實寒微。昔充太宗下陳，曾以更衣入侍，洎乎晚節，穢亂春宮。潛隱先帝之私，陰圖後房之嬖。入門見嫉，蛾眉不肯讓人；掩袖工讒，狐媚偏能惑主。踐元后於翬翟，陷吾君於聚麀。加以虺蜴爲心，豺狼成性。近狎邪僻，殘害忠良，殺姊屠兄，弑君鴆母。人神之所同嫉，天地之所不容。猶復包藏禍心，窺竊神器。君之愛子，幽之於別宮；賊之宗盟，委之以重任。嗚呼！霍子孟之不作，朱虛侯之已亡。鷰啄皇孫，知漢祚之將盡；龍漦帝后，識夏庭之遽衰。

敬業，皇唐舊臣，公侯冢子。奉先君之成業，荷本朝之厚恩。宋微子之興悲，良有以也。袁君山之流涕，豈徒然哉！是用氣憤風雲，志安社稷，因天下之失望，順宇內之推心，爰舉義旗，以清妖孽。南連百越，北盡三河。鐵騎成羣，玉軸相接。海陵紅粟，倉儲之積靡窮；江浦黃旗，匡復之功何遠！班聲動而北風起，劍氣衝而南斗平。喑嗚則山岳崩頹，叱咤則風雲變色。以此制敵，何敵不摧？以此圖功，何功不克？

公等或居漢地，或協周親，或膺重寄於話言，或受顧命於宣室。言猶在耳，忠豈忘心。一抔之土未乾，六尺之孤何託？倘能轉禍爲福，送往事居，共立勤王之勳，無廢大君之命，凡諸爵賞，同指山河。若其眷戀窮城，徘徊歧路，坐昧先機之兆，必貽後至之誅。請看今日之域中，竟是誰家之天下！

滕王閣序

王勃

南昌故郡，洪都新府。星分翼軫，地接衡廬。襟三江而帶五湖，控蠻荊而引甌越。物華天寶，龍光射牛斗之墟；人傑地靈，徐孺下陳蕃之榻。雄州霧列，俊彩星馳。臺隍枕夷夏之交，賓主盡東南之美。都督閻公之雅望，棨戟遙臨；宇文新州之懿範，襜帷暫駐。十旬休暇，勝友如雲。千里逢迎，高朋滿座。騰蛟起鳳，孟學士之詞宗；紫電青霜，王將軍之武庫。家君作宰，路出名區。童子何知，躬逢勝餞。

時維九月，序屬三秋。潦水盡而寒潭清，煙光凝而暮山紫。儼驂騑於上路，訪風景於崇阿。臨帝子之長洲，得仙人之舊館。層巒聳翠，上出重霄；飛閣流丹，下臨無地。鶴汀鳧渚，窮島嶼之縈迴；桂殿蘭宮，列岡巒之體勢。

披繡闥，俯雕甍。山原曠其盈視，川澤盱其駭矚。閭閻撲地，鐘鳴鼎食之家；舸艦彌[三]津，青雀黃龍之軸。虹銷雨霽，彩徹雲衢。落霞與孤鶩齊飛，秋水共長天一色。漁舟唱晚，響窮彭蠡之濱；雁陣驚寒，聲斷衡陽之浦。

遙吟俯暢，逸興遄飛。爽籟發而清風生，纖歌凝而白雲遏。睢園綠竹，氣凌彭澤之樽；鄴水朱華，光照臨川之筆。四美具，二難并。窮睇盼[三]於中天，極娛遊於暇日。天高地迥，覺宇宙之無窮；興盡悲來，識盈虛之有數。望長安於日下，指吳會於雲間。地勢極而南溟深，天柱高而北辰遠。關山難越，誰悲失路之人；萍水相逢，盡是他鄉之客。懷帝閽而不見，奉宣室以何年？

嗟乎！[三]時運不齊，命途多舛。馮唐易老，李廣難封。屈賈誼於長沙，非無聖主；竄梁鴻於海曲，豈乏明時？所賴君子安貧，達人知命。老當益壯，寧知白首之心；窮且益堅，不墜青雲之志。酌貪泉而覺爽，處涸轍以猶懽。北海雖賒，扶搖可接；東隅已逝，桑榆非晚。孟嘗高潔，空懷報國之情[四]；阮籍猖狂，豈效窮途之哭？

勃，三尺微命，一介書生，無路請纓，等終軍之弱冠；有懷投筆，慕宗慤之長風。捨簪笏於百齡，奉晨昏於萬里。非謝家之寶樹，接孟氏之芳鄰。他日趨庭，叨陪鯉對；今晨捧袂，喜托龍門。楊意不逢，撫凌雲而自惜；鍾期既遇，奏流水以何慚？

嗚呼！勝地不常，盛筵難再。蘭亭已矣，梓澤丘[五]墟。臨別贈言，幸承恩於偉餞；登高作賦，是所望於羣公。敢竭鄙誠，恭疏短引。一言均賦，四韻俱成。請灑潘江，各傾陸海云爾。[六]

滕王高閣臨江渚，　佩玉鳴鸞罷歌舞。
畫棟朝飛南浦雲，　珠簾暮捲西山雨。
閒雲潭影日悠悠，　物換星移幾度秋。
閣中帝子今何在？　檻外長江空自流！

[二] 觀止作「迷」，事類備要、事文類聚、文章辨體彙選同，文苑英華、王子安集、全唐文作「彌」，據改。

〔二〕觀止作「眄」，各本作「盼」，據改。

〔三〕觀止作「鳴呼」，文章辨體彙選同，據各本改。

〔四〕觀止作「心」，事類備要、文章辨體彙選同，各本作「情」，據改，事文類聚作「思」。

〔五〕觀止作「坵」，各集作「丘」，據改，全唐文作「邱」。

〔六〕「請灑潘江各傾陸海云爾」觀止無，事類備要、事文類聚、文章辨體彙選同，據各集補。

與韓荆州書

李白

白聞天下談士相聚而言曰：生不用萬戶侯，但願一識韓荆州。何令人之景慕一至於此耶？豈不以有周公之風，躬吐握之事，使海內豪俊奔走而歸之，一登龍門，則聲譽十倍！所以龍盤鳳逸之士，皆欲收名定價於君侯。願君侯不以富貴而驕之，寒賤而忽之，則三千賓中有毛遂，使白得脫穎而出，即其人焉。白隴西布衣，流落楚、漢。十五好劍術，徧干諸侯；三十成文章，歷抵卿相。雖長不滿七尺，而心雄萬夫。王公大臣許與氣義。此疇曩心跡，安敢不盡於君侯哉？

君侯制作侔神明，德行動天地，筆參造化，學究於天人。幸願開張心顏，不以長揖見拒。必若接之以高宴，縱之以清談，請日試萬言，倚馬可待。今天下以君侯爲文章之司命，人物之權衡，一經品題，便作佳士。而君侯何惜階前盈尺之地，不使白揚眉吐氣，激昂靑雲耶？

昔王子師爲豫州，未下車即辟荀慈明；既下車又辟孔文舉。山濤作冀州，甄拔三十餘人，或爲侍中、尚書，先代所美。而君侯亦薦一嚴協律，入爲秘書郎。中間崔宗之、房爲祖、黎昕、許瑩之徒，或以才名見知，或以清白見賞。白每觀其銜恩撫躬，忠義奮發，以此感激，知君侯推赤心於諸賢腹中，所以不歸他人而願委身國士。儻急難有用，敢效微軀。

且人非堯、舜，誰能盡善？白謨猷籌畫，安能自矜？至於制作，積成卷軸，則欲塵穢視聽，恐雕蟲小伎，不合大人。若賜觀芻蕘，請給以〔三〕紙筆，兼之書人。然後退掃閑軒，繕寫呈上。庶青萍、結綠，長價於薜、卞之門。幸惟下流大開獎飾，惟君侯圖之。

〔三〕觀止脱「以」字，據李白集校本補。

春夜宴桃李園序

李白

夫天地者，萬物之逆旅也；光陰者，百代之過客也。而浮生若夢，爲歡幾何？古人秉燭夜游，良有以也。況陽春召我以煙景，大塊假我以文章。會桃花之芳園，序天倫之樂事。羣季俊秀，皆爲惠連；吾人詠歌，獨慚康樂。幽賞未已，高談轉清。開瓊筵以坐花，飛羽觴而醉月。不有佳詠，何伸雅懷？如詩不成，罰依金谷酒數。

弔古戰場文

李華

浩浩乎平沙無垠，敻不見人，河水縈帶，羣山糾紛。黯兮慘悴，風悲日曛。蓬斷草枯，凜若霜晨。鳥飛不下，獸鋌亡羣。亭長告余曰：「此古戰場也。常覆三軍，往往鬼哭，天陰則聞。」

傷心哉！秦歟？漢歟？將近代歟？吾聞夫齊魏徭戍，荊韓召募，萬里奔走，連年暴露。沙草晨牧，河冰夜渡；地闊天長，不知歸路。寄身鋒刃，腷臆誰訴？秦漢而還，多事四夷；中州耗斁，無世無之。古稱戎夏，不抗王師。文教失宣，武臣用奇；奇兵有異於仁義，王道迂闊而莫爲。

嗚呼噫嘻！吾想夫北風振漠，胡兵伺便。主將驕敵，期門受戰。野豎旄旗，川迴組練。法重心駭，威尊命賤。利鏃穿骨，驚沙入面。主客相搏，山川震眩。聲析江河，勢崩雷電。

至若窮陰凝閉，凜冽海隅；積雪沒脛，堅冰在鬚。鷙鳥休巢，征馬踟躕，繒纊無溫，墮指裂膚。當此苦寒，天假強胡，憑陵殺氣，以相剪屠。徑截輜重，橫攻士卒；都尉新降，將軍復[三]沒。屍填巨港之岸，血滿長城之窟。無貴無賤，同爲枯骨，可勝言哉！鼓衰兮力盡，矢竭兮弦絕。白刃交兮寶刀折，兩軍蹙兮生死決。降矣哉，終身夷狄；戰矣哉，骨暴沙礫。鳥無聲兮山寂寂，夜正長兮風淅淅。魂魄結兮天沈沈，鬼神聚兮雲冪冪。日光寒兮草短，月色苦兮霜白。傷心慘目，有如是耶？

吾聞之：牧用趙卒，大破林胡，開地千里，遁逃匈奴。漢傾天下，財殫力痡。任人而已，其在多乎？周逐獫狁，北至太原，既城朔方，全師而還。飲至策勳，和樂且閑。穆穆棣棣，君臣之間。秦起長城，竟海爲關，荼毒生靈，萬里朱殷。漢擊匈奴，雖得陰山，枕骸徧野，功不補患。

蒼蒼蒸民，誰無父母？提攜捧負，畏其不壽。誰無兄弟，如手如足？誰無夫婦，如賓如友？生也何恩，殺之何咎？其存其沒，家莫聞知。人或有言，將信將疑。悁悁心目，寢寐見之。布奠傾觴，哭望天涯。天地爲愁，草木淒悲。弔祭不至，精魂何依？必有兇年，人其流離。嗚呼噫嘻！時耶命耶？從古如斯。爲之奈何，守在四夷。

〔二〕觀止作「覆」，據各集改。

劉禹錫〔三〕　陋室銘

山不在高，有仙則名。水不在深，有龍則靈。斯是陋室，惟吾德馨。苔痕上堦綠，草色入簾青。談笑有鴻儒，往來無白丁。可以調素琴，閱金經。無絲竹之亂耳，無案牘之勞形。南陽諸葛廬，西蜀子雲亭，孔子云：何陋之有。

〔三〕疑僞託。

阿房宮賦

杜牧

六王畢，四海一。蜀山兀，阿房出。覆壓三百餘里，隔離天日。驪山北構而西折，直走咸陽。二川溶溶，流入宮牆。五步一樓，十步一閣。廊腰縵迴，簷牙高啄。各抱地勢，鉤心鬬角。盤盤焉，囷囷焉，蜂房水渦，矗不知乎幾千萬落。長橋臥波，未雲何龍？複道行空，不霽何虹？高低冥迷，不知西東。歌臺暖響，春光融融；舞殿冷袖，風雨淒淒。一日之內，一宮之間，而氣候不齊。

妃嬪媵嬙，王子皇孫，辭樓下殿，輦來於秦，朝歌夜絃，爲秦宮人。明星熒熒，開妝鏡也；綠雲擾擾，梳曉鬟也；渭流漲膩，棄脂水也；煙斜霧橫，焚椒蘭也；雷霆乍驚，宮車過也；轆轆遠聽，杳不知其所之也。一肌一容，盡態極妍。縵立遠視，而望幸焉。有不得見者，三十六年。

燕、趙之收藏，韓、魏之經營，齊、楚之精英，幾世幾年，取掠其人，倚疊如山。一旦不能有，輸來其間。鼎鐺玉石，金塊珠礫，棄擲邐迤，秦人視之，亦不甚惜。嗟乎！一人之心，千萬人之心也。秦愛紛奢，人亦念其家。奈何取之盡錙銖，用之如泥沙。使負棟之柱，多於南畝之農夫；架梁之椽，多於機上之工女；釘頭磷磷，多於在庾之粟粒；瓦縫參差，多於周身之帛縷；直欄橫檻，多於九土之城郭；管絃嘔啞，多於市人之言語。使天下之人，不敢言而敢怒，獨夫之心，日益驕固。戍卒叫，函谷舉，楚人一炬，可憐焦土。

嗚呼！滅六國者，六國也，非秦也。族秦者，秦也，非天下也。嗟夫！使六國各愛其人，則足以拒秦。秦復愛六國之人，則遞三世可至萬世而爲君，誰得而族滅也？秦人不暇自哀而後人哀之。後人哀之而不鑑之，亦使後人而復哀後人也。

原道

韓愈

博愛之謂仁，行而宜之之謂義，由是而之焉之謂道，足乎己，無待於外之謂德。仁與義，爲定名；道與德，爲虛位：故道有君子小人，而德有凶有吉。老子之小仁義，非毀之也，其見者小也。坐井而觀天，曰天小者，非天小也；彼以煦煦爲仁，孑孑爲義，其小之也則宜。其所謂道，道其所道，非吾所謂道也；其所謂德，德其所德，非吾所謂德也。凡吾所謂道德云者，合仁與義言之也，天下之公言也；老子之所謂道德云者，去仁與義言之也，一人之私言也。周道衰，孔子沒，火于秦，黃老于漢，佛于晉、魏、梁、隋之間，其言道德仁義者，不入于楊，則入于墨，不入于老，則入于佛。入于彼，必出于此。入者主之，出者奴之；入者附之，出者汙之。噫！後之人其欲聞仁義道德之說，孰從而聽之？老者曰：孔子，吾師之弟子也。佛者曰：孔子，吾師之弟子也。爲孔子者習聞其說，樂其誕而自小也，亦曰：吾師亦嘗師之云爾。不惟舉之於其口，而又筆之於其書。噫！後之人雖欲聞仁義道德之說，其孰從而求之？甚矣，人之好怪也！不求其端，不訊其末，惟怪之欲聞。

古之爲民者四，今之爲民者六；古之教者處其一，今之教者處其三。農之家一，而食粟之家六；工之家一，而用器之家六；賈之家一，而資焉之家六；奈之何民不窮且盜也！古之時人之害多矣。有聖人者立，然後教之以相生養之道。爲之君，爲之師，驅其蟲蛇禽獸而處之中土。寒，然後爲之衣，飢，然後爲之食；木處而顛，土處而病也，然後爲之宮室。爲之工，以贍其器用；爲之賈，以通其有無；爲之醫藥，以濟其夭死，爲之葬埋祭祀，以長其恩愛；爲之禮，以次其先後，爲之樂，以宣其湮鬱；爲之政，以率其怠勌，爲之刑，以鋤其強梗。相欺也，爲之符璽、斗斛、權衡以信之；相奪也，爲之城郭、甲兵以守之。害至而爲之備，患生而爲之防。今其言曰：「聖人不死，大盜不止；剖斗折衡，而民不爭。」嗚呼！其亦不思而已矣！如古之無聖人，人之類滅久矣。何也？無羽毛鱗介以居寒熱也，無爪牙以爭食也。

是故：君者，出令者也；臣者，行君之令而致之民者也；民者，出粟米麻絲，作器皿、通貨財，以事其上者也。君不出令，則失其所以爲君；臣不行君之令而致之民，則失其所以爲臣；民不出粟米麻絲，作器皿、通貨財，以事其上，則誅。今其法曰：必棄而君臣，去而父子，禁而相生養之道，以求其所謂清淨寂滅者；嗚呼！其亦幸而出於三代之後，不見黜於禹、湯、文、武、周公、孔子也；其亦不幸而不出於三代之前，不見正於禹、湯、文、武、周公、孔子也。

帝之與王，其號雖殊，其所以爲聖一也。夏葛而冬裘，渴飲而饑食，其事殊，其所以爲智一也。今其言曰：曷不爲太古之無事？是亦責冬之裘者曰：曷不爲葛之之易也？責饑之食者曰：曷不爲飲之之易也？

傳曰：「古之欲明明德於天下者，先治其國；欲治其國者，先齊其家；欲齊其家者，先修其身；欲修其身者，先正其心；欲正其心者，先誠其意。」然則古之所謂正心而誠意者，將以有爲也。今也欲治其心，而外天下國家，滅其天常；子焉而不父其父，臣焉而不君其君，民焉而不事其事。孔子之作春秋也，諸侯用夷禮，則夷之，進於中國，則中國之。經曰：「夷狄之有君，不如諸夏之亡也。」詩曰：「戎狄是膺，荆舒是懲。」今也，舉夷狄之法，而加之先王之教之上，幾何其不胥而爲夷也！

夫所謂先王之教者，何也？博愛之謂仁；行而宜之之謂義；由是而之焉之謂道，足乎己，無待於外之謂德。其文：詩、書、易、春秋；其法：禮、樂、刑、政；其民：士、農、工、賈；其位：君臣、父子、師友、賓主、昆弟、夫婦；其服：麻、絲；其居宮室；其食：粟米、果蔬、魚肉：其爲道易明，而其爲教易行也。是故以之爲己，則順而祥；以之爲人，則愛而公；以之爲心，則和而平；以之爲天下國家，無所處而不當。是故生則得其情，死則盡其常，郊焉而天神假，廟焉而人鬼饗。曰：斯道也，何道也？曰：斯吾所謂道也，非向所謂老與佛之道也。堯以是傳之舜，舜以是傳之禹，禹以是傳之湯，湯以是傳之文、武、周公，文、武、周公傳之孔子，孔子傳之孟軻。軻之死，不得其傳焉。荀與楊也，擇焉而不精，語焉而不詳。由周公而上，上而爲君，故其事行；由周公而下，下而爲臣，故其說長。

然則如之何而可也？曰：不塞不流，不止不行。人其人，火其書，廬其居，明先王之道以道之，鰥寡孤獨廢疾者有養也，其亦庶乎其可也。

原毀

韓愈

古之君子，其責己也重以周；其待人也輕以約。重以周，故不怠；輕以約，故人樂爲善。聞古之人有舜者，其爲人也，仁義人也。求其所以爲舜者，責於己曰：「彼人也，予人也；彼能是，而我乃不能是？」早夜以思，去其不如舜者，就其如舜者。聞古之人有周公者，其爲人也，多才與藝人也。求其所以爲周公者，責於己曰：「彼人也，予人也；彼能是，而我乃不能是？」早夜以思，去其不如周公者，就其如周公者。舜，大聖人也，後世無及焉；周公，大聖人也，後世無及焉。是人也，乃曰：「不如舜，不如周公，吾之病也。」是不亦責於身者重以周乎！其於人也，曰：「彼人也，能有是，是足爲良人矣；能善是，是足爲藝人矣！」取其一，不責其二；即其新，不究其舊；恐恐然惟懼其人之不得爲善之利。一善易修也，一藝易能也，其於人也，乃曰：「能有是，是亦足矣。」曰：「能善是，是亦足矣。」不亦待於人者輕以約乎？

今之君子則不然。其責人也詳，其待己也廉。詳，故人難於爲善，廉，故自取也少。己未有善，曰：「我善是，是亦足矣。」己未有能，曰：「我能是，是亦足矣。」外以欺於人，內以欺於心，未少有得而止矣，不亦待其身者已廉乎？其於人也，曰：「彼雖能是，其人不足稱也；彼雖善是，其用不足稱也。」舉其一，不計其十；究其舊，不圖其新。恐恐然惟懼其人之有聞也。是不亦責于人者已詳乎！夫是之謂不以衆人待其身，而以聖人望於人，吾未見其尊己也。

雖然，爲是者有本有原。怠與忌之謂也。怠者不能修，而忌者畏人修。吾嘗試之矣，嘗試語於衆曰：「某良士，某良士。」其應者，必其人之與也；不然，則其所疏遠不與同其利者也；不然，則其畏也。不若是，強者必怒於言，懦者必怒於色矣。又嘗語於衆曰：「某非良士，某非良士。」其不應者，必其人之與也；不然，則其所疏遠不與同其利者也；不然，則其畏也。不若是，強者必說於言，懦者必說於色矣。是故事修而謗興，德高而毀來。嗚呼！士之處此世，而望名譽之光、道德之行，難已！

將有作於上者，得吾說而存之，其國家可幾而理歟！

獲麟解

韓愈

麟之爲靈昭昭也。詠於詩，書於春秋，雜出於傳記百家之書，雖婦人小子皆知其爲祥也。

然麟之爲物，不畜於家，不恆有於天下。其爲形也不類，非若馬牛犬豕豺狼麋鹿然。然則雖有麟，不可知其爲麟也。

角者吾知其爲牛，鬣者吾知其爲馬，犬豕豺狼麋鹿，吾知其爲犬豕豺狼麋鹿，惟麟也不可知。不可知，則其謂之不祥也亦宜。雖然，麟之出，必有聖人在乎位。麟爲聖人出也。聖人者必知麟，麟之果不爲不祥也？

又曰：麟之所以爲麟者，以德不以形。若麟之出不待聖人，則謂之不祥也亦宜。

雜說一

韓愈

龍噓氣成雲，雲固弗靈於龍也。然龍乘是氣，茫洋窮乎玄間，薄日月，伏光景，感震電，神變化，水下土，汨陵谷。雲亦靈怪矣哉！

雲，龍之所能使爲靈也，若龍之靈，則非雲之所能使爲靈也。然龍弗得雲，無以神其靈矣：失其所憑依，信不可歟？異哉！其所憑依，乃其所自爲也。

易曰：「雲從龍。」既曰龍，雲從之矣。

雜說四

韓愈

世有伯樂然後有千里馬。千里馬常有，而伯樂不常有。故雖有名馬，祇辱於奴隸人之手，駢死於槽櫪之間，不以千里稱也。

馬之千里者，一食或盡粟一石。食馬者不知其能千里而食也。是馬也，雖有千里之能，食不飽，力不足，才美不外見，且欲與常馬等，不可得，安求其能千里也？

策之不以其道，食之不能盡其材，鳴之而不能通其意，執策而臨之曰：「天下無馬！」嗚呼！其眞無馬邪？其眞不知馬也。

古文觀止卷八　唐文

師說

韓愈

古之學者必有師。師者，所以傳道授業解惑也。人非生而知之者，孰能無惑？惑而不從師，其爲惑也終不解矣。生乎吾前，其聞道也固先乎吾，吾從而師之；生乎吾後，其聞道也亦先乎吾，吾從而師之。吾師道也，夫庸知其年之先後生於吾乎？是故無貴無賤、無長無少，道之所存，師之所存也。嗟乎，師道之不傳也久矣，欲人之無惑也難矣！古之聖人，其出人也遠矣，猶且從師而問焉；今之衆人，其下聖人也亦遠矣，而恥學於師。是故聖益聖，愚益愚，聖人之所以爲聖，愚人之所以爲愚，其皆出於此乎？

愛其子，擇師而教之；於其身也，則恥師焉；惑矣！彼童子之師，授之書而習其句讀者也。非吾所謂傳其道解其惑者也。句讀之不知，惑之不解，或師焉，或不焉，小學而大遺，吾未見其明也。

巫醫樂師百工之人，不恥相師。士大夫之族，曰師、曰弟子云者，則羣聚而笑之。問之，則曰：彼與彼年相若也，道相似也。位卑則足羞，官盛則近諛。嗚呼！師道之不復可知矣！巫醫樂師百工之人，君子不齒，今其智乃反不能及，其可怪也歟！聖人無常師，孔子師郯子、萇弘、師襄、老聃。郯子之徒，其賢不及孔子，孔子曰：「三人行，則必有我師。」是故弟子不必不如師，師不必賢於弟子。聞道有先後，術業有專攻，如是而已。

李氏子蟠，年十七，好古文，六藝經傳皆通習之，不拘於時，學於余。余嘉其能行古道，作師說以貽之。

進學解

韓愈

國子先生晨入太學，招諸生立館下，誨之曰：「業精於勤荒於嬉，行成於思毀於隨。方今聖賢相逢，治具畢張，拔去兇邪，登崇俊良。占小善者率以錄，名一藝者無不庸，爬羅剔抉，刮垢磨光。蓋有幸而獲選，孰云多而不揚。諸生業患不能精，無患有司之不明，行患不能成，無患有司之不公。」

言未既，有笑於列者曰：「先生欺余哉！弟子事先生于茲有年矣。先生口不絕吟於六藝之文，手不停披於百家之編；記事者必提其要，纂言者必鉤其玄；貪多務得，細大不捐，焚膏油以繼晷，恆兀兀以窮年：先生之業，可謂勤矣。觝排異端，攘斥佛老；補苴罅漏，張皇幽眇；尋墜緒之茫茫，獨旁搜而遠紹，障百川而東之，迴狂瀾於既倒。先生之於儒，可謂有勞矣。沈浸醲郁，含英咀華，作爲文章，其書滿家。上規姚姒，渾渾無涯，周誥殷盤，佶屈聱牙。春秋謹嚴，左氏浮誇。易奇而法，詩正而葩；下逮莊騷，太史所錄，子雲相如，同工異曲；先生之於文，可謂閎其中而肆其外矣。少始知學，勇於敢爲；長通於方，左右具宜。先生之於爲人，可謂成矣。」

「然而公不見信於人，私不見助於友，跋前躓後，動輒得咎。暫爲御史，遂竄南夷；三年博士，冗不見治。命與仇謀，取敗幾時。冬暖而兒號寒，年豐而妻啼飢。頭童齒豁，竟死何裨。不知慮此，而反教人爲？」

先生曰：「吁！子來前！夫大木爲宗，細木爲桷，欂櫨侏儒，椳闑居楔，各得其宜，施以成室者，匠氏之工也；玉札丹砂，赤箭青芝，牛溲馬勃，敗鼓之皮，俱收並蓄，待用無遺者，醫師之良也；登明選公，雜進巧拙，紆餘爲妍，卓犖爲傑，校短量長，惟器是適者，宰相之方也。昔者孟軻好辯，孔道以明，轍環天下，卒老於行；荀卿守正，大論是弘，逃讒於楚，廢死蘭陵。是二儒者，吐辭爲經，舉足爲法，絕類離倫，優入聖域。其遇於世何如也？」

「今先生學雖勤而不繇其統，言雖多而不要其中，文雖奇而不濟於用，行雖修而不顯於衆，猶且月費俸錢，歲靡廩粟，子不知耕，婦不知織，乘馬從徒，安坐而食，踵常途之促促，窺陳編以盜竊；然而聖主不加誅，宰臣不見斥：非其幸歟？動而得謗，名亦隨之，投閒置散，乃分之宜。」

「若夫商財賄之有亡，計班資之崇庳，忘己量之所稱，指前人之瑕疵：是所謂詰匠氏之不以杙爲楹，而訾醫師以昌陽引年，欲進其豨苓也。」

圬者王承福傳

韓愈

圬之爲技，賤且勞者也。有業之其色若自得者。聽其言，約而盡；問之：王其姓，承福其名，世爲京兆長安農夫。天寶之亂，發人爲兵，持弓矢十三年，有官勳，棄之來歸，喪其土田，手鏝衣食，餘三十年。舍於市之主人，而歸其屋食之當焉。視時屋食之貴賤，而上下其圬之傭以償之，有餘，則以與道路之廢疾餓者焉。

又曰：粟，稼而生者也；若布與帛，必蠶織而後成者也；其他所以養生之具，皆待人力而後完也：吾皆賴之。然人不可徧爲，宜乎各致其能以相生也。故君者，理我所以生者也；而百官者，承君之化者也。任有小大，惟其所能，若器皿焉。食焉而怠其事，必有天殃，故吾不敢一日舍鏝以嬉。夫鏝，易能可力焉，又誠有功，取其直，雖勞無愧，吾心安焉。夫力，易強而有功也；心，難強而有智也：用力者使於人，用心者使人，亦其宜也；吾特擇其易爲而無愧者取焉。嘻！吾操鏝以入富貴之家有年矣，有一至者焉，又往過之，則爲墟矣；有再至三至者焉，而往過之，則爲墟矣。問之其鄰，或曰：噫！刑戮也。或曰：身既死，而其子孫不能有也。或曰：死而歸之官也。吾以是觀之，非所謂食焉怠其事，而得天殃者邪！非強心以智而不足，不擇其才之稱否而冒之者邪！非多行可愧，知其不可而強爲之者邪！將貴富難守，薄功而厚饗之者邪！抑豐悴有時，一去一來而不可常者邪！吾之心憫焉，是故擇其力之可能者行焉。樂富貴而悲貧賤，我豈異於人哉！

又曰：功大者，其所以自奉也博，妻與子，皆養於我者也，吾能薄而功小，不有之可也。又吾所謂勞力者，若立吾家而力不足，則心又勞也，一身而二任焉，雖聖者不可能[三]也。

愈始聞而惑之，又從而思之，蓋賢者也！蓋所謂獨善其身者也。然吾有譏焉，謂其自爲也過多，其爲人也過少，其學楊朱之道者耶？楊之道，不肯拔我一毛而利天下，而夫人以有家爲勞心，不肯一動其心以畜其妻子，其肯勞其心以爲人乎哉！雖然，其賢於世之患不得之而患失之者，以濟其生之欲、貪邪而亡道以喪其身者，其亦遠矣！又其言有可以警余者，故余爲之傳而自鑒焉。

[三] 觀止作「爲」，據校本改。

諱辯

韓愈

愈與李賀書，勸賀舉進士。賀舉進士有名，與賀爭名者毀之，曰：「賀父名晉肅，賀不舉進士爲是，勸之舉者爲非。」聽者不察也，和而唱之，同然一辭。皇甫湜曰：「若不明白，子與賀且得罪。」

愈曰：「然。」律曰：「二名不偏諱。」釋之者曰：謂若言「徵」不稱「在」，言「在」不稱「徵」是也。律曰：「不諱嫌名。」釋之者曰：謂若「禹」與「雨」、「丘」與「蓲」之類是也。今賀父名晉肅，賀擧進士，爲犯「二名律」乎？爲犯「嫌名律」乎？父名晉肅，子不得擧進士；若父名「仁」，子不得爲人乎？

夫諱始於何時？作法制以教天下者，非周公、孔子歟？周公作詩不諱；孔子不偏諱二名；春秋不譏不諱嫌名；康王釗之孫實爲昭王；曾參之父名晳，曾子不諱「昔」。周之時有騏期，漢之時有杜度，此其子宜如何諱？將諱其嫌，遂諱其姓乎？將不諱其嫌者乎？漢諱武帝名徹爲「通」，不聞又諱「車轍」之「轍」爲某字也；諱呂后名雉爲「野雞」，不聞又諱「治天下」之「治」爲某字也。今上章及詔，不聞諱「滸」、「勢」、「秉」、「機」也，惟宦官宮妾乃不敢言「諭」及「機」，以爲觸犯。士君子立言行事，宜何所法守也？今考之於經，質之於律，稽之以國家之典，賀擧進士爲可邪？爲不可邪？

凡事父母得如曾參，可以無譏矣；作人得如周公、孔子，亦可以止矣。今世之士不務行曾參、周公、孔子之行，而諱親之名則務勝於曾參、周公、孔子，亦見其惑也！夫周公、孔子、曾參，卒不可勝，勝周公、孔子、曾參，乃比於宦官宮妾：則是宦官宮妾之孝於其親，賢於周公、孔子、曾參者邪？

爭臣論

韓愈

或問諫議大夫陽城於愈：「可以爲有道之士乎哉？學廣而聞多，不求聞於人也。行古人之道，居於晉之鄙，晉之鄙人薰其德而善良者幾千人。大臣聞而薦之，天子以爲諫議大夫，人皆以爲華，陽子不色喜。居於位五年矣，視其德如在野：彼豈以富貴移易其心哉？」愈應之曰：「是易所謂『恆其德，貞，而夫子凶』者也，惡得爲有道之士乎哉？在易蠱之上九云：『不事王侯，高尚其事』；蹇之六二則曰：『王臣蹇蹇，匪躬之故』：夫亦以所居之時不一，而所蹈之德不同也？若蠱之上九，居無用之地，而致匪躬之節；以蹇之六二，在王臣之位，而高不事之心。則冒進之患生，曠官之刺興，志不可則，而尤不終無也。今陽子在位不爲不久矣，聞天下之得失不爲不熟矣，天子待之不爲不加矣，而未嘗一言及於政。視政之得失若越人視秦人之肥瘠，忽焉不加喜戚於其心。問其官，則曰諫議也；問其祿，則曰下大夫之秩也；問其政，則曰我不知也：有道之士，固如是乎哉？且吾聞之，有官守者，不得其職則去；有言責者，不得其言則去。今陽子以爲得其言乎哉？得其言而不言，與不得其言而不去，無一可者也。陽子將爲祿仕乎？古之人有云：仕不爲貧，而有時乎爲貧，謂祿仕者也。宜乎辭尊而居卑，辭富而居貧，若抱關擊柝者可也。蓋孔子嘗爲委吏矣，嘗爲乘田矣。亦不敢曠其職，必曰『會計當而已矣』，必曰『牛羊遂而已矣』。若陽子之秩祿不爲卑且貧，章章明矣，而如此，其可乎哉？」

或曰：「否，非若此也。夫陽子惡訕上者，惡爲人臣招其君之過而以爲名者。故雖諫且議，使人不得而知焉。書曰：『爾有嘉謀嘉猷，則入告爾后于內，爾乃順之于外』，曰：『斯謀斯猷，惟我后之德』。夫陽子之用心，亦若此者！」愈應之曰：「若陽子之用心如此，滋所謂惑者矣！入則諫其君，出不使人知者，大臣宰相者之事，非陽子之所宜行也。夫陽子本以布衣隱於蓬蒿之下，主上嘉其行誼，擢在此位，官以諫爲名，誠宜有以奉其職，使四方後代知朝廷有直言骨鯁之臣，天子有不僭賞從諫如流之美。庶巖穴之士聞而慕之，束帶結髮，願進於闕下，而伸其辭說，致吾君於堯舜，熙鴻號於無窮也。若書所謂，則大臣宰相之事，非陽子之所宜行也。且陽子之心，將使君人者惡聞其過乎？是啓之也！」

或曰：「陽子之不求聞而人聞之，不求用而君用之，不得已而起，守其道而不變，何子過之深也？」愈曰：「自古聖人賢士，皆非有求於聞用也，閔其時之不平，人之不乂，得其道，不敢獨善其身，而必以兼濟天下也，孜孜矻矻，死而後已。故禹過家門不入，孔席不暇暖，而墨突不得黔。彼二聖一賢者，豈不知自安佚之爲樂哉？誠畏天命而悲人窮也。夫天授人以賢聖才能，豈使自有餘而已？誠欲以補其不足者也。耳目之於身也，耳司聞而目司見，聽其是非，視其險易，然後身得安焉。聖賢者，時人之耳目也；時人者，聖賢之身也。且陽子之不賢，則將役於賢，以奉其上矣。若果賢，則固畏天命而閔人窮也：惡得以自暇逸乎哉？」

或曰：「吾聞君子不欲加諸人，而惡訐以爲直者。若吾子之論，直則直矣，無乃傷於德而費於辭乎？好盡言以招人過，國武子之所以見殺於齊也。吾子其亦聞乎！」愈曰：「君子居其位，則思死其官；未得位，則思修其辭以明其道：我將以明道也，非以爲直而加人也。且國武子不能得善人而好盡言於亂國，是以見殺。傳曰：『惟善人，能受盡言。』謂其聞而能改之也。子告我曰：陽子可以爲有道之士也。今雖不能及己，陽子將不得爲善人乎哉？」

後十九日復上宰相書

韓愈

二月十六日，前鄉貢進士韓愈謹再拜言相公閣下：

向上書及所著文後，待命凡十有九日，不得命，恐懼不敢逃遁，不知所爲；乃復敢自納於不測之誅，以求畢其說而請命於左右。

愈聞之：蹈水火者之求免於人也，不惟其父兄子弟之慈愛然後呼而望之也；將有介於其側者，雖其所憎怨，苟不至乎欲其死者，則將大其聲疾呼而望其仁之也。彼介於其側者，聞其聲而見其事，不惟其父兄子弟之慈愛然後往而全之也，雖有所憎怨，苟不至乎欲其死者，則將狂奔盡氣、濡手足、焦毛髮救之而不辭也。若是者何哉？其勢誠急，而其情誠可悲也。愈之彊學力行有年矣，愚不惟道之險夷，行且不息，以蹈於窮餓之水火，其既危且亟矣，大其聲而疾呼矣。閣下其亦聞而見之矣，其將往而全之歟？抑將安而不救歟？有來言於閣下者曰：有觀溺於水而爇於火者，有可救之道而終莫之救也，閣下且以爲仁人乎哉？不然，若愈者，亦君子之所宜動心者也。

或謂愈：子言則然矣，宰相則知子矣，如時不可何？愈竊謂之不知言者，誠其材能不足當吾賢相之舉耳；若所謂時者，固在上位者之爲耳，非天之所爲也。前五六年時，宰相薦聞尚有自布衣蒙抽擢者，與今豈異時哉？且今節度觀察使及防禦營田諸小使等，尚得自舉判官，無間於已仕未仕者，況在宰相，吾君所尊敬者，而曰不可乎？

古之進人者，或取於盜，或舉於管庫；今布衣雖賤，猶足以方於此。情隘辭蹙，不知所裁，亦惟少垂憐焉。愈再拜。

後廿九日復上宰相書

韓愈

三月十六日，前鄉貢進士韓愈謹再拜言相公閣下：

愈聞周公之爲輔相，其急於見賢也，方一食三吐其哺，方一沐三握其髮。當是時，天下之賢才皆已舉用，姦邪讒佞欺負之徒皆已除去；四海皆已無虞；九夷八蠻之在荒服之外者，皆已賓貢；天災時變、昆蟲草木之妖，皆已銷息；天下之所謂禮樂刑政教化之具，皆已修理；風俗皆已敦厚；動植之物、風雨霜露之所霑被者，皆已得宜；休徵嘉瑞、麟鳳龜龍之屬，皆已備至：而周公以聖人之才，憑叔父之親，其所輔理承化之功又盡章章如是，其所求進見之士豈復有賢於周公者哉？不惟不賢於周公而已，豈復有賢於時百執事者哉？豈復有所計議，能補於周公之化者哉？然而周公求之如此其急，惟恐耳目有所不聞見，思慮有所未及，以負成王託周公之意，不得於天下之心。如周公之心，設使其時輔理承化之功未盡章章如是，而非聖人之才，而無叔父之親，則將不暇食與沐矣；豈特吐哺握髮爲勤而止哉！維其如是，故于今頌成王之德而稱周公之功不衰。

今閣下爲輔相亦近耳，天下之賢才豈盡舉用？姦邪讒佞欺負之徒豈盡除去？四海豈盡無虞？九夷八蠻之在荒服之外者，豈盡賓貢？天災時變，昆蟲草木之妖，豈盡銷息？天下之所謂禮樂刑政教化之具，豈盡修理？風俗豈盡敦厚？動植之物、風雨霜露之所霑被者，豈盡得宜？休徵嘉瑞、麟鳳龜龍之屬，豈盡備至？其所求進見之士，雖不足以希望盛德，至比於百執事，豈盡出其下哉？其所稱說，豈盡無所補哉？今雖不能如周公吐哺握髮，亦宜引而進之，察其所以而去就之，不宜默默而已也。愈之待命四十餘日矣，書再上，而志不得通；足三及門，而閽人辭焉：惟其昏愚不知逃遁，故復有周公之說焉。閣下其亦察之。

古之士三月不仕則相弔，故出疆必載質。然所以重於自進者，以其於周不可，則去之魯；於魯不可，則去之齊；於齊不可，則去之宋之鄭之秦之楚也。今天下一君，四海一國，舍乎此則夷狄矣，去父母之邦矣；故士之行道者，不得於朝，則山林而已矣。山林者，士之所獨善自養而不憂天下者之所能安也。如有憂天下之心，則不能矣。故愈每自進而不知愧焉；書亟上，足數及門，而不知止焉。寧獨如此而已？惴惴焉惟不得出大賢之門下是懼，亦惟少垂察焉。瀆冒威尊，惶恐無已。愈再拜。

與于襄陽書

韓愈

七月三日，將仕郎守國子四門博士韓愈謹奉書尚書閣下：

士之能享大名顯當世者，莫不有先達之士負天下之望者爲之前焉；士之能垂休光照後世者，亦莫不有後進之士負天下之望者爲之後焉。莫爲之前，雖美而不彰；莫爲之後，雖盛而不傳。是二人者，未始不相須也，然而千百載乃一相遇焉；豈上之人無可援，下之人無可推歟？何其相須之殷而相遇之疎也？其故在下之人負其能不肯諂其上，上之人負其位不肯顧其下；故高材多戚戚之窮，盛位無赫赫之光：是二人者之所爲皆過也。未嘗干之，不可謂上無其人；未嘗求之，不可謂下無其人：愈之誦此言久矣，未嘗敢以聞於人。側聞閣下抱不世之才，特立而獨行，道方而事實，卷舒不隨乎時，文武唯其所用，豈愈所謂其人哉？抑未聞後進之士有遇知於左右，獲禮於門下者，豈求之而未得邪？將志存乎立功，而事專乎報主，雖遇其人，未暇禮邪？何其宜聞而久不聞也！愈雖不才，其自處不敢後於恆人，閣下將求之而未得歟？古人有言：「請自隗始。」

愈今者惟朝夕芻米僕賃之資是急，不過費閣下一朝之享而足也。如曰：吾志存乎立功，而事專乎報主，雖遇其人，未暇禮焉；則非愈之所敢知也。世之齪齪者既不足以語之，磊落奇偉之人又不能聽焉，則信乎命之窮也。

謹獻舊所爲文一十八首，如賜覽觀，亦足知其志之所存。愈恐懼再拜。

與陳給事書

韓愈

愈再拜：愈之獲見於閣下有年矣。始者亦嘗辱一言之譽。貧賤也，衣食於奔走，不得朝夕繼見，其後閣下位益尊，伺候於門牆者日益進。夫位益尊，則賤者日隔。伺候於門牆者日益進，則愛博而情不專。愈也道不加修而文日益有名。夫道不加修，則賢者不與；文日益有名，則同進者忌。始之以日隔之疏，加之以不專之望，以不與者之心，而聽忌者之說：由是閣下之庭無愈之跡矣。

去年春，亦嘗一進謁於左右矣，溫乎其容若加其新也，屬乎其言若閔其窮也，退而喜也以告於人。其後如東京取妻子，又不得朝夕繼見。及其還也，亦嘗一進謁於左右矣，邈乎其容若不察其愚也，悄乎其言若不接其情也，退而懼也不敢復進。今則釋然悟，翻然悔曰：其邈也，乃所以怒其來之不繼也；其悄也，乃所以示其意也。不敏之誅無所逃避，不敢遂進，輒自疏其所以，幷獻近所爲復志賦以下十首爲一卷，卷有標軸；送孟郊序一首生紙寫，不加裝飾，皆有揩字注字處，急於自解而謝，不能竢更寫，閣下取其意而略其禮可也。愈恐懼再拜。

應科目時與人書

韓愈

月日愈再拜：天池之濱，大江之濆，曰有怪物焉；蓋非常鱗凡介之品彙匹儔也！其得水，變化風雨上下於天不難也；其不及水，蓋尋常尺寸之間耳。無高山大陵曠途絕險爲之關隔也；然其窮涸不能自致乎水，爲獱獺之笑者，蓋十八九矣。如有力者哀其窮而運轉之，蓋一舉手一投足之勞也。

然是物也，負其異於衆也，且曰：爛死於沙泥，吾寧樂之；若俛首帖耳搖尾而乞憐者，非我之志也。是以有力者遇之，熟視之若無覩也。其死其生，固不可知也。今又有有力者當其前矣，聊試仰首一鳴號焉，庸詎知有力者不哀其窮，而忘一舉手一投足之勞而轉之清波乎？

其哀之，命也；其不哀之，命也；知其在命而且鳴號之者，亦命也：愈今者實有類於是。是以忘其疏愚之罪，而有是說焉。閣下其亦憐察之！

送孟東野序

韓愈

大凡物不得其平則鳴：草木之無聲，風撓之鳴；水之無聲，風蕩之鳴。其躍也或激之，其趨也或梗之，其沸也或炙之；金石之無聲，或擊之鳴。人之於言也亦然：有不得已者而後言，其謌也有思，其哭也有懷，凡出乎口而爲聲者，其皆有弗平者乎！樂也者，鬱於中而泄於外者也；擇其善鳴者而假之鳴：金、石、絲、竹、匏、土、革、木八者，物之善鳴者也。維天之於時也亦然，擇其善鳴者而假之鳴。是故以鳥鳴春，以雷鳴夏，以蟲鳴秋，以風鳴冬，四時之相推敓，其必有不得其平者乎！

其於人也亦然：人聲之精者爲言，文辭之於言，又其精也，尤擇其善鳴者而假之鳴。其在唐虞，咎陶、禹其善鳴者也，而假以鳴；夔弗能以文辭鳴，又自假於韶以鳴；夏之時，五子以其歌鳴；伊尹鳴殷；周公鳴周。凡載於詩書六藝，皆鳴之善者也。周之衰，孔子之徒鳴之，其聲大而遠。傳曰：「天將以夫子爲木鐸。」其弗信矣乎！其末也，莊周以其荒唐之辭鳴。楚大國也，其亡也，以屈原鳴。臧孫辰、孟軻、荀卿以道鳴者也，楊朱、墨翟、管夷吾、晏嬰、老聃、申不害、韓非、眘到、田駢、鄒衍、尸佼、孫武、張儀、蘇秦之屬，皆以其術鳴。秦之興，李斯鳴之。漢之時，司馬遷、相如、揚雄，最其善鳴者也。其下魏、晉氏，鳴者不及於古，然亦未嘗絕也；就其善者，其聲淸以浮，其節數以急，其辭淫以哀，其志弛以肆，其爲言也，亂雜而無章。將天醜其德莫之顧邪？何爲乎不鳴其善鳴者也？

唐之有天下，陳子昂、蘇源明、元結、李白、杜甫、李觀皆以其所能鳴。其存而在下者，孟郊東野，始以其詩鳴；其高出魏晉，不懈而及於古，其他浸淫乎漢氏矣。從吾遊者，李翺、張籍其尤也，三子者之鳴信善矣，抑不知天將和其聲，而使鳴國家之盛邪？抑將窮餓其身，思愁其心腸，而使自鳴其不幸邪？三子者之命，則懸乎天矣。其在上也奚以喜，其在下也奚以悲！

東野之役於江南也，有若不釋然者，故吾道其命於天者以解之。

送李愿歸盤谷序

韓愈

太行之陽有盤谷。盤谷之間，泉甘而土肥，草木藂茂，居民鮮少。或曰：謂其環兩山之間，故曰「盤」。或曰：是谷也，宅幽而勢阻，隱者之所盤旋。友人李愿居之。

愿之言曰：人之稱大丈夫者，我知之矣：利澤施於人，名聲昭於時，坐於廟朝，進退百官，而佐天子出令。其在外，則樹旗旄，羅弓矢，武夫前呵，從者塞途，供給之人，各執其物，夾道而疾馳。喜有賞，怒有刑。才畯滿前，道古今而譽盛德，入耳而不煩。曲眉豐頰，清聲而便體，秀外而惠中。飄輕裾，翳長袖，粉白黛綠者，列屋而閒居，妒寵而負恃，爭妍而取憐。大丈夫之遇知於天子，用力於當世者之所爲也。吾非惡此而逃之，是有命焉，不可幸而致也。窮居而野處，升高而望遠，坐茂樹以終日，濯清泉以自潔。採於山，美可茹；釣於水，鮮可食。起居無時，惟適之安。與其有譽於前，孰若無毀於其後；與其有樂於身，孰若無憂於其心。車服不維，刀鋸不加，理亂不知，黜陟不聞。大丈夫不遇於時者之所爲也，我則行之。伺候於公卿之門，奔走於形勢之途，足將進而趦趄，口將言而囁嚅，處汙穢而不羞，觸刑辟而誅戮，儌倖於萬一，老死而後止者，其於爲人賢不肖何如也？

昌黎韓愈聞其言而壯之，與之酒而爲之歌曰：盤之中，維子之宮。盤之土，可以稼。盤之泉，可濯可沿。盤之阻，誰爭子所。窈而深，廓其有容。繚而曲，如往而復。嗟盤之樂兮，樂且無央；虎豹遠跡兮，蛟龍遁藏；鬼神守護兮，呵禁不祥。飲且食兮壽而康，無不足兮奚所望；膏吾車兮秣吾馬，從子於盤兮，終吾生以徜徉。

送董邵南序

韓愈

燕、趙古稱多感慨悲歌之士。董生舉進士，連不得志於有司，懷抱利器，鬱鬱適茲土，吾知其必有合也。董生勉乎哉！夫以子之不遇時，苟慕義彊仁者皆愛惜焉。矧燕、趙之士出乎其性者哉！

然吾嘗聞風俗與化移易，吾惡知其今不異於古所云邪？聊以吾子之行卜之也。董生勉乎哉！

吾因子有所感矣，爲我弔望諸君之墓，而觀於其市復有昔時屠狗者乎？爲我謝曰：明天子在上，可以出而仕矣！

送楊少尹序

韓愈

昔疏廣、受二子以年老一朝辭位而去，於時公卿設供張，祖道都門外，車數百兩，道路觀者多歎息泣下，共言其賢。漢史既傳其事，而後世工畫者又圖其跡，至今照人耳目，赫赫若前日事。國子司業楊君巨源方以能詩訓後進，一旦以年滿七十，亦白丞相去歸其鄉。世常說古今人不相及，今楊與二疏，其意豈異也？

予忝在公卿後，遇病不能出，不知楊侯去時，城門外送者幾人？車幾兩？馬幾匹？道邊觀者亦有歎息知其爲賢以否？而太史氏又能張大其事爲傳繼二疏蹤跡否？不落莫否？見今世無工畫者，而畫與不畫固不論也。然吾聞楊侯之去，丞相有愛而惜之者，白以爲其都少尹，不絕其祿，又爲歌詩以勸之，京師之長於詩者亦屬而和之；又不知當時二疏之去有是事否？古今人同不同，未可知也。

中世士大夫以官爲家，罷則無所於歸。楊侯始冠舉於其鄉，歌鹿鳴而來也；今之歸，指其樹曰：「某樹吾先人之所種也，某水某丘吾童子時所釣遊也。」鄉人莫不加敬，誡子孫以楊侯不去其鄉爲法。古之所謂「鄉先生沒而可祭於社」者，其在斯人歟！其在斯人歟！

送石處士序

韓愈

河陽軍節度御史大夫烏公爲節度之三月，求士於從事之賢者，有薦石先生者。公曰：「先生何如？」曰：「先生居嵩、邙、瀍、穀之間，冬一裘，夏一葛，食朝夕飯一盂、蔬一盤。人與之錢則辭，請與出遊，未嘗以事免，勸之仕，不應。坐一室，左右圖書。與之語道理，辨古今事當否，論人高下，事後當成敗，若河決下流而東注，若駟馬駕輕車就熟路，而王良、造父爲之先後也，若燭照、數計而龜卜也。」大夫曰：「先生有以自老，無求於人，其肯爲某來邪？」從事曰：「大夫文武忠孝，求士爲國，不私於家。方今寇聚於恆，師環其疆，農不耕收，財粟殫亡。吾所處地，歸輸之塗，治法征謀，宜有所出。先生仁且勇，若以義請而彊委重焉，其何說之辭！」於是譔書詞，具馬幣，卜日以授[三]使者，求先生之廬而請焉。先生不告於妻子，不謀於朋友，冠帶出見客，拜受書禮於門內，宵則沐浴戒行李，載書冊，問道所由，告行於常所來往；晨則畢至，張上東門外。

酒三行，且起，有執爵而言者曰：「大夫眞能以義取人，先生眞能以道自任，決去就，爲先生別。」又酌而祝曰：「凡去就出處何常，惟義之歸。遂以爲先生壽。」又酌而祝曰：「使大夫恆無變其初，無務富其家而飢其師，無甘受佞人而外敬正士，無味[三]於諂言，惟先生是聽，以能有成功，保天子之寵命。」又祝曰：「使先生無圖利於大夫而私便其身圖。」先生起拜祝辭曰：「敢不敬蚤夜以求從祝規。」

於是東都之人士咸知大夫與先生果能相與以有成也，遂各爲歌詩六韻。遣愈爲之序云。

〔二〕觀止作「受」，據校本改。
〔三〕觀止作「昧」，據校本改。

送溫處士赴河陽軍序

韓愈

伯樂一過冀北之野，而馬羣遂空。夫冀北馬多天下，伯樂雖善知馬，安能空其羣邪？解之者曰：吾所謂空，非無馬也；無良馬也。伯樂知馬，遇其良，輒取之，羣無留良焉。苟無良，雖謂無馬，不爲虛語矣。

東都固士大夫之冀北也。恃才能，深藏而不市者，洛之北涯曰石生，其南涯曰溫生。大夫烏公，以鈇鉞鎮河陽之三月，以石生爲才，以禮爲羅，羅而致之幕下。未數月也，以溫生爲才，於是以石生爲媒，以禮爲羅，又羅而致之幕下。東都雖信多才士，朝取一人焉，拔其尤；暮取一人焉，拔其尤。自居守、河南尹以及百司之執事，與吾輩二縣之大夫，政有所不通，事有所可疑，奚所諮而處焉？士大夫之去位而巷處者，誰與嬉遊？小子後生於何考德而問業焉？縉紳之東西行過是都者，無所禮於其盧。若是而稱曰：大夫烏公一鎮河陽，而東都處士之廬無人焉，豈不可也？
夫南面而聽天下，其所託重而恃力者，惟相與將耳。相爲天子得人於朝廷，將爲天子得文武士於幕下：求內外無治，不可得也。
愈縻於茲不能自引去，資二生以待老；今皆爲有力者奪之，其何能無介然於懷邪？生既至，拜公於軍門，其爲吾以前所稱爲天下賀，以後所稱爲吾致私怨於盡取也。留守相公首爲四韻詩歌其事，愈因推其意而序之。

祭十二郎文

韓愈

年月日，季父愈聞汝喪之七日，乃能銜哀致誠，使建中遠具時羞之奠，告汝十二郎之靈：
嗚呼！吾少孤，及長不省所怙，惟兄嫂是依。中年兄殁南方，吾與汝俱幼，從嫂歸葬河陽，既又與汝就食江南，零丁孤苦，未嘗一日相離也。吾上有三兄，皆不幸早世。承先人後者，在孫惟汝，在子惟吾；兩世一身，形單影隻。嫂嘗撫汝指吾而言曰：「韓氏兩世，惟此而已！」汝時尤小，當不復記憶；吾時雖能記憶，亦未知其言之悲也！
吾年十九，始來京城，其後四年，而歸視汝。又四年，吾往河陽省墳墓，遇汝從嫂喪來葬。又二年，吾佐董丞相於汴州，汝來省吾，止一歲，請歸取其孥；明年丞相薨，吾去汴州，汝不果來。是年，吾佐戎徐州，使取汝者始行，吾又罷去，汝又不果來。吾念汝從於東，東亦客也，不可以久；圖久遠者，莫如西歸，將成家而致汝。嗚呼！孰謂汝遽去吾而歿乎！吾與汝俱少年，以爲雖暫相別，終當久相與處；故捨汝而旅食京師，以求斗斛之祿；誠知其如此，雖萬乘之公相，吾不以一日輟汝而就也！

去年孟東野往，吾書與汝曰：「吾年未四十，而視茫茫，而髮蒼蒼，而齒牙動搖。念諸父與諸兄，皆康彊而早世，如吾之衰者，其能久存乎！吾不可去，汝不肯來，恐旦暮死，而汝抱無涯之戚也！」孰謂少者歿而長者存，彊者夭而病者全乎！嗚呼，其信然邪？其夢邪？其傳之非其眞邪？信也，吾兄之盛德而夭其嗣乎？汝之純明而不克蒙其澤乎？少者彊者而夭歿，長者衰者而全存乎？未可以爲信也，夢也，傳之非其眞也；東野之書，耿蘭之報，何爲而在吾側也？嗚呼！其信然矣，吾兄之盛德而夭其嗣矣！汝之純明宜業其家者不克蒙其澤矣。所謂天者誠難測，而神者誠難明矣！所謂理者不可推，而壽者不可知矣！雖然，我自今年來，蒼蒼者或化而爲白矣，動搖者或脫而落矣，毛血日益衰，志氣日益微，幾何不從汝而死也！死而有知，其幾何離；其無知，悲不幾時，而不悲者無窮期矣！汝之子始十歲，吾之子始五歲，少而彊者不可保，如此孩提者又可冀其成立邪？嗚呼哀哉，嗚呼哀哉！

汝去年書云：比得軟腳病，往往而劇。吾曰：是疾也，江南之人常常有之。未始以爲憂也。嗚呼！其竟以此而殞其生乎？抑別有疾而至斯乎？汝之書六月十七日也，東野云：汝歿以六月二日，耿蘭之報無月日：蓋東野之使者不知問家人以月日，如耿蘭之報不知當言月日，東野與吾書，乃問使者，使者妄稱以應之耳。其然乎？其不然乎？

今吾使建中祭汝，弔汝之孤與汝之乳母。彼有食可守以待終喪，則待終喪而取以來；如不能守以終喪，則遂取以來。其餘奴婢，並令守汝喪。吾力能改葬，終葬汝於先人之兆，然後惟其所願。嗚呼！汝病吾不知時，汝歿吾不知日；生不能相養於共居，歿不能撫汝以盡哀，斂不憑其棺，窆不臨其穴；吾行負神明而使汝夭，不孝不慈，而不得與汝相養以生，相守以死；一在天之涯，一在地之角，生而影不與吾形相依，死而魂不與吾夢相接：吾實爲之，其又何尤？彼蒼者天，曷其有極！

自今已往，吾其無意於人世矣。當求數頃之田於伊潁之上，以待餘年，教吾子與汝子幸其成，長吾女與汝女待其嫁：如此而已。嗚呼！言有窮而情不可終，汝其知也邪？其不知也邪？嗚呼哀哉，尚饗。

祭鱷魚文

韓愈

維年月日，潮州刺史韓愈，使軍事衙推秦濟，以羊一豬一投惡谿之潭水，以與鱷魚食，而告之曰：

昔先王既有天下，列山澤，罔繩擉刃，以除蟲蛇惡物爲民害者，驅而出之四海之外。及後王德薄，不能遠有，則江漢之間，尚皆棄之以與蠻夷楚越，況潮嶺海之間，去京師萬里哉？鱷魚之涵淹卵育於此，亦固其所。今天子嗣唐位，神聖慈武，四海之外，六合之內，皆撫而有之，況禹跡所揜，揚州之近地，刺史、縣令之所治，出貢賦以供天地宗廟百神之祀之壤者哉？鱷魚其不可與刺史雜處此土也！

刺史受天子命，守此土，治此民，而鱷魚睅然不安谿潭，據處食民畜熊豕鹿麞，以肥其身，以種其子孫，與刺史亢拒，爭爲長雄。刺史雖駑弱，亦安肯爲鱷魚低首下心，伈伈睍睍，爲民吏羞，以偷活於此邪！且承天子命以來爲吏，固其勢不得不與鱷魚辨。鱷魚有知，其聽刺史言：

潮之州，大海在其南。鯨鵬之大，蝦蟹之細，無不容歸，以生以食，鱷魚朝發而夕至也。今與鱷魚約：盡三日，其率醜類南徙於海，以避天子之命吏。三日不能至五日，五日不能至七日，七日不能，是終不肯徙也，是不有刺史，聽從其言也；不然，則是鱷魚冥頑不靈，刺史雖有言，不聞不知也。夫傲天子之命吏，不聽其言，不徙以避之；與冥頑不靈而爲民物害者，皆可殺。刺史則選材技吏民，操強弓毒矢，以與鱷魚從事，必盡殺乃止。其無悔！

柳子厚墓誌銘

韓愈

子厚諱宗元。七世祖慶，爲拓跋魏侍中，封濟陰公。曾伯祖奭爲唐宰相，與褚遂良、韓瑗俱得罪武后，死高宗朝。皇考諱鎭，以事母棄太常博士，求爲縣令江南。其後以不能媚權貴失御史。權貴人死，乃復拜侍御史，號爲剛直。所與游皆當世名人。

子厚少精敏，無不通達。逮其父時，雖少年已自成人，能取進士第，嶄然見頭角；衆謂柳氏有子矣。其後以博學宏詞授集賢殿正字。儁傑廉悍，議論證據今古，出入經史百子，踔厲風發，率常屈其座人；名聲大振，一時皆慕與之交，諸公要人爭欲令出我門下，交口薦譽之。

貞元十九年，由藍田尉拜監察御史。順宗即位，拜禮部員外郎。遇用事者得罪，例出爲刺史；未至，又例貶州司馬。居閒益自刻苦，務記覽，爲詞章汎濫停蓄，爲深博無涯涘，而自肆於山水間。元和中，嘗例召至京師，又偕出爲刺史，而子厚得柳州。既至，歎曰：「是豈不足爲政邪！」因其土俗，爲設教禁，州人順賴。其俗以男女質錢，約不時贖，子本相侔，則沒爲奴婢。子厚與設方計，悉令贖歸；其尤貧力不能者，令書其傭，足相當，則使歸其質。觀察使下其法於他州，比一歲，免而歸者且千人。衡、湘以南爲進士者，皆以子厚爲師，其經承子厚口講指畫爲文詞者，悉有法度可觀。

其召至京師而復爲刺史也，中山劉夢得禹錫，亦在遣中，當詣播州。子厚泣曰：「播州非人所居，而夢得親在堂，吾不忍夢得之窮，無辭以白其大人；且萬無母子俱往理。」請於朝，將拜疏，願以柳易播，雖重得罪，死不恨。遇有以夢得事白上者，夢得於是改刺連州。嗚呼！士窮乃見節義。今夫平居里巷相慕悅，酒食游戲相徵逐，詡詡強笑語以相取下，握手出肺肝相示，指天日涕泣，誓生死不相背負，眞若可信；一旦臨小利害，僅如毛髮比，反眼若不相識；落陷穽，不一引手救，反擠之又下石焉者，皆是也。此宜禽獸夷狄所不忍爲，而其人自視以爲得計，聞子厚之風，亦可以少媿矣！

子厚前時少年，勇於爲人，不自貴重顧藉，謂功業可立就，故坐廢退；既退，又無相知有氣力得位者推挽，故卒死於窮裔，材不爲世用，道不行於時也。使子厚在臺省時，自持其身已能如司馬、刺史時，亦自不斥；斥時有人力能舉之，且必復用不窮。然子厚斥不久，窮不極，雖有出於人，其文學辭章，必不能自力以致必傳於後如今，無疑也。雖使子厚得所願，爲將相於一時；以彼易此，孰得孰失，必有能辨之者。

子厚以元和十四年十一月八日卒，年四十七。以十五年七月十日歸葬萬年先人墓側。子厚有子男二人：長曰周六，始四歲；季曰周七，子厚卒乃生。女子二人，皆幼。其得歸葬也，費皆出觀察使河東裴君行立。行立有節概，重然諾，與子厚結交，子厚亦爲之盡，竟賴其力。葬子厚於萬年之墓者，舅弟盧遵。遵，涿人，性謹慎，學問不厭。自子厚之斥，遵從而家焉，逮其死不去；既往葬子厚，又將經紀其家，庶幾有始終者。銘曰：

是惟子厚之室，既固既安，以利其嗣人。

古文觀止卷九　唐宋文

駁復讎議

柳宗元

臣伏見天后時，有同州下邽人徐元慶者，父爽，爲縣尉趙師韞所殺，卒能手刃父讎，束身歸罪。當時諫臣陳子昂建議誅之，而旌其閭，且請編之於令，永爲國典。臣竊獨過之。

臣聞禮之大本，以防亂也，若曰無爲賊虐，凡爲子者殺無赦；刑之大本，亦以防亂也，若曰無爲賊虐，凡爲治者殺無赦。其本則合，其用則異，旌與誅莫得而並焉。誅其可旌，茲謂濫，黷刑甚矣；旌其可誅，茲謂僭，壞禮甚矣。果以是示於天下，傳於後代，趨義者不知所向，違害者不知所立，以是爲典可乎？

蓋聖人之制，窮理以定賞罰，本情以正褒貶，統於一而已矣。嚮使刺讞其誠僞，考正其曲直，原始而求其端，則刑禮之用，判然離矣。何者？若元慶之父不陷於公罪，師韞之誅，獨以其私怨，奮其吏氣，虐於非辜，州牧不知罪，刑官不知問，上下蒙冒，籲號不聞，而元慶能以戴天爲大恥，枕戈爲得禮，處心積慮，以衝讎人之胸，介然自克，即死無憾，是守禮而行義也。執事者宜有慚色，將謝之不暇，而又何誅焉？其或元慶之父不免於罪，師韞之誅不愆於法，是非死於吏也，是死於法也。法其可讎乎？讎天子之法，而戕奉法之吏，是悖驁而凌上也。執而誅之，所以正邦典，而又何旌焉？

且其議曰：「人必有子，子必有親。親親相讎，其亂誰救？」是惑於禮也甚矣。禮之所謂讎者，蓋其冤抑沉痛而號無告也；非謂抵罪觸法，陷於大戮。而曰「彼殺之，我乃殺之」，不議曲直，暴寡脅弱而已。其非經背聖，不亦甚哉！周禮：「調人掌司萬人之讎。凡殺人而義者，令勿讎，讎之則死。」「有反殺者，邦國交讎之。」又安得親親相仇也？春秋公羊傳曰：「父不受誅，子復讎可也。父受誅，子復讎，此推刃之道。復讎不除害。」今若取此以斷兩下相殺，則合於禮矣。且夫不忘讎，孝也；不愛死，義也。元慶能不越於禮，服孝死義，是必達理而聞道者也。夫達理聞道之人，豈其以王法爲敵讎者哉？議者反以爲戮，黷刑壞禮，其不可以爲典，明矣。

請下臣議，附於令，有斷斯獄者，不宜以前議從事。謹議。

桐葉封弟辯

柳宗元

古之傳者有言，成王以桐葉與小弱弟，戲曰：「以封汝。」周公入賀。王曰：「戲也。」周公曰：「天子不可戲。」乃封小弱弟於唐。

吾意不然。王之弟當封邪？周公宜以時言於王，不待其戲而賀以成之也；不當封邪？周公乃成其不中之戲，以地以人與小弱者爲之主，其得爲聖乎？且周公以王之言，不可苟焉而已，必從而成之邪？設有不幸，王以桐葉戲婦寺，亦將舉而從之乎？凡王者之德，在行之何若。設未得其當，雖十易之不爲病；要於其當，不可使易也，而況以其戲乎？若戲而必行之，是周公教王遂過也。

吾意周公輔成王，宜以道，從容優樂，要歸之大中而已，必不逢其失而爲之辭。又不當束縛之，馳驟之，使若牛馬然，急則敗矣。且家人父子尚不能以此自克，況號爲君臣者耶？是直小丈夫缺缺者之事，非周公所宜用，故不可信。

或曰：封唐叔，史佚成之。

箕子碑

柳宗元

凡大人之道有三：一曰正蒙難，二曰法授聖，三曰化及民。殷有仁人曰箕子，實具茲道，以立於世。故孔子述六經之旨，尤殷勤焉。

當紂之時，大道悖亂，天威之動不能戒，聖人之言無所用。進死以併命，誠仁矣，無益吾祀故不爲；委身以存祀，誠仁矣，與亡吾國，故不忍。具是二道，有行之者矣。是用保其明哲，與之俯仰，晦是謨範，辱於囚奴，昏而無邪，隤而不息。故在易曰「箕子之明夷」，正蒙難也。及天命既改，生人以正，乃出大法，用爲聖師，周人得以序彝倫而立大典。故在書曰「以箕子歸，作洪範」，法授聖也。及封朝鮮，推道訓俗，惟德無陋，惟人無遠，用廣殷祀，俾夷爲華，化及民也。率是大道，藂於厥躬，天地變化，我得其正，其大人歟？

於虖！當其周時未至，殷祀未殄，比干已死，微子已去，向使紂惡未稔而自斃，武庚念亂以圖存，國無其人，誰與興理？是固人事之或然者也。然則先生隱忍而爲此，其有志於斯乎？唐某年作廟汲郡，歲時致祀。嘉先生獨列於易象，作是頌云。

捕蛇者說

柳宗元

永州之野產異蛇，黑質而白章，觸草木盡死，以齧人，無禦之者。然得而腊之以爲餌，可以已大風、攣踠、瘻、癘，去死肌，殺三蟲。其始，太醫以王命聚之，歲賦其二，募有能捕之者，當其租入，永之人爭奔走焉。

有蔣氏者，專其利三世矣。問之，則曰：「吾祖死於是，吾父死於是，今吾嗣爲之十二年，幾死者數矣。」言之，貌若甚慼者。余悲之，且曰：「若毒之乎？余將告於蒞事者，更若役，復若賦，則如何？」

蔣氏大戚，汪然出涕曰：「君將哀而生之乎？則吾斯役之不幸，未若復吾賦不幸之甚也。嚮吾不爲斯役，則久已病矣。自吾氏三世居是鄉，積於今六十歲矣，而鄉鄰之生日蹙。殫其地之出，竭其廬之入，號呼而轉徙，飢渴而頓踣，觸風雨，犯寒暑，呼噓毒癘，往往而死者相籍也。曩與吾祖居者，今其室十無一焉；與吾父居者，今其室十無二三焉；與吾居十二年者，今其室十無四五焉，非死則徙爾。而吾以捕蛇獨存。悍吏之來吾鄉，叫囂乎東西，隳突乎南北，嘩然而駭者，雖雞狗不得寧焉。吾恂恂而起，視其缶，而吾蛇尚存，則弛然而臥。謹食之，時而獻焉。退而甘食其土之有，以盡吾齒。蓋一歲之犯死者二焉，其餘則熙熙而樂，豈若吾鄉鄰之旦旦有是哉！今雖死乎此，比吾鄉鄰之死則已後矣，又安敢毒邪？」

余聞而愈悲。孔子曰：「苛政猛於虎也。」吾嘗疑乎是，今以蔣氏觀之，猶信。嗚呼！孰知賦斂之毒，有甚是蛇者乎！故爲之說，以俟夫觀人風者得焉。

種樹郭橐駝傳

柳宗元

郭橐駝，不知始自何名。病僂，隆然伏行，有類橐駝者，故鄉人號之「駝」。駝聞之曰：「甚善，名我固當。」因捨其名，亦自謂橐駝云。其鄉曰豐樂鄉，在長安西。駝業種樹，凡長安豪家富人爲觀遊及賣果者，皆爭迎取養。視駝所種樹，或移[三]徙，無不活，且碩茂蚤實以蕃。他植者雖窺伺傚慕，莫能如也。

有問之，對曰：「橐駝非能使木之壽且孳也，能順木之天，以致其性焉耳。凡植木之性，其本欲舒，其培欲平，其土欲故，其築欲密。既然已，勿動勿慮，去不復顧。其蒔也若子，其置也若棄，則其天者全而其性得矣。故吾不害其長而已，非有能碩而茂之也；不抑耗其實而已，非有能蚤而蕃之也。他植者則不然，根拳而土易，其培之也，若不過焉則不及。苟有能反是者，則又愛之太殷，憂之太勤，旦視而暮撫，已去而復顧。甚者爪其膚以驗其生枯，搖其本以觀其疏密，而木之性日以離矣。雖曰愛之，其實害之；雖曰憂之，其實讎之，故不我若也。吾又何能爲哉？」

問者曰：「以子之道，移之官理可乎？」駝曰：「我知種樹而已，官理非吾業也。然吾居鄉，見長人者好煩其令，若甚憐焉，而卒以禍。旦暮吏來而呼曰：『官命促爾耕，勗爾植，督爾穫。蚤繅而緒，蚤織而縷，字而幼孩，遂而雞豚。』鳴鼓而聚之，擊木而召之。吾小人輟飧饔以勞吏者，且不得暇，又何以蕃吾生而安吾性邪？故病且怠。若是，則與吾業者其亦有類乎？」

問者曰：「嘻，不亦善夫！吾問養樹，得養人術。」傳其事以爲官戒也。

〔二〕觀止作「遷」，據今校本柳宗元集等改。

梓人傳

柳宗元

裴封叔之第在光德里。有梓人款其門，願傭隙宇而處焉。所職尋引、規矩、繩墨，家不居礱斲之器。問其能，曰：「吾善度材，視棟宇之制，高深、圓方、短長之宜，吾指使而羣工役焉。捨我，衆莫能就一宇。故食於官府，吾受祿三倍；作於私家，吾收其直大半焉。」他日，入其室，其牀闕足而不能理，曰：「將求他工。」余甚笑之，謂其無能而貪祿嗜貨者。

其後京兆尹將飾官署，余往過焉。委羣材，會衆工。或執斧斤，或執刀鋸，皆環立嚮之。梓人左持引右執杖而中處焉。量棟宇之任，視木之能，舉揮其杖曰：「斧！」彼執斧者奔而右；顧而指曰：「鋸！」彼執鋸者趨而左。俄而斤者斲、刀者削，皆視其色，俟其言，莫敢自斷者。其不勝任者，怒而退之，亦莫敢慍焉。畫宮於堵，盈尺而曲盡其制，計其毫釐而構大廈，無進退焉。既成，書於上棟，曰「某年某月某日某建」，則其姓字也。凡執用之工不在列。余圜視大駭，然後知其術之工大矣。

繼而歎曰：「彼將捨其手藝，專其心智，而能知體要者歟？吾聞勞心者役人，勞力者役於人，彼其勞心者歟？能者用而智者謀，彼其智者歟？是足爲佐天子、相天下法矣！物莫近乎此也。彼爲天下者本於人。其執役者，爲徒隸，爲鄉師、里胥；其上爲下士；又其上爲中士、爲上士；又其上爲大夫、爲卿、爲公。離而爲六職，判而爲百役。外薄四海，有方伯、連率。郡有守，邑有宰，皆有佐政。其下有胥吏，又其下皆有嗇夫、版尹，以就役焉，猶衆工之各有執伎以食力也。彼佐天子相天下者，舉而加焉，指而使焉，條其綱紀而盈縮焉，齊其法制而整頓焉，猶梓人之有規矩、繩墨以定制也。擇天下之士，使稱其職；居天下之人，使安其業。視都知野，視野知國，視國知天下，其遠邇細大，可手據其圖而究焉，猶梓人畫宮於堵而績於成也。能者進而由之，使無所德；不能者退而休之，亦莫敢慍。不衒能，不矜名，不親小勞，不侵衆官，日與天下之英才討論其大經，猶梓人之善運衆工而不伐藝也。夫然後相道得而萬國理矣。相道既得，萬國既理，天下舉首而望曰：「吾相之功也。」後之人循跡而慕曰：「彼相之才也。」士或談殷、周之理者，曰伊、傅、周、召，其百執事之勤勞而不得紀焉，猶梓人自名其功而執用者不列也。大哉相乎！通是道者，所謂相而已矣。其不知體要者反此：以恪勤爲功，以簿書爲尊，衒能矜名，親小勞，侵衆官，竊取六職百役之事，听听於府庭，而遺其大者遠者焉，所謂不通是道者也。猶梓人而不知繩墨之曲直、規矩之方圓、尋引之短長，姑奪衆工之斧斤刀鋸以佐其藝，又不能備其工，以至敗績用而無所成也。不亦謬歟？

或曰：「彼主爲室者，儻或發其私智，牽制梓人之慮，奪其世守而道謀是用，雖不能成功，豈其罪邪？亦在任之而已。」余曰：不然。夫繩墨誠陳，規矩誠設，高者不可抑而下也，狹者不可張而廣也。由我則固，不由我則圮。彼將樂去固而就圮也，則卷其術，默其智，悠爾而去，不屈吾道，是誠良梓人耳。其或嗜其貨利，忍而不能捨也，喪其制量，屈而不能守也，棟橈屋壞，則曰「非我罪也」，可乎哉，可乎哉？

余謂梓人之道類於相，故書而藏之。梓人，蓋古之審曲面勢者，今謂之都料匠云。余所遇者，楊氏，潛其名。

愚溪詩序

柳宗元

灌水之陽有溪焉，東流入於瀟水。或曰：冉氏嘗居也，故姓是溪爲冉溪。或曰：可以染也，名之以其能，故謂之染溪。余以愚觸罪，謫瀟水上，愛是溪，入二三里，得其尤絕者家焉。古有愚公谷，今余家是溪，而名莫能定，土之居者猶齗齗然，不可以不更也，故更之爲愚溪。

愚溪之上，買小丘爲愚丘。自愚丘東北行六十步，得泉焉，又買居之爲愚泉。愚泉凡六穴，皆出山下平地，蓋上出也。合流屈曲而南，爲愚溝，遂負土累石，塞其隘爲愚池。愚池之東爲愚堂。其南爲愚亭。池之中爲愚島。嘉木異石錯置，皆山水之奇者，以余故，咸以愚辱焉。

夫水，智者樂也。今是溪獨見辱於愚，何哉？蓋其流甚下，不可以灌漑；又峻急，多坻石，大舟不可入也；幽邃淺狹，蛟龍不屑，不能興雲雨。無以利世，而適類於余，然則雖辱而愚之可也。甯武子「邦無道則愚」，智而爲愚者也；顏子「終日不違如愚」，睿而爲愚者也，皆不得爲眞愚。今余遭有道，而違於理，悖於事，故凡爲愚者莫我若也。夫然，則天下莫能爭是溪，余得專而名焉。

溪雖莫利於世，而善鑒萬類，清瑩秀澈，鏘鳴金石，能使愚者喜笑眷慕，樂而不能去也。余雖不合於俗，亦頗以文墨自慰，漱滌萬物，牢籠百態，而無所避之。以愚辭歌愚溪，則茫然而不違，昏然而同歸，超鴻蒙，混希夷，寂寥而莫我知也。於是作八愚詩，紀於溪石上。

永州韋使君新堂記

柳宗元

將爲穹谷嵁巖淵池於郊邑之中，則必輦山石，溝澗壑，凌[一]絕險阻，疲極人力，乃可以有爲也。然而求天作地生之狀，咸無得焉。逸其人，因其地，全其天，昔之所難，今於是乎在。

永州實惟九疑之麓，其始度土者，環山爲城。有石焉，翳於奥草；有泉焉，伏於土塗。蛇[二]虺之所蟠，狸[三]鼠之所游，茂樹惡木，嘉葩毒卉，亂雜而爭植，號爲穢墟。韋公之來既逾月，理甚無事，望其地，且異之。始命芟其蕪，行其塗，積之丘如，蠲之瀏如。既焚既釃，奇勢迭出，清濁辨質，美惡異位。視其植，則清秀敷舒；視其蓄，則溶漾紆餘。怪石森然，周於四隅，或列或跪，或立或仆，竅穴逶邃，堆阜突怒。乃作棟宇，以爲觀游。凡其物類，無不合形輔勢，效伎於堂廡之下。外之連山高原，林麓之崖，間廁隱顯。邇延野綠，遠混天碧，咸會於譙門之內。

已乃延客入觀，繼以宴娛。或贊且賀曰：「見公之作，知公之志。公之因土而得勝，豈不欲因俗以成化？公之擇惡而取美，豈不欲除殘而佑仁？公之蠲濁而流清，豈不欲廢貪而立廉？公之居高以望遠，豈不欲家撫而戶曉？夫然，則是堂也，豈獨草木土石水泉之適歟？山原林麓之觀歟？將使繼公之理者，視其細，知其大也」。宗元請志諸石，措諸壁，編以爲一千石楷法。

〔一〕觀止作「陵」，據今校本柳宗元集改。
〔二〕觀止作「蛇」，據今校本改。
〔三〕觀止作「貍」，據今校本改。

鈷鉧潭西小丘記

柳宗元

得西山後八日，尋山口西北道二百步，又得鈷鉧潭。西二十五步，當湍而浚者爲魚梁。梁之上有丘焉，生竹樹。其石之突怒偃蹇，負土而出，爭爲奇狀者，殆不可數。其嶔然相累而下者，若牛馬之飲於溪；其衝然角列而上者，若熊羆之登於山。丘之小不能一畝，可以籠而有之。問其主，曰：「唐氏之棄地，貨而不售。」問其價，曰：「止四百。」余憐而售之。李深源、元克己時同遊，皆大喜，出自意外。即更取器用，鏟刈穢草，伐去惡木，烈火而焚之。嘉木立，美竹露，奇石顯。由其中以望，則山之高，雲之浮，溪之流，鳥獸之遨遊，舉熙熙然迴巧獻技，以效茲丘之下。枕席而臥，則清泠之狀與目謀，瀯瀯之聲與耳謀，悠然而虛者與神謀，淵然而靜者與心謀。不匝旬而得異地者二，雖古好事之士，或未能至焉。

噫！以茲丘之勝，致之灃、鎬、鄠、杜，則貴游之士爭買者，日增千金而愈不可得。今棄是州也，農夫漁父過而陋之，價四百，連歲不能售。而我與深源、克己獨喜得之，是其果有遭乎！書於石，所以賀茲丘之遭也。

小石城山記

柳宗元

自西山道口徑北，踰黃茅嶺而下，有二道：其一西出，尋之無所得；其一少北而東，不過四十丈，土斷而川分，有積石橫當其垠。其上爲睥睨梁欐之形，其旁出堡塢，有若門焉。窺之正黑，投以小石，洞然有水聲，其響之激越，良久乃已。環之可上，望甚遠，無土壤，而生嘉樹美箭，益奇而堅，其疏數偃仰，類智者所施設也。

噫！吾疑造物者之有無久矣。及是，愈以爲誠有。又怪其不爲之於中州，而列是夷狄，更千百年不得一售其伎，是固勞而無用，神者儻不宜如是，則其果無乎？或曰：「以慰夫賢而辱於此者。」或曰：「其氣之靈不爲偉人，而獨爲是物，故楚之南少人而多石。」是二者，余未信之。

賀進士王參元失火書

柳宗元

得楊八書，知足下遇火災，家無餘儲。僕始聞而駭，中而疑，終乃大喜，蓋將弔而更以賀也。道遠言略，猶未能究知其狀，果若蕩焉泯焉而悉無有，乃吾所以尤賀者也。

足下勤奉養，樂朝夕，惟恬安無事是望也。今乃有焚煬赫烈之虞，以震駭左右，而脂膏滫瀡之具，或以不給，吾是以始而駭也。凡人之言，皆曰盈虛倚伏，去來之不可常。或將大有爲也，乃始厄困震悸，於是有水火之孽，有羣小之慍，勞苦變動，而後能光明，古之人皆然。斯道遼闊誕漫，雖聖人不能以是必信，是故中而疑也。以足下讀古人書，爲文章，善小學，其爲多能若是，而進不能出羣士之上以取顯貴者，蓋無他焉。京城人多言足下家有積貨，士之好廉名者，皆畏忌不敢道足下之善，獨自得之，心蓄之，銜忍而不出諸口，以公道之難明，而世之多嫌也。一出口，則嗤嗤者以爲得重賂。僕自貞元十五年見足下之文章，蓄之者蓋六七年未嘗言。是僕私一身而負公道久矣，非特負足下也。及爲御史尚書郎，自以幸爲天子近臣，得奮其舌，思以發明足下之鬱塞。然時稱道於行列，猶有顧視而竊笑者，僕良恨修己之不亮，素譽之不立，而爲世嫌之所加，常與孟幾道言而痛之。乃今幸爲天火之所滌盪，凡衆之疑慮，舉爲灰埃。黔其廬，赭其垣，以示其無有，而足下之才能乃可顯白而不污。其實出矣，是祝融、回祿之相吾子也。則僕與幾道十年之相知，不若茲火一夕之爲足下譽也。宥而彰之，使夫蓄於心者，咸得開其喙，發策決科者，授子而不慄，雖欲如嚮之蓄縮受侮，其可得乎？於兹吾有望於子！是以終乃大喜也。古者列國有災，同位皆相弔，許不弔災，君子惡之。今吾之所陳若是，有以異乎古，故將弔而更以賀也。顏、曾之養，其爲樂也大矣，又何闕焉？

待漏院記

王禹偁

天道不言，而品物亨，歲功成者，何謂也？四時之吏，五行之佐，宣其氣矣。聖人不言，而百姓親、萬邦寧者，何謂也？三公論道，六卿分職，張其教矣。是知君逸於上，臣勞於下，法乎天也。古之善相天下者，自咎、夔至房、魏，可數也。是不獨有其德，亦皆務於勤耳。況夙興夜寐，以事一人，卿大夫猶然，況宰相乎！

朝廷自國初，因舊制，設宰相待漏院於丹鳳門之右，示勤政也。至若北闕向曙，東方未明，相君啟行煌煌火城。相君至止，噦噦鸞聲。金門未闢，玉漏猶滴。撤蓋下車，於焉以息。

待漏之際，相君其有思乎：其或兆民未安，思所泰之；四夷未附，思所來之；兵革未息，何以弭之；田疇多蕪，何以闢之；賢人在野，我將進之；佞人立朝，我將斥之；六氣不和，災眚薦至，願避位以禳之；五刑未措，欺詐日生，請修德以釐之。憂心忡忡，待旦而入。九門既啓，四聰甚邇。相君言焉，時君納焉。皇風於是乎清夷，蒼生以之而富庶。若然，則總百官，食萬錢，非幸也，宜也。

其或私讎未復，思所逐之；舊恩未報，思所榮之；子女玉帛，何以致之；車馬玩器，何以取之；姦人附勢，我將陟之；直士抗言，我將黜之；三時告災，上有憂色，構巧詞以悅之；羣吏弄法，君聞怨言，進諂容以媚之。私心慆慆，假寐而坐。九門既開，重瞳屢回。相君言焉，時君惑焉。政柄於是乎隳哉，帝位以之而危矣。若然，則死下獄，投遠方，非不幸也，亦宜也。

是知一國之政，萬人之命，懸於宰相，可不慎歟！復有無毀無譽，旅進旅退，竊位而苟祿，備員而全身者，亦無所取焉。棘寺小吏王禹偁爲文請誌院壁，用規於執政者。

黃岡竹樓記

王禹偁

黃岡之地多竹，大者如椽。竹工破之，刳去其節，用代陶瓦，比屋皆然，以其價廉而工省也。

子城西北隅，雉堞圮毀，蓁莽荒穢，因作小樓二間，與月波樓通。遠吞山光，平挹江瀨，幽闃遼敻，不可具狀。夏宜急雨，有瀑布聲；冬宜密雪，有碎玉聲。宜鼓琴，琴調和暢；宜詠詩，詩韻清絕；宜圍棊，子聲丁丁然；宜投壺，矢聲錚錚然：皆竹樓之所助也。

公退之暇，披鶴氅衣，戴華陽巾，手執周易一卷，焚香默坐，消遣世慮。江山之外，第見風帆沙鳥、煙雲竹樹而已。待其酒力醒，茶煙歇，送夕陽，迎素月，亦謫居之勝概也。

彼齊雲、落星，高則高矣！井幹、麗譙，華則華矣！止於貯妓女、藏歌舞，非騷人之事，吾所不取。吾聞竹工云：「竹之爲瓦僅十稔；若重覆之得二十稔。」噫！吾以至道乙未歲自翰林出滁上，丙申移廣陵，丁酉又入西掖，戊戌歲除日，有齊安之命，已亥閏三月到郡。四年之間，奔走不暇；未知明年又在何處。豈懼竹樓之易朽乎！後之人與我同志嗣而葺之，庶斯樓之不朽也。

書洛陽名園記後

李格非

洛陽處天下之中，挾殽、黽之阻，當秦、隴之襟喉，而趙、魏之走集。蓋四方必爭之地也。天下常無事則已，有事則洛陽必先受兵。予故嘗曰：「洛陽之盛衰，天下治亂之候也。」

方唐貞觀、開元之間，公卿貴戚開館列第於東都者，號千有餘邸。及其亂離，繼以五季之酷，其池塘竹樹，兵車蹂蹴，廢而爲丘墟；高亭大榭，煙火焚燎，化而爲灰燼，與唐共滅而俱亡，無餘處矣。予故嘗曰：「園囿之興廢，洛陽盛衰之候也。」且天下之治亂候於洛陽之盛衰而知，洛陽之盛衰候於園囿之興廢而得，則名園記之作，予豈徒然哉。

嗚呼！公卿大夫方進於朝，放乎以一己之私自爲之，而忘天下之治忽，欲退享此得乎？唐之末路是已。

嚴先生祠堂記

范仲淹

先生，光武之故人也。相尚以道，及帝握赤符，乘六龍，得聖人之時，臣妾億兆，天下孰加焉，惟先生以節高之；既而動星象，歸江湖，得聖人之清，泥塗軒冕，天下孰加焉，惟光武以禮下之。在蠱之上九，衆方有爲，而獨「不事王侯，高尚其事」，先生以之；在屯之初九，陽德方亨，而能「以貴下賤，大得民也」，光武以之。蓋先生之心出乎日月之上，光武之量包乎天地之外。微先生不能成光武之大，微光武豈能遂先生之高哉！而使貪夫廉，懦夫立，是有大功於名教也。仲淹來守是邦，始構堂而奠焉。乃復爲其後者四家，以奉祠事。又從而歌曰：雲山蒼蒼，江水泱泱。先生之風，山高水長。

岳陽樓記

范仲淹

慶歷四年春，滕子京謫守巴陵郡。越明年，政通人和，百廢具興，乃重修岳陽樓，增其舊制，刻唐賢、今人詩賦于其上，屬予作文以記之。

予觀夫巴陵勝狀，在洞庭一湖。銜遠山，吞長江，浩浩湯湯，橫無際涯，朝暉夕陰，氣象萬千，此則岳陽樓之大觀也，前人之述備矣。然則北通巫峽，南極瀟湘，遷客騷人，多會於此，覽物之情，得無異乎？

若夫霪雨霏霏，連日不開，陰風怒號，濁浪排空，日星隱耀，山岳潛形，商旅不行，檣傾楫摧，薄暮冥冥，虎嘯猿啼，登斯樓也，則有去國懷鄉，憂讒畏譏，滿目蕭然，感極而悲者矣。

至若春和景明，波瀾不驚，上下天光，一碧萬頃，沙鷗翔集，錦鱗游泳，岸芷汀蘭，郁郁青青；而或長煙一空，皓月千里，浮光躍金，靜影沉璧，漁歌互答，此樂何極，登斯樓也，則有心曠神怡，寵辱皆忘，把酒臨風，其喜洋洋者矣。

嗟夫！予嘗求古仁人之心，或異二者之爲，何哉？不以物喜，不以己悲。居廟堂之高，則憂其民；處江湖之遠，則憂其君。是進亦憂，退亦憂。然則何時而樂耶？其必曰：先天下之憂而憂，後天下之樂而樂歟！噫！微斯人，吾誰與歸！

諫院題名記

司馬光

古者諫無官，自公卿大夫至于工商，無不得諫者。漢興以來，始置官。夫以天下之政，四海之衆，得失利病，萃于一官使言之，其爲任亦重矣。居是官者，當志其大，捨其細。先其急，後其緩，專利國家而不爲身謀。彼汲汲於名者，猶汲汲於利也。其間相去何遠哉！天禧初，眞宗詔置諫官六員，責以職事；慶歷中，錢君始書其名於版，光恐久而漫滅；嘉祐八年，刻著于石。後之人將歷指其名而議之曰：某也忠，某也詐，某也直，某也曲。嗚呼！可不懼哉？

義田記　錢公輔

范文正公，蘇人也，平生好施與，擇其親而貧，疏而賢者，咸施之。方貴顯時，置負郭常稔之田千畝，號曰「義田」，以養濟羣族之人。日有食，歲有衣，嫁娶凶葬皆有贍。擇族之長而賢者主其計，而時其[二]出納焉。日食，人一升。歲衣，人一縑，嫁女者五十千，再嫁者三十千，娶婦者三十千，再娶者十五千，葬者如再嫁之數，葬幼者十千。族之聚者九十口，歲入給稻八百斛；以其所入，給其所聚，沛然有餘而無窮。屏而家居俟代者與焉；仕而居官者罷其[三]給。此其大較也。

初，公之未貴顯也，嘗有志於是矣，而力未逮者二十年。既而爲西帥，及參大政，於是始有祿賜之入，而終其志。公既歿，後世子孫修其業，承其志，如公之存也。公雖位充祿厚，而貧終其身。歿之日，身無以爲斂，子無以爲喪，惟以施貧活族之義，遺其子而已。

昔晏平仲敝車羸馬，桓子曰：「是隱君之賜也。」晏子曰：「自臣之貴，父之族，無不乘車者；母之族，無不足於衣食者；妻之族，無凍餒者；齊國之士，待臣而舉火者，三百餘人。如此而爲隱君之賜乎？彰君之賜乎？」於是齊侯以晏子之觴而觴桓子。予嘗愛晏子好仁，齊侯知賢，而桓子服義也。又愛晏子之仁有等級，而言有次第也：先父族，次母族，次妻族，而後及其疏遠之賢。孟子曰：「親親而仁民，仁民而愛物。」晏子爲近之。今觀文正公之義，賢於平仲，其規模遠舉又疑過之。

嗚呼！世之都三公位，享萬鍾祿，其邸第之雄，車輿之飾，聲色之多，妻孥之富，止乎一己而已；而族之人不得其門而入者[三]，豈少也哉！況於施賢乎！其下爲卿、爲大夫、爲士，廩稍之充，奉養之厚，止乎一己而已；而族之人操壺瓢爲溝中瘠者，又豈少哉？況於他人乎！是皆公之罪人也。公之忠義滿朝廷，事業滿邊隅，功名滿天下，後必有史官書之者，予可略[四]也。獨高其義，因以遺於世云。

〔一〕觀止作「共」，據宋文鑑改。
〔二〕觀止作「莫」，據宋文鑑改。
〔三〕觀止作「不得其門者」，脫「而入」二字，據宋文鑑改。
〔四〕觀止作「無錄」，據宋文鑑改。

袁州州學記

李覯

皇帝二十有三年，制詔州縣立學。惟時守令，有哲有愚。有屈力殫慮，祗順德意；有假官借師，苟具文書。或連數城，亡誦弦聲。倡而不和，教尼不行。

三十有二年，范陽祖君無擇[一]知袁州。始至，進諸生，知學宮闕狀。大懼人材放失，儒效闊疏，無以稱上旨。通判潁川陳君侁，聞而是之，議以克合。相舊夫子廟，陿隘不足改爲，乃營治之東。厥土燥剛，厥位面陽，厥材孔良，殿堂門廡，黝堊丹漆，舉以法，故生師有舍，庖廩有次，百爾器備，並手偕作。工善吏勤，晨夜展力，越明年成，舍菜且有日。盱江李覯諗於衆曰：「惟四代之學，考諸經可見已。秦以山西鏖六國，欲帝萬世，劉氏一呼，而關門不守，武夫健將，賣降恐後，何邪？詩、書之道廢，人惟見利，而不聞義焉耳。孝武乘豐富，世祖出戎行，皆孳孳學術，俗化之厚，延於靈、獻。草茅危言者，折首而不悔；功烈震主者，聞命而釋兵；羣雄相視，不敢去臣位，尚數十年。教道之結人心如此。

今代遭聖神，爾袁得聖君，俾爾由庠序，踐古人之迹。天下治，則譚禮樂以陶吾民；一有不幸，尤當仗大節，爲臣死忠，爲子死孝。使人有所賴，且有所法。是惟朝家教學之意。若其弄筆墨以徼利達而已，豈徒二三子之羞，抑亦爲國者之憂。」

[一] 觀止訛作「無澤」。祖無擇（1011—1084），字擇之，宋蔡州上蔡（今屬河南）人，事蹟具宋史卷三三一本傳。

朋黨論

歐陽脩

臣聞朋黨之說自古有之，惟幸人君辨其君子小人而已。大凡君子與君子以同道爲朋，小人與小人以同利爲朋，此自然之理也。然臣謂小人無朋，惟君子則有之。其故何哉？小人所好者利祿也，所貪者貨財也。當其同利之時，暫相黨引以爲朋者，僞也。及其見利而爭先，或利盡而交疏，則反相賊害，雖其兄弟親戚不能相保。故臣謂小人無朋，其暫爲朋者，僞也。君子則不然。所守者道義，所行者忠信，所惜者名節。以之修身，則同道而相益，以之事國，則同心而共濟，終始如一，此君子之朋也。故爲人君者，但當退小人之僞朋，用君子之眞朋，則天下治矣。

堯之時，小人共工、讙兜等四人爲一朋，君子八元、八愷十六人爲一朋。舜佐堯，退四凶小人之朋，而進元愷君子之朋，堯之天下大治。及舜自爲天子，而皋、夔、稷、契等二十二人並列[三]於朝，更相稱美，更相推讓，凡二十二人爲一朋，而舜皆用之，天下亦大治。書曰：「紂有臣億萬，惟億萬心；周有臣三千，惟一心。」紂之時，億萬人各異心，可謂不爲朋矣，然紂以亡國。周武王之臣，三千人爲一大朋，而周用以興。後漢獻帝時，盡取天下名士囚禁之，目爲黨人。及黃巾賊起，漢室大亂，後方悔悟，盡解黨人而釋之，然已無救矣。唐之晚年，漸起朋黨之論。及昭宗時，盡殺朝之名士，或投之黃河，曰：「此輩清流，可投濁流。」而唐遂亡矣。

夫前世之主，能使人人異心不爲朋，莫如紂；能禁絕善人爲朋，莫如漢獻帝；能誅戮清流之朋，莫如唐昭宗之世。然皆亂亡其國。更相稱美推讓而不自疑，莫如舜之二十二臣，舜亦不疑而皆用之。然而後世不誚舜爲二十二人朋黨所欺，而稱舜爲聰明之聖者，以能辨君子與小人也。周武之世，舉其國之臣三千人共爲一朋，自古爲朋之多且大莫如周。然周用此以興者，善人雖多而不厭也。嗟夫[二]！興亡治亂[三]之迹，爲人君者可以鑒矣。

[一] 觀止作「立」，據校本改。

[二] 觀止作「嗟乎」，據宋文選改，今校本及各集多作「夫」無「嗟」字，文章辨體作「嗟乎夫」。

[三] 觀止作「治亂興亡」倒置，據校本改。

縱囚論

歐陽脩

信義行於君子，而刑戮施於小人。刑入於死者，乃罪大惡極，此又小人之尤甚者也。寧以義死，不苟幸生，而視死如歸，此又君子之尤難者也。方唐太宗之六年，錄大辟囚三百餘人，縱使還家，約其自歸以就死，是以君子之難能，期小人之尤者以必能也。其囚及期而卒自歸無後者，是君子之所難而小人之所易也。此豈近於人情？

或曰：罪大惡極誠小人矣，及施恩德以臨之，可使變而爲君子。蓋恩德入人之深而移人之速，有如是者矣。曰：「太宗之爲此，所以求此名也。然安知夫縱之去也，不意其必來以冀免，所以縱之乎？又安知夫被縱而去也，不意其自歸而必獲免，所以復來乎？夫意其必來而縱之，是上賊下之情也；意其必免而復來，是下賊上之心也。吾見上下交相賊以成此名也，烏有所謂施恩德與夫知信義者哉！不然，太宗施德於天下，於茲六年矣，不能使小人不爲極惡大罪，而一日之恩，能使視死如歸而存信義，此又不通之論也。」

「然則何爲而可？」曰：「縱而來歸，殺之無赦，而又縱之，而又來，則可知爲恩德之致爾。然此必無之事也。若夫縱而來歸而赦之，可偶一爲之耳，若屢爲之，則殺人者皆不死，是可爲天下之常法乎？不可爲常者，其聖人之法乎？是以堯、舜、三王之治，必本於人情，不立異以爲高，不逆情以干譽。」

釋祕演詩集序

歐陽脩

予少以進士游京師，因得盡交當世之賢豪。然猶以謂國家臣一四海，休兵革，養息天下，以無事者四十年，而智謀雄偉非常之士無所用其能者，往往伏而不出，山林屠販必有老死而世莫見者，欲從而求之不可得。其後得吾亡友石曼卿。曼卿爲人廓然有大志，時人不能用其材，曼卿亦不屈以求合。無所放其意，則往往從布衣野老酣嬉淋漓，顛倒而不厭。予疑所謂伏而不見者，庶幾狎而得之，故嘗喜從曼卿游，欲因以陰求天下奇士。

浮屠祕演者，與曼卿交最久，亦能遺外世俗，以氣節相高[三]，二人懽然無所間。曼卿隱於酒，祕演隱於浮屠，皆奇男子也。然喜爲歌詩以自娛。當其極飲大醉，歌吟笑呼，以適天下之樂，何其壯也！一時賢士皆願從其游，予亦時至其室。十年之間，祕演北渡河，東之濟、鄆，無所合，困而歸。曼卿已死，祕演亦老病。嗟夫！二人者，予乃見其盛衰，則余亦將老矣。

夫曼卿詩辭清絕，尤稱祕演之作，以爲雅健有詩人之意。祕演狀貌雄傑，其胸中浩然，既習於佛，無所用，獨其詩可行於世，而懶不自惜。已老，胠其橐，尚得三四百篇，皆可喜者。曼卿死，祕演漠然無所向，聞東南多山水，其巔崖崛峍，江濤洶湧，甚可壯也，遂欲往游焉。足以知其老而志在也。於其將行，爲敘其詩，因道其盛時以悲其衰。

[三] 觀止作「自高」，據校本改。

古文觀止卷十　宋文

梅聖兪詩集序

歐陽脩

予聞世謂詩人少達而多窮，夫豈然哉？蓋世所傳詩者多出於古窮人之辭也。凡士之蘊其所有而不得施於世者，多喜自放於山巔水涯之外。見蟲魚草木風雲鳥獸之狀類，往往探其奇怪。內有憂思感憤之鬱積，其興於怨刺，以道羈臣、寡婦之所歎，而寫人情之難言，蓋愈窮則愈工。然則非詩之能窮人，殆窮者而後工也。

予友梅聖俞，少以蔭補爲吏，累舉進士，輒抑於有司，困於州縣凡十餘年。年今五十，猶從辟書，爲人之佐，鬱其所蓄，不得奮見於事業。其家宛陵，幼習於詩，自爲童子出語已驚其長老。既長，學乎六經仁義之說。其爲文章，簡古純粹，不求苟合於世。世之人徒知其詩而已。然時無賢愚，語詩者必求之聖俞，聖俞亦自以其不得志者，樂於詩而發之。故其平生所作，於詩尤多。世既知之矣，而未有薦於上者。昔王文康公嘗見而歎曰：「二百年無此作矣」！雖知之深，亦不果薦也。若使其幸得用於朝廷，作爲雅頌，以歌詠大宋之功德，薦之淸廟，而追商、周、魯頌之作者，豈不偉歟！奈何使其老不得志，而爲窮者之詩，乃徒發於蟲魚物類、羇愁感歎之言？世徒喜其工，不知其窮之久而將老也，可不惜哉！

聖俞詩既多，不自收拾。其妻之兄子謝景初懼其多而易失也，取其自洛陽至於吳興已〔一〕來所作，次爲十卷。予嘗嗜聖俞詩，而患不能盡得之，遽喜謝氏之能類次也，輒序而藏之。其後十五年，聖俞以疾卒於京師。余既哭而銘之，因索於其家，得其遺稿千餘篇，幷舊所藏，掇其尤者六百七十七篇，爲一十五卷。嗚呼！吾於聖俞詩，論之詳矣，故不復云。

〔一〕觀止作「以」，據校本改。

送楊寘序

歐陽脩

予嘗有幽憂之疾，退而閒居，不能治也。既而學琴於友人孫道滋，受宮聲數引，久而樂之，不知疾之在其體也〔一〕。

夫琴之爲技小矣，及其至也，大者爲宮，細者爲羽。操絃驟作，忽然變之，急者淒然以促，緩者舒然以和。如崩崖裂石，高山出泉，而風雨夜至也；如怨夫寡婦之歎息，雌雄雍雍之相鳴也。其憂深思遠，則舜與文王、孔子之遺音也；悲愁感憤，則伯奇孤子、屈原忠臣之所歎也。喜怒哀樂，動人必深。而純古淡泊，與夫堯舜三代之言語、孔子之文章、易之憂患、詩之怨刺無以異。其能聽之以耳，應之以手，取其和者，道其堙鬱，寫其憂思，則感人之際亦有至者焉。

予友楊君，好學有文，累以進士舉，不得志。及從廕調為尉於劍浦，區區在東南數千里外，是其心固有不平者。且少又多疾，而南方少醫藥，風俗飲食異宜。以多疾之體，有不平之心，居異宜之俗，其能鬱鬱以久乎？然欲平其心以養其疾，於琴亦將有得焉。故予作琴說以贈其行，且邀道滋酌酒進琴以為別。

〔二〕觀止作「不知其疾之在體也」，據校本改。

五代史伶官傳序

歐陽脩

嗚呼，盛衰之理，雖曰天命，豈非人事哉！原莊宗之所以得天下，與其所以失之者，可以知之矣。世言晉王之將終也，以三矢賜莊宗而告之曰：「梁，吾仇也，燕王吾所立，契丹與吾約為兄弟，而皆背晉以歸梁。此三者，吾遺恨也。與爾三矢，爾其無忘乃父之志！」莊宗受而藏之于廟。其後用兵，則遣從事以一少牢告廟，請其矢，盛以錦囊，負而前驅，及凱旋而納之。方其係燕父子以組，函梁君臣之首，入于太廟，還矢先王而告以成功，其意氣之盛，可謂壯哉！及仇讎已滅，天下已定，一夫夜呼，亂者四應，蒼皇東出，未及見賊而士卒離散，君臣相顧，不知所歸，至於誓天斷髮，泣下沾襟，何其衰也！豈得之難而失之易歟？抑本其成敗之迹而皆自於人歟？書曰：「滿招損，謙得益。」憂勞可以興國，逸豫可以亡[三]身，自然之理也。故方其盛也，舉天下之豪傑莫能與之爭；及其衰也，數十伶人困之，而身死國滅，為天下笑。夫禍患常積於忽微，而智勇多困於所溺，豈獨伶人也哉！

[三] 觀止作「忘」，據新五代史改。

五代史宦者傳論

歐陽脩

自古宦者亂人之國，其源深於女禍。女，色而已；宦者之害，非一端也。蓋其用事也近而習，其為心也專而忍。能以小善中人之意，小信固人之心，使人主必信而親之。待其已信，然後懼以禍福而把持之。雖有忠臣碩士列于朝廷，而人主以為去己疏遠，不若起居飲食、前後左右之親為可恃也。故前後左右者日益親，則忠臣碩士日益疏，而人主之勢日益孤。勢孤，則懼禍之心日益切，而把持者日益牢。安危出其喜怒，禍患伏於帷闥，則嚮之所謂可恃者，乃所以爲患也。患已深而覺之，欲與疏遠之臣圖左右之親近，緩之則養禍而益深，急之則挾人主以爲質，雖有聖智不能與謀，謀之而不可爲，爲之而不可成，至其甚，則俱傷而兩敗。故其大者亡國，其次亡身，而使姦豪得借以爲資而起，至抉其種類，盡殺以快天下之心而後已。此前史所載宦者之禍常如此者，非一世也。夫爲人主者，非欲養禍於內而疏忠臣碩士於外，蓋其漸積而勢使之然也。夫女色之惑，不幸而不悟，則禍斯及矣；使其一悟，捽而去之可也。宦者之爲禍，雖欲悔悟，而勢有不得而去也，唐昭宗之事是已。故曰「深於女禍」者，謂此也。可不戒哉！

相州晝錦堂記

歐陽脩

仕宦而至將相，富貴而歸故鄉，此人情之所榮，而今昔之所同也。蓋士方窮時，困阨閭里，庸人孺子皆得易而侮之，若季子不禮於其嫂，買臣見棄於其妻。一旦高車駟馬，旗旄導前而騎卒擁後，夾道之人相與駢肩累跡，瞻望咨嗟，而所謂庸夫愚婦者奔走駭汗，羞愧俯伏，以自悔罪於車塵馬足之間。此一介之士得志當時，而意氣之盛，昔人比之衣錦之榮者也。

惟大丞相魏國公則不然。公，相人也。世有令德，爲時名卿。自公少時，已擢高科，登顯仕，海內之士聞下風而望餘光者，蓋亦有年矣。所謂將相而富貴，皆公所宜素有，非如窮阨之人僥倖得志於一時，出於庸夫愚婦之不意，以驚駭而誇耀之也。然則高牙大纛不足爲公榮，桓圭袞冕不足爲公貴。惟德被生民而功施社稷，勒之金石，播之聲詩，以耀後世而垂無窮，此公之志，而士亦以此望於公也。豈止誇一時而榮一鄉哉！

公在至和中，嘗以武康之節來治於相，乃作晝錦之堂於後圃。既又刻詩於石，以遺相人。其言以快恩讎、矜名譽爲可薄，蓋不以昔人所誇者爲榮，而以爲戒。於此見公之視富貴爲何如，而其志豈易量哉！故能出入將相，勤勞王家，而夷險一節。至於臨大事，決大議，垂紳正笏，不動聲氣，而措天下於泰山之安，可謂社稷之臣矣。其豐功盛烈，所以銘彝鼎而被絃歌者，乃邦家之光，非閭里之榮也。

余雖不獲登公之堂，幸嘗竊誦公之詩，樂公之志有成，而喜爲天下道也，於是乎書。

豐樂亭記

歐陽脩

脩既治滁之明年夏，始飲滁水而甘，問諸滁人，得於州南百步之近。其上豐山聳然而特立，下則幽谷窈然而深藏，中有清泉滃然而仰出。俯仰左右，顧而樂之。於是疏泉鑿石，闢地以爲亭，而與滁人往遊於其間。

滁於五代干戈之際，用武之地也。昔太祖皇帝嘗以周師破李景兵十五萬於清流山下，生擒其將皇甫暉、姚鳳於滁東門之外，遂以平滁。脩嘗考其山川，按其圖記，升高以望清流之關，欲求暉、鳳就擒之所，而故老皆無在者。蓋天下之平久矣。自唐失其政，海內分裂，豪傑並起而爭，所在爲敵國者，何可勝數！及宋受天命，聖人出而四海一。嚮之憑恃險阻，剗削消磨，百年之間，漠然徒見山高而水清。欲問其事，而遺老盡矣。

今滁介於[二]江、淮之間，舟車商賈、四方賓客之所不至，民生不見外事，而安於畎畝衣食，以樂生送死。而孰知上之功德，休養生息，涵煦百年之深也。脩之來此，樂其地僻而事簡，又愛其俗之安閒。既得斯泉於山谷之間，乃日與滁人仰而望山，俯而聽泉，掇幽芳而蔭喬木，風霜冰雪，刻露清秀，四時之景，無不可愛。又幸其民樂其歲物之豐成，而喜與予遊也。因爲本其山川，道其風俗之美，使民知所以安此豐年之樂者，幸生無事之時也。夫宣上恩德，以與民共樂，刺史之事也，遂書以名其亭焉。

[二] 觀止脱「於」字，誤植下文，作「涵煦於百年」，據校本改。

醉翁亭記

歐陽脩

環滁皆山也。其西南諸峰，林壑尤美。望之蔚然而深秀者，瑯琊也。山行六七里，漸聞水聲潺潺，而瀉出於兩峰之間者，釀泉也。峰回路轉，有亭翼然臨於泉上者，醉翁亭也。作亭者誰？山之僧智仙也。名之者誰？太守自謂也。太守與客來飲於此，飲少輒醉，而年又最高，故自號曰「醉翁」也。醉翁之意不在酒，在乎山水之間也。山水之樂，得之心而寓之酒也。

若夫日出而林霏開，雲歸而巖穴暝，晦明變化者，山間之朝暮也。野芳發而幽香，佳木秀而繁陰，風霜高潔，水落而石出者，山間之四時也。朝而往，暮而歸，四時之景不同，而樂亦無窮也。

至於負者歌於塗，行者休於樹，前者呼，後者應，傴僂提攜，往來而不絕者，滁人遊也。臨溪而漁，溪深而魚肥，釀泉爲酒，泉香而酒洌。山肴野蔌，雜然而前陳者，太守宴也。宴酣之樂，非絲非竹，射者中，弈者勝，觥籌交錯，起坐而諠譁者，衆賓懽也。蒼顏白髮，頹然乎其間者，太守醉也。

已而夕陽在山，人影散亂，太守歸而賓客從也。樹林陰翳，鳴聲上下，遊人去而禽鳥樂也。然而禽鳥知山林之樂，而不知人之樂；人知從太守遊而樂，而不知太守之樂其樂也。醉能同其樂，醒能述以文者，太守也。太守謂誰？廬陵歐陽脩也。

秋聲賦

歐陽脩

歐陽子方夜讀書，聞有聲自西南來者，悚然而聽之，曰：「異哉！」初淅瀝以蕭颯，忽奔騰而砰湃，如波濤夜驚，風雨驟至。其觸於物也，鏦鏦錚錚，金鐵皆鳴。又如赴敵之兵，銜枚疾走，不聞號令，但聞人馬之行聲。予謂童子：「此何聲也？汝出視之。」童子曰：「星月皎潔，明河在天，四無人聲，聲在樹間。」

予曰：「噫嘻悲哉！此秋聲也。胡爲乎[三]來哉？蓋夫秋之爲狀也：其色慘淡，煙霏雲斂；其容清明，天高日晶；其氣慄冽，砭人肌骨；其意蕭條，山川寂寥。故其爲聲也，淒淒切切，呼號奮發。豐草綠縟而爭茂，佳木葱蘢而可悅，草拂之而色變，木遭之而葉脫。其所以摧敗零落者，乃其一氣之餘烈。夫秋，刑官也，於時爲陰；又兵象也，於行爲金。是謂天地之義氣，常以肅殺而爲心。天之於物，春生秋實。故其在樂也，商聲主西方之音，夷則爲七月之律。商，傷也，物既老而悲傷；夷，戮也，物過盛而當殺。

「嗟夫！草木無情，有時飄零。人爲動物，惟物之靈，百憂感其心，萬事勞其形，有動於中，必搖其精。而況思其力之所不及，憂其智之所不能，宜其渥然丹者爲槁木，黟然黑者爲星星。奈何非金石之質，欲與草木而爭榮？念誰爲之戕賊，亦何恨乎秋聲！」

童子莫對，垂頭而睡。但聞四壁蟲聲唧唧，如助予之歎息。

[三] 校本作「而」。

祭石曼卿文

歐陽脩

維治平四年七月日，具官歐陽脩謹遣尚書都省令史李敭至於太清，以清酌庶羞之奠，致祭於亡友曼卿之墓下，而弔之以文曰：

嗚呼曼卿！生而爲英，死而爲靈。其同乎萬物生死而復歸於無物者，暫聚之形；不與萬物俱盡而卓然其不朽者，後世之名。此自古聖賢莫不皆然，而著在簡冊者昭如日星。

嗚呼曼卿！吾不見子久矣，猶能髣髴子之平生。其軒昂磊落，突兀崢嶸，而埋藏於地下者，意其不化爲朽壤，而爲金玉之精。不然，生長松之千尺，產靈芝而九莖。奈何荒煙野蔓，荊棘縱橫，風凄露下，走燐飛螢。但見牧童樵叟，歌吟而上下，與夫驚禽駭獸，悲鳴躑躅而咿嚶。今固如此，更千秋而萬歲兮，安知其不穴藏狐貉與鼯鼪？此自古聖賢亦皆然兮，獨不見夫纍纍乎曠野與荒城？

嗚呼曼卿！盛衰之理，吾固知其如此，而感念疇昔，悲涼悽愴，不覺臨風而隕涕者，有愧乎[三]太上之忘情。尚饗！

[三] 觀止作「夫」，據校本改。

瀧岡阡表

歐陽脩

嗚呼！惟我皇考崇公，卜吉于瀧岡之六十年，其子脩始克表於其阡。非敢緩也，蓋有待也。

脩不幸，生四歲而孤。太夫人守節自誓，居窮自力於衣食，以長以教，俾至於成人。太夫人告之曰：「汝父爲吏廉，而好施與，喜賓客。其俸祿雖薄，常不使有餘，曰『毋以是爲我累』。故其亡也，無一瓦之覆、一壟之植以庇而爲生。吾何恃而能自守耶？吾於汝父，知其一二，以有待於汝也。自吾爲汝家婦，不及事吾姑，然知汝父之能養也。汝孤而幼，吾不能知汝之必有立，然知汝父之必將有後也。吾之始歸也，汝父免於母喪方逾年。歲時祭祀，則必涕泣曰：『祭而豐不如養之薄也。』間御酒食，則又涕泣曰：『昔常不足而今有餘，其何及也！』吾始一二見之，以爲新免於喪適然耳。既而其後常然，至其終身未嘗不然。吾雖不及事姑，而以此知汝父之能養也。汝父爲吏，嘗夜燭治官書，屢廢而歎。吾問之，則曰：『此死獄也，我求其生不得爾。』吾曰：『生可求乎？』曰：『求其生而不得，則死者與我皆無恨也，矧求而有得耶？以其有得，則知不求而死者有恨也。夫常求其生猶失之死，而世常求其死也。』回顧乳者抱汝而立於旁，因指而歎曰：『術者謂我歲行在戌將死，使其言然，吾不及見兒之立也，後當以我語告之。』其平居教他子弟，常用此語，吾耳熟焉，故能詳也。其施於外事，吾不能知；其居於家無所矜飾，而所爲如此，是眞發於中者耶。嗚呼！其心厚於仁者耶，此吾知汝父之必將有後也。汝其勉之！夫養不必豐，要於孝；利雖不得博於物，要其心之厚於仁。吾不能教汝，此汝父之志也。」脩泣而志之不敢忘。

先公少孤力學，咸平三年進士及第，爲道州判官，泗、綿二州推官，又爲泰州判官。享年五十有九，葬沙溪之瀧岡。太夫人姓鄭氏，考諱德儀，世爲江南名族。太夫人恭儉仁愛而有禮，初封福昌縣太君，進封樂安、安康、彭城三郡太君。自其家少微時，治其家以儉約，其後常不使過之，曰：「吾兒不能苟合於世，儉薄所以居患難也。」其後脩貶夷陵，太夫人言笑自若，曰：「汝家故貧賤也，吾處之有素矣，汝能安之，吾亦安矣。」

自先公之亡二十年，脩始得祿而養。又十有二年，列官於朝，始得贈封其親。又十年，脩爲龍圖閣直學士、尚書吏部郎中，留守南京。太夫人以疾終於官舍，享年七十有二。又八年，脩以非才入副樞密，遂參政事。又七年而罷。自登二府，天子推恩，褒其三世。故自嘉祐以來，逢國大慶，必加寵錫。皇曾祖府君累贈金紫光祿大夫、太師、中書令。曾祖妣累封楚國太夫人。皇祖府君累贈金紫光祿大夫、太師、中書令兼尚書令。祖妣累封吳國太夫人。皇考崇公累贈金紫光祿大夫、太師、中書令兼尚書令。皇妣累封越國太夫人。今上初郊，皇考賜爵爲崇國公，太夫人進號魏國。

於是小子脩泣而言曰：「嗚呼！爲善無不報，而遲速有時，此理之常也。惟我祖考，積善成德，宜享其隆，雖不克有於其躬，而賜爵受封，顯榮褒大，實有三朝之錫命。是足以表見於後世，而庇賴其子孫矣。」乃列其世譜，具刻於碑。既又載我皇考崇公之遺訓，太夫人之所以教而有待於脩者，並揭於阡，俾知夫小子脩之德薄能鮮，遭世竊位，而幸全大節不辱其先者，其來有自。

熙寧三年歲次庚戌四月辛酉朔十有五日乙亥，男推誠保德崇仁翊戴功臣、觀文殿學士、特進、行兵部尚書、知青州軍州事、兼管內勸農使、充京東東[二]路安撫使、上柱國、樂安郡開國公、食邑四千三百戶食實封一千二百戶脩表。

[二] 觀止脫一「東」字，據校本改。

管仲論

蘇洵

管仲相桓公[一]，霸諸侯，攘戎狄[二]，終其身齊國富強，諸侯敢不叛。管仲死，豎刁、易牙、開方用，桓公薨於亂，五公子爭立，其禍蔓延，訖簡公，齊無寧歲。

夫功之成，非成於成之日，蓋必有所由起；禍之作，不作於作之日，亦必有所由兆。則[三]齊之治也，吾不曰管仲，而曰鮑叔；及其亂也，吾不曰豎刁、易牙、開方，而曰管仲。何則？豎刁、易牙、開方三子，彼固亂人國者，顧其用之者，桓公也。夫有舜而後知放四凶，有仲尼而後知去少正卯。彼桓公何人也？顧其使桓公得用三子者，管仲也。仲之疾也，公問之相。當是時也，吾[四]以仲且舉天下之賢者以對。而其言乃不過曰豎刁、易牙、開方三子非人情，不可近而已。嗚呼！仲以爲桓公果能不用三子矣乎？仲與桓公處幾年矣，亦知桓公之爲人矣乎？桓公聲不絕於耳，色不絕於目，而非三子者則無以遂其欲。彼其初之所以不用者，徒以有仲焉耳。一日無仲，則三子者，可以彈冠而相慶矣。仲以爲將死之言，可以縶桓公之手足耶？夫齊國不患有三子，而患無仲。有仲則三子者，三匹夫耳。不然，天下豈少三子之徒？雖桓公幸而聽仲，誅此三人，而其餘者，仲能悉數而去之耶？嗚呼！仲可謂不知本者矣！因桓公之問，舉天下之賢者以自代，則仲雖死，而齊國未爲無仲也，夫何患？三子者不言可也。

五伯莫盛於桓、文。文公之才不過桓公，其臣又皆不及仲。靈公之虐不如孝公之寬厚，文公死，諸侯不敢叛晉，晉襲文公之餘威，得爲諸侯之盟主者百有餘年。何者？其君雖不肖，而尚有老成人焉。桓公之薨也，一亂塗地。無惑也，彼獨恃一管仲，而仲則死矣。夫天下未嘗無賢者，蓋有有臣而無君者矣。桓公在焉，而曰天下不復有管仲者，吾不信也。仲之書有記其將死，論鮑叔、賓胥無之爲人，且各疏其短，是其心以爲是數子者皆不足以託國，而又逆知其將死，則其書誕謾不足信也。

吾觀史鰌以不能進蘧伯玉而退彌子瑕，故有身後之諫；蕭何且死，舉曹參以自代：大臣之用心，固宜如此也。夫國以一人興，以一人亡，賢者不悲其身之死，而憂其國之衰。

故必復有賢者而後可以死。彼管仲者，何以死哉！

〔二〕觀止所從避宋欽宗諱，作「威公」，下同。嘉祐集箋注校：「桓」字影宋本缺末筆作「桓」，經進本作「威」，均避宋諱；二黃本沿之，作「威」。

〔三〕觀止作「夷狄」，文章軌範同，據嘉祐集改。

〔三〕觀止作「故」，文章軌範同，據嘉祐集改。

〔四〕觀止「吾」下有「意」字，文章軌範同，據嘉祐集刪。

蘇洵〔一〕　辨姦論

事有必至，理有固然，惟天下之靜者乃能見微而知著。月暈而風，礎潤而雨，人人知之。人事之推移，理勢之相因，其疎闊而難知，變化而不可測者，孰與天地陰陽之事，而賢者有不知，其故何也？好惡亂其中而利害奪其外也。

昔者山巨源見王衍曰：「誤天下蒼生者，必此人也。」郭汾陽見盧杞曰：「此人得志，吾子孫無遺類矣。」自今而言之，其理固有可見者。以吾觀之，王衍之爲人，容貌言語固有以欺世而盜名者，然不忮不求，與物浮沉，使晉無惠帝，僅得中主，雖衍百千，何從而亂天下乎？盧杞之姦，固足以敗國，然而不學無文，容貌不足以動人，言語不足以眩世，非德宗之鄙暗，亦何從而用之？由是言之，二公之料二子，亦容有未必然也。

今有人口誦孔、老之言，身履夷、齊之行，收召好名之士、不得志之人，相與造作言語，私立名字，以爲顏淵、孟軻復出，而陰賊險狠與人異趣，是王衍、盧杞合而爲一人也，其禍豈可勝言哉？夫面垢不忘洗，衣垢不忘澣，此人之至情也。今也不然，衣臣虜之衣，食犬彘之食，囚首喪面而談詩、書，此豈其情也哉？凡事之不近人情者，鮮不爲大姦慝，豎刁、易牙、開方是也。以蓋世之名而濟其未形之患，雖有願治之主、好賢之相，猶將舉而用之，則其爲天下患必然而無疑者，非特二子之比也。

孫子曰：「善用兵者無赫赫之功。」使斯人而不用也，則吾言爲過，而斯人有不遇之歎，孰知其禍之至於此哉？不然，天下將被其禍，而吾獲知言之名，悲夫！

〔二〕疑僞託。

心術　　蘇洵

爲將之道，當先治心，泰山崩於前而色不變，麋鹿興於左而目不瞬，然後可以制利害，可以待敵。

凡兵上義；不義，雖利勿動。非一動之爲害，而他日將有所不可措手足也。夫惟義可以怒士，士以義怒，可與百戰。

凡戰之道，未戰養其財，將戰養其力，既戰養其氣，既勝養其心。謹烽燧，嚴斥堠，使耕者無所顧忌，所以養其財；豐犒而優游之，所以養其力；小勝益急，小挫益厲，所以養其氣；用人不盡其所欲爲，所以養其心。故士常蓄其怒、懷其欲而不盡。怒不盡則有餘勇，欲不盡則有餘貪，故雖幷天下而士不厭兵。此黃帝之所以七十戰而兵不殆也。不養其心，一戰而勝，不可用矣。

凡將欲智而嚴，凡士欲愚。智則不可測，嚴則不可犯，故士皆委己而聽命，夫安得不愚？夫惟士愚，而後可與之皆死。

凡兵之動，知敵之主，知敵之將，而後可以動於險。鄧艾縋兵於蜀中，非劉禪之庸則百萬之師可以坐縛。彼固有所侮而動也。故古之賢將，能以兵嘗敵，而又以敵自嘗，故去就可以決。

凡主將之道，知理而後可以舉兵，知勢而後可以加兵，知節而後可以用兵。知理則不屈，知勢則不沮，知節則不窮。見小利不動，見小患不避，小利小患不足以辱吾技也，夫然後可以支大利大患。夫惟養技而自愛者，無敵於天下。故一忍可以支百勇，一靜可以制百動。

兵有長短，敵我一也。敢問吾之所長，吾出而用之，彼將不與吾校；吾之所短，吾蔽而置之，彼將強與吾角，奈何？曰：吾之所短，吾抗而暴之，使之疑而卻；吾之所長，吾陰而養之，使之狎而墮其中。此用長短之術也。

善用兵者，使之無所顧、有所恃。無所顧，則知死之不足惜；有所恃，則知不至於必敗。尺箠當猛虎，奮呼而操擊；徒手遇蜥蜴，變色而卻步：人之情也。知此者，可以將矣。袒裼而按劍，則烏獲不敢逼；冠冑衣甲，據兵而寢，則童子彎弓殺之矣。故善用兵者，以形固。夫能以形固，則力有餘矣。

張益州畫像記

蘇洵

至和元年秋，蜀人傳言有寇至邊，邊軍夜呼[一]，野無居人，妖言流聞，京師震驚。方命擇帥，天子曰：「毋養亂，毋助變。衆言朋興，朕志自定。外亂不作[二]，變且中起。不可以文令[三]，又不可以武競，惟朕一二大吏，孰爲能處茲文武之間，其命往撫朕師？」乃推曰：「張公方平其人。」天子曰：「然。」公以親辭，不可，遂行。冬十一月至蜀。至之日，歸屯軍，撤守備，使謂郡縣：「寇來在吾，無爾勞苦。」明年正月朔旦，蜀人相慶如他日，遂以無事。

又明年正月，相告留公像於淨衆寺，公不能禁。眉陽蘇洵言於衆曰：「未亂，易治也；既亂，易治也。有亂之萌，無亂之形，是謂將亂。將亂難治，不可以有亂急，亦不可以無亂弛。是惟元年之秋，如器之攲，未墜於地。惟爾張公，安坐於其旁，顏色不變，徐起而正之。既正，油然而退，無矜容，爲天子牧小民不倦。惟爾張公，爾繄以生，惟爾父母。且公嘗爲我言：『民無常性，惟上所待。人皆曰蜀人多變，於是待之以待盜賊之意，而繩之以繩盜賊之法，重足屏息之民，而以碪斧令。於是民始忍以其父母妻子之所仰賴之身，而棄之於盜賊，故每每大亂。夫約之以禮，驅之以法，惟蜀人爲易。至於急之而生變，雖齊、魯亦然。吾以齊、魯待蜀人，而蜀人亦自以齊、魯之人待其身。若夫肆意於法律之外，以威劫齊民，吾不忍爲也。』嗚呼！愛蜀人之深，待蜀人之厚，自公而前，吾未始見也。」皆再拜稽首曰：「然。」蘇洵又曰：「公之恩在爾心，爾死在爾子孫，其功業在史官，無以像爲也。且公意不欲，如何？」皆曰：「公則何事於斯？雖然，於我心有不釋焉。今夫平居聞一善，必問其人之姓名與其鄰里之所在，以至於其長短大小美惡之狀，甚者或詰其平生所嗜好，以想見其爲人，而史官亦書之於其傳。意使天下之人，思之於心，則存之於目。存之於目，故其思之於心也固。由此觀之，像亦不爲無助。」蘇洵無以詰，遂爲之記。

公，南京人，爲人慷慨有大節，以度量雄天下。天下有大事，公可屬。系之以詩曰：

天子在祚，歲在甲午。西人傳言，有寇在垣。庭有武臣，謀夫如雲。天子曰嘻，
命我張公。公來自東，旗纛舒舒。西人聚觀，于巷于途。謂公暨暨，公來于于。
公謂西人：安爾室家，無敢或訛。訛言不祥，往即爾常。春爾條桑，秋爾滌場。
西人稽首，公我父兄。公在西囿，草木駢駢。公宴其僚，伐鼓淵淵。西人來觀，
祝公萬年。有女娟娟，閨闥閑閑。有童哇哇，亦既能言。昔公未來，期汝棄捐。
禾麻芃芃，倉庾崇崇。嗟我婦子，樂此歲豐。公在朝廷，天子股肱。天子曰歸，

公敢不承？作堂嚴嚴，有廡有庭。公像在中，朝服冠纓。西人相告，無敢逸荒。公歸京師，公像在堂。

〔一〕觀止「寇至」下重「邊」字，一屬上讀，作「有寇至邊，邊軍夜呼」，崇古文訣、方與覽勝同。據嘉祐集刪。

〔二〕觀止作「足」，據各本改。

〔三〕觀止「不可以文令」上有「既」字，崇古文訣方與覽勝同，據嘉祐集刪。

刑賞忠厚之至論

蘇軾

堯、舜、禹、湯、文、武、成、康之際，何其愛民之深，憂民之切，而待天下以君子長者之道也。有一善，從而賞之，又從而詠歌嗟歎之，所以樂其始而勉其終。有一不善，從而罰之，又從而哀矜懲創之，所以棄其舊而開其新。故其吁俞之聲，歡休慘戚，見於虞、夏、商、周之書。成、康既沒，穆王立，而周道始衰。然猶命其臣呂侯，而告之以祥刑。其言憂而不傷，威而不怒，慈愛而能斷，惻然有哀憐無辜之心，故孔子猶有取焉。

傳曰：「賞疑從與，所以廣恩也。罰疑從去，所以慎刑也。」當堯之時，皋陶爲士，將殺人，皋陶曰「殺之三」，堯曰「宥之三」，故天下畏皋陶執法之堅，而樂堯用刑之寬。四岳曰

「鯀可用」，堯曰「不可，鯀方命圮族」，既而曰「試之」。何堯之不聽皋陶之殺人，而從四岳之用鯀也？然則聖人之意，蓋亦可見矣。書曰：「罪疑惟輕，功疑惟重，與其殺不辜，寧失不經。」嗚呼，盡之矣。可以賞，可以無賞，賞之過乎仁。可以罰，可以無罰，罰之過乎義。過乎仁，不失爲君子；過乎義，則流而入於忍人。故仁可過也，義不可過也。古者賞不以爵祿，刑不以刀鋸。賞以爵祿，是賞之道，行於爵祿之所加，而不行於爵祿之所不加也。刑之以刀鋸，是刑之威，施於刀鋸之所及，而不施於刀鋸之所不及也。先王知天下之善不勝賞，而爵祿不足以勸也，知天下之惡不勝刑，而刀鋸不足以裁也，是故疑則舉而歸之於仁，以君子長者之道待天下，使天下相率而歸於君子長者之道，故曰忠厚之至也。

詩曰：「君子如祉，亂庶遄已。君子如怒，亂庶遄沮。」夫君子之已亂，豈有異術哉？時其喜怒，而無失乎仁而已矣。春秋之義，立法貴嚴，而責人貴寬。因其褒貶之義以制賞罰，亦忠厚之至也。

范增論

蘇軾

漢用陳平計，間疏楚君臣。項羽疑范增與漢有私，稍奪其權。增大怒曰：「天下事大定矣，君王自爲之，願賜骸骨歸卒伍！」歸未至彭城，疽發背死。

蘇子曰：增之去，善矣，不去，羽必殺增，獨恨其不早耳。然則當以何事去？增勸羽殺沛公，羽不聽，終以此失天下：當於是去耶？曰：否。增之欲殺沛公，人臣之分也，羽之不殺，猶有君人之度也，增曷爲以此去哉？易曰：「知幾其神乎」，詩曰：「相彼雨雪，先集維霰。」增之去，當以羽殺卿子冠軍時也。陳涉之得民也，以項燕、扶蘇；項氏之興也，以立楚懷王孫心。而諸侯叛之也，以弑義帝也。且義帝之立，增爲謀主矣，義帝之存亡，豈獨爲楚之盛衰，亦增之所與同禍福也，未有義帝亡而增獨能久存者也。羽之殺卿子冠軍也，是弑義帝之兆也。其弑義帝，則疑增之本也，豈必待陳平哉！物必先腐也而後蟲生之，人必先疑也而後讒入之，陳平雖智，安能間無疑之主哉？吾嘗論義帝，天下之賢主也。獨遣沛公入關而不遣項羽，識卿子冠軍於稠人之中，而擢以爲上將，不賢而能如是乎？羽既矯殺卿子冠軍，義帝必不能堪，非羽殺帝，則帝殺羽，不待智者而後知也。增始勸項梁立義帝，諸侯以此服從，中道而弑之，非增之意也。夫豈獨非其意，將必力爭而不聽也。不用其言，殺其所立，羽之疑增必自是始矣。方羽殺卿子冠軍，增與羽比肩而事義帝，君臣之分未定也。爲增計者，力能誅羽則誅之，不能則去之，豈不毅然大丈夫也哉？增年已七十，合則留，不合則去，不以此時明去就之分，而欲依羽以成功名，陋矣。雖然，增，高帝之所畏也，增不去，項羽不亡。嗚呼，增亦人傑也哉！

留侯論

蘇軾

古之所謂豪傑之士者，必有過人之節。人情有所不能忍者，匹夫見辱，拔劍而起，挺身而鬭，此不足為勇也。天下有大勇者，卒然臨之而不驚，無故加之而不怒，此其所挾持者甚大，而其志甚遠也。

夫子房授書於圯上之老人也，其事甚怪，然亦安知其非秦之世有隱君子者出而試之？觀其所以微見其意者，皆聖賢相與警戒之義，而世不察，以為鬼物，亦已過矣。且其意不在書。

當韓之亡，秦之方盛也，以刀鋸鼎鑊待天下之士，其平居無罪[三]夷滅者，不可勝數。雖有賁、育，無所復[三]施。夫持法太急者，其鋒不可犯，而其勢未可乘。子房不忍忿忿之心，以匹夫之力，而逞於一擊之間。當此之時，子房之不死者，其間不能容髮，蓋亦已危矣。千金之子，不死於盜賊。何者？其身之可愛[三]，而盜賊之不足以死也。子房以蓋世之才，不為伊尹、太公之謀，而特出於荊軻、聶政之計，以僥幸於不死，此固圯上老人所為深惜者也。是故倨傲鮮腆而深折之。彼其能有所忍也，然後可以就大事。故曰：「孺子可教也。」

楚莊王伐鄭，鄭伯肉袒牽羊以迎。莊王曰：「其君[四]能下人，必能信用其民矣。」遂舍之。勾踐之困於會稽，而歸臣妾於吳者，三年而不倦。且夫有報人之志，而不能下人者，是匹夫之剛也。夫老人者，以為子房才有餘，而憂其度量之不足，故深折其少年剛銳之氣，使之忍小忿而就大謀。何則？非有平生之素，卒然相遇於草野之間，而命以僕妾之役，油然而不怪者，此固秦皇之所不能驚，而項籍之所不能怒也。

觀夫高祖之所以勝，而項籍之所以敗者，在能忍與不能忍之間而已矣。項籍惟不能忍，是以百戰百勝，而輕用其鋒。高祖忍之，養其全鋒而待其弊，此子房教之也。當淮陰破齊而欲自王，高祖發怒，見於詞色。由此觀之，猶有剛強不能忍之氣[五]，非子房其誰全之？

太史公疑子房以爲魁梧奇偉，而其狀貌乃如婦人女子，不稱其志氣。嗚呼，此其所以爲子房歟！

[一] 觀止作「事」，文章軌範同，據各本改。
[二] 觀止作「獲」，據各本改。
[三] 觀止「其身」下無「之」字，文章軌范、文章辨體彙選同，據各本補。
[四] 觀止作「主」，據各本改。
[五] 觀止「忍」上有「能」字，文章軌範、經濟類編、文章辨體彙選同，據各本刪。

賈誼論

蘇軾

非才之難，所以自用者實難。惜乎賈生王者之佐，而不能自用其才也。夫君子之所取者遠，則必有所待；所就者大，則必有所忍。古之賢人，皆有可致之才，而卒不能行其萬一者，未必皆其時君之罪，或者其自取也。

愚觀賈生之論，如其所言，雖三代何以遠過。得君如漢文，猶且以不用死，然則是天下無堯、舜，終不可以有所爲耶？仲尼聖人，歷試於天下，苟非大無道之國，皆欲勉強扶持，庶幾一日得行其道。將之荆，先之以冉有，申之以子夏。君子之欲得其君，如此其勤也。孟子去齊，三宿而後出晝，猶曰「王其庶幾召我」。君子之不忍棄其君，如此其厚也。公孫丑問曰：「夫子何爲不豫？」孟子曰：「方今天下，舍我其誰哉！而吾何爲不豫？」君子之愛其身，如此其至也。夫如此而不用，然後知天下之果不足與有爲，而可以無憾矣。若賈生者，非漢文之不用[二]生，生之不能用漢文也。

夫絳侯親握天子璽，而授之文帝；灌嬰連兵數十萬，以決劉、呂之雄雌。又皆高帝之舊將。此其君臣相得之分，豈特父子骨肉手足哉？賈生，洛陽之少年，欲使其一朝之間，盡棄其舊而謀其新，亦已難矣。爲賈生者，上得其君，下得其大臣，如絳、灌之屬，優游浸漬而深交之，使天子不疑，大臣不忌，然後舉天下而唯吾之所欲爲，不過十年，可以得志。安有立談之間，而遽爲人痛哭哉？觀其過湘，爲賦以弔屈原，紆鬱憤悶[三]，趯然有遠舉之志；其後卒以自傷哭泣，至於夭絕。是亦不善處窮者也。夫謀之一不見用，安知終不復用也[三]。不知默默以待其變，而自殘至此。嗚呼！賈生志大而量小，才有餘而識不足也。

古之人有高世之才，必有遺俗之累。是故非聰明睿哲不惑之主，則不能全其用。古今稱苻堅得王猛於草茅之中，一朝盡斥去其舊臣，而與之謀。彼其匹夫略有天下之半，其以此哉！

愚深悲賈生[四]之志，故備論之。亦使人君得如賈生之臣，則知其有狷介之操，一不見用，則憂傷病沮，不能復振；而爲賈生者，亦愼其所發哉！

[一] 觀止作「不能用」，據各本刪。
[二] 觀止作「縈紆鬱悶」，據各本改。
[三] 觀止「安知」上有「則」字，據各本刪。
[四] 觀止脫「賈」字，據各本補。

鼂錯論

蘇軾

天下之患，最不可爲者，名爲治平無事，而其實有不測之憂。坐觀其變，而不爲之所，則恐至於不可救。起而強爲之，則天下狃於治平之安，而不吾信。唯仁人君子豪傑之士，爲能出身爲天下犯大難，以求成大功。此固非勉強朞月之間，而苟以求名者之所能也。天下治平，無故而發大難之端，吾發之，吾能收之，然後有以辭於天下[二]。事至，而循循焉欲去之，使他人任其責，則天下之禍，必集於我。

昔者鼂錯盡忠爲漢，謀弱山東之諸侯。山東諸侯並起以誅錯爲名，而天子不察，以錯爲說[三]。天下悲錯之以忠而受禍，不知錯有以取之也。

古之立大事者，不惟有超世之才，亦必有堅忍不拔之志。昔禹之治水，鑿龍門，決大河而放之海。方其功之未成也，蓋亦有潰冒衝突可畏之患，惟能前知其當然，事至不懼，而徐爲之所[三]，是以得至於成功。

夫以七國之強，而驟削之，其爲變豈足怪哉！錯不於此時捐其身，爲天下當大難之衝，而制吳、楚之命，乃爲自全之計，欲使天子自將，而己居守。且夫發七國之難者，誰乎？己欲求其名，安所逃其患。以自將之至危，與居守之至安，己爲難首，擇其至安，而遺天子以其至危，此忠臣義士所以憤惋而不平者也。當此之時，雖無袁盎，錯[四]亦未免於禍。何者？己欲居守，而使人主自將，以情而言，天子固已難之矣。而重違其議，是以袁盎之說，得行於其間。使吳、楚反，錯以身任其危，日夜淬礪，東向而待之，使不至於累其君，則天子將恃之以爲無恐，雖有百袁盎[五]，可得而間哉？

嗟夫！世之君子，欲求非常之功，則無務爲自全之計。使錯自將而討吳、楚，未必無功。惟其欲自固其身，而天子不悅，奸臣得以乘其隙。錯之所以自全者，乃其所以自禍與！

〔一〕觀止無「以」字，作「有辭於天下」，文章軌範同，據今校本蘇軾文集改。

〔二〕觀止「說」上有「之」字，作「爲之說」，據各本改。

〔三〕觀止作「圖」，文章軌範同，據各本改。

〔四〕觀止脱「錯」字，據各本補。

〔五〕觀止作「雖有百益」，文章軌範同，據各本補。

古文觀止卷十一　宋文

上梅直講書

蘇軾

軾每讀詩至鴟鴞，讀書至君奭，常竊悲周公之不遇。及觀史，見孔子厄於陳、蔡之閒，而弦歌之聲不絕，顏淵、仲由之徒，相與問答。夫子曰：「『匪兕匪虎，率彼曠野。』吾道非耶！吾何爲於此？」顏淵曰：「夫子之道至大，故天下莫能容。雖然，不容何病？不容然後見君子。」夫子油然而笑曰：「回，使爾多財，吾爲爾宰。」夫天下雖不能容，而其徒自足以相樂如此。乃今知周公之富貴，有不如夫子之貧賤。夫以召公之賢，以管、蔡之親而不知其心，則周公誰與樂其富貴。而夫子之所與共貧賤者，皆天下之賢才，則亦足以樂乎此矣。

軾七八歲時，始知讀書，聞今天下有歐陽公者，其爲人如古孟軻、韓愈之徒。而又有梅公者從之遊，而與之上下其議論。其後益壯，始能讀其文詞，想見其爲人，意其飄然脫去世俗之樂而自樂其樂也。方學爲對偶聲律之文，求斗升[三]之祿，自度無以進見於諸公之間。來京師逾年，未嘗窺其門。

今年春，天下之士，羣至於禮部，執事與歐陽公實親試之。誠[三]不自意，獲在第二。既而聞之人，執事愛其文，以爲有孟軻之風。而歐陽公亦以其能不爲世俗之文也而取焉[三]。是以在此。非左右爲之先容，非親舊爲之請屬，而嚮之十餘年間，聞其名而不得見者，一朝爲知己。退而思之，人不可以苟富貴，亦不可以徒貧賤。有大賢焉而爲其徒，則亦足恃矣。苟其僥一時之幸，從車騎數十人，使閭巷小民聚觀而贊歎之，亦何以易此樂也？傳曰：「不怨天，不尤人。」蓋優哉游哉，可以卒歲。執事名滿天下，而位不過五品，其容色溫然而不怒，其文章寬厚敦朴而無怨言，此必有所樂乎斯道也，軾願與聞焉。

[一] 觀止作「升斗」，文章軌範同，據各本改。
[二] 觀止作「軾」，據各本改。
[三] 觀止脱「焉」字，據各本補。

喜雨亭記

蘇軾

亭以雨名，志喜也。古者有喜，則以名物，示不忘也。周公得禾，以名其書；漢武得鼎，以名其年；叔孫勝狄[三]，以名其子。其喜之大小不齊，其示不忘一也。

予至扶風之明年，始治官舍，爲亭於堂之北，而鑿池其南，引流種樹，以爲休息之所。是歲之春，雨麥於岐山之陽，其占爲有年。既而彌月不雨，民方以爲憂。越三月乙卯，乃雨，甲子又雨，民以爲未足，丁卯，大雨，三日乃止。官吏相與慶於庭，商賈相與歌於市，農夫相與抃[三]於野，憂者以樂，病者以愈，而吾亭適成。

於是舉酒於亭上以屬客，而告之曰：「五日不雨，可乎？」曰：「五日不雨，則無麥。」「十日不雨，可乎？」曰：「十日不雨，則無禾。」無麥無禾，歲且荐饑，獄訟繁興，而盜賊滋熾，則吾與二三子，雖欲優游以樂於此亭，其可得耶！今天不遺斯民，始旱而賜之以雨，使吾與二三子，得相與優游而樂於此亭者，皆雨之賜也。其又可忘耶！

既以名亭，又從而歌之，曰：「使天而雨珠，寒者不得以爲襦。使天而雨玉，饑者不得以爲粟。一雨三日，緊誰之力。民曰太守，太守不有。歸之天子，天子曰不然。歸之造物，造物不自以爲功。歸之太空，太空冥冥。不可得而名，吾以名吾亭。」

[二] 觀止作「敵」，據各本改。

[三] 觀止作「忭」，崇古文訣、古文集成、續文章正宗、文章辨體彙選同，據各本改。

凌虛臺記

蘇軾

國於南山之下，宜若起居飲食與山接也。四方之山，莫高於終南，而都邑之麗山者，莫近於扶風。以至近求最高，其勢必得。而太守之居，未嘗知有山焉。雖非事之所以損益，而物理有不當然者，此凌虛之所爲築也。

方其未築也，太守陳公杖屨[二]逍遥於其下，見山之出於林木之上者，纍纍如人之旅行於牆外而見其髻也，曰：「是必有異。」使工鑿其前爲方池，以其土築臺，高出於屋之簷而止。然後人之至於其上者，怳然不知臺之高，而以爲山之踴躍奮迅而出也。公曰：「是宜名『凌虛』。」以告其從事蘇軾，而求文以爲記。

軾復於公曰：「物之廢興成毁，不可得而知也。昔者荒草野田，霜露之所蒙翳，狐虺之所竄伏，方是時，豈知有凌虛臺耶？廢興成毁相尋於無窮，則臺之復爲荒草野田，皆不可知也。嘗試與公登臺而望，其東則秦穆之祈年、橐泉也，其南則漢武之長楊、五柞，而其北則隋之仁壽、唐之九成也。計其一時之盛，宏傑詭麗，堅固而不可動者，豈特百倍於臺而已哉！然而數世之後，欲求其髣髴，而破瓦頹垣無復存者，既已化爲禾黍荆棘丘墟隴畝矣，而況於此臺歟？夫臺猶不足恃以長久，而況於人事之得喪，忽往而忽來者歟？而或者欲以夸世而自足，則過矣。蓋世有足恃者，而不在乎臺之存亡也。」既已言於公，退而爲之記。

[二] 觀止作「履」，事類備要、續文章正宗、事文類聚、唐宋八大家文鈔同，據各本改。

超然臺記

蘇軾

凡物皆有可觀。苟有可觀，皆有可樂，非必怪奇偉麗者也。餔糟啜漓[二]皆可以醉，果蔬草木皆可以飽。推此類也，吾安往而不樂？夫所爲求福而辭禍者，以福可喜而禍可悲也。人之所欲無窮，而物之可以足吾欲者有盡。美惡之辨戰乎[三]中，而去取之擇交乎前，則可樂者常少，而可悲者常多。是謂求禍而辭福。夫求禍而辭福，豈人之情也哉？物有以蓋之矣。彼遊於物之內，而不遊於物之外。物非有大小也，自其內而觀之，未有不高且大者也。彼挾其高大以臨我，則我常眩亂反覆，如隙中之觀鬭，又烏知勝負之所在？是以美惡橫生，而憂樂出焉。可不大哀乎！

予自錢塘移守膠西，釋舟楫之安，而服車馬之勞，去雕牆之美，而庇采椽之居，背湖山之觀，而行桑麻之野。始至之日，歲比不登，盜賊滿野，獄訟充斥，而齋廚索然，日食杞菊。人固疑予之不樂也。處之朞年，而貌加豐，髮之白者，日以反黑。予既樂其風俗之淳，而其吏民亦安予之拙也，於是治其園圃，潔其庭宇，伐安丘、高密之木以修補破敗，爲苟完之計。而園之北，因城以爲臺者舊矣，稍葺而新之。時相與登覽，放意肆志焉。南望馬耳、常山，出沒隱見，若近若遠，庶幾有隱君子乎？而其東則盧山，秦人盧敖之所從遁也。西望穆陵，隱然如城郭，師尚父、齊桓公[三]之遺烈，猶有存者。北俯濰水，慨然太息，思淮陰之功，而弔其不終。臺高而安，深而明，夏涼而冬溫。雨雪之朝，風月之夕，予未嘗不在，客未嘗不從。擷園蔬，取池魚，釀秫酒，瀹脫粟而食之，曰：樂哉遊乎！方是時[四]，予弟子由適在濟南，聞而賦之，且名其臺曰「超然」。以見予之無所往而不樂者，蓋遊於物之外也。

[一] 觀止作「醺」，續文章正宗、文章辨體彙選、唐宋八大家文鈔同，據各本改。
[二] 觀止作「於」，據各本改。
[三] 觀止作「齊威公」，從宋諱。
[四] 「方是時」：觀止脫，據各本補。

放鶴亭記

蘇軾

熙寧十年秋，彭城大水，雲龍山人張君之草堂，水及其半扉。明年春，水落，遷於故居之東，東山之麓。升高而望，得異境焉，作亭於其上。彭城之山，岡嶺四合，隱然如大環，獨缺其西十二[一]，而山人之亭適當其缺。春夏之交，草木際天。秋冬雪月，千里一色。風雨晦明之間，俯仰百變。山人有二鶴，甚馴而善飛。旦則望西山之缺而放焉，縱其所如，或立於陂田，或翔於雲表，暮則傃東山而歸。故名之曰「放鶴亭」。

郡守蘇軾，時從賓客[二]僚吏往見山人，飲酒於斯亭而樂之，挹山人而告之曰：「子知隱居之樂乎？雖南面之君，未可與易也。易曰：『鳴鶴在陰，其子和之。』詩曰：『鶴鳴于九皋，聲聞于天。』蓋其爲物，清遠閒放，超然於塵垢之外，故易、詩人以比賢人君子隱德之士。狎而玩之，宜若有益而無損者，然衞懿公好鶴則亡其國。周公作酒誥，衞武公作抑戒，以爲荒惑敗亂無若酒者，而劉伶、阮籍之徒以此全其眞而名後世。嗟夫，南面之君，雖清遠閒放如鶴者猶不得好，好之則亡其國，而山林遁世之士，雖荒惑敗亂如酒者猶不能爲害，而況於鶴乎？由此觀之，其爲樂未可以同日而語也。」山人欣然而笑曰：「有是哉。」乃作放鶴招鶴之歌曰：

鶴飛去兮，西山之缺。高翔而下覽兮，擇所適。翻然斂翼，婉將集兮，忽何所見，矯然而復擊。獨終日於澗谷之間兮，啄蒼苔而履白石。鶴歸來兮，東山之陰。其下有人兮，黃冠草履葛衣而鼓琴。躬耕而食兮，其餘以汝飽。歸來歸來兮，西山不可以久留。

〔二〕觀止作「西一面」，唐宋八大家文鈔同，據各本改。

〔三〕觀止作「佐」，據各本改。

石鐘山記

蘇軾

水經云：「彭蠡之口，有石鐘山焉。」酈元以爲下臨深潭，微風鼓浪，水石相搏，聲如洪鐘。是說也，人常疑之。今以鐘磬置水中，雖大風浪，不能鳴也，而況石乎！至唐李渤始訪其遺蹤，得雙石於潭上，扣而聆之，南聲函胡，北音清越，枹止響騰，餘韻徐歇，自以爲得之矣。然是說也，余尤疑之。石之鏗然有聲者，所在皆是也，而此獨以鐘名，何哉？

元豐七年六月丁丑，余自齊安舟行適臨汝，而長子邁將赴饒之德興尉，送之至湖口，因得觀所謂石鐘者。寺僧使小童持斧，於亂石間擇其一二扣之，硿硿焉[三]，余固笑而不信也。至其夜月明，獨與邁乘小舟至絕壁下，大石側立千尺，如猛獸奇鬼，森然欲搏人。而山上栖鶻，聞人聲亦驚起，磔磔雲霄間。又有若老人欬且笑於山谷中者，或曰：「此鸛鶴也。」余方心動欲還，而大聲發於水上，噌吰如鐘鼓不絕，舟人大恐。徐而察之，則山下皆石穴罅，不知其淺深，微波入焉，涵澹澎湃而爲此也。舟迴至兩山間，將入港口，有大石當中流，可坐百人，空中而多竅，與風水相吞吐，有窾坎鏜鞳之聲，與向之噌吰者相應，如樂作焉。

因笑謂邁曰：「汝識之乎？噌吰者，周景王之無射也。窾坎鏜鞳者，魏莊子之歌鐘也。古之人不余欺也。」事不目見耳聞，而臆斷其有無，可乎？酈元之所見聞，殆與余同，而言之不詳。士大夫終不肯以小舟夜泊絕壁之下，故莫能知。而漁工水師，雖知而不能言，此世所以不傳也。而陋者乃以斧斤考擊而求之，自以爲得其實。余是以記之，蓋歎酈元之簡，而笑李渤之陋也。

潮州韓文公廟碑

蘇軾

匹夫而爲百世師，一言而爲天下法。是皆有以參天地之化，關盛衰之運。其生也有自來，其逝也有所爲。故申、呂自嶽降，傅說爲列星，古今所傳，不可誣也。孟子曰：「我善養吾浩然之氣。」是氣也，寓於尋常之中，而塞乎天地之間。卒然遇之，則王公失其貴，晉、楚失其富，良、平失其智，賁、育失其勇，儀、秦失其辯，是孰使之然哉？其必有不依形而立，不恃力而存，不恃生而存，不隨死而亡者矣。故在天爲星辰，在地爲河嶽。幽則爲鬼神，而明則復爲人。此理之常，無足怪者。

自東漢以來，道喪文弊，異端並起，歷唐貞觀、開元之盛，輔以房、杜、姚、宋而不能救。獨韓文公起布衣，談笑而麾之，天下靡然從公，復歸於正，蓋三百年於此矣。文起八代之衰，而道濟天下之溺，忠犯人主之怒，而勇奪三軍之帥。豈非參天地、關盛衰、浩然而獨存者乎！蓋嘗論天人之辨，以謂人無所不至，惟天不容僞。智可以欺王公，不可以欺豚魚；力可以得天下，不可以得匹夫匹婦之心。故公之精誠，能開衡山之雲，而不能回憲宗之惑；能馴鱷魚之暴，而不能弭皇甫鎛、李逢吉之謗；能信於南海之民，廟食百世，而不能使其身一日安於朝廷之上。蓋公之所能者，天也。所不能者，人也。

始，潮人未知學，公命進士趙德爲之師。自是潮之士，皆篤於文行，延及齊民，至於今，號稱易治。信乎孔子之言：「君子學道則愛人，小人學道則易使也。」潮人之事公也，飲食必祭，水旱疾疫，凡有求必禱焉。而廟在刺史公堂之後，民以出入爲艱。前守欲請諸朝作新廟，不果。元祐五年，朝散郎王君滌來守是邦，凡所以養士治民者，一以公爲師。民既悅服，則出令曰：「願新公廟者聽。」民讙[三]趨之。卜地於州城之南七里，朞年而廟成。

或曰：「公去國萬里，而謫于潮，不能一歲而歸，沒而有知，其不眷戀於潮也審矣。」軾曰：「不然。公之神在天下者，如水之在地中，無所往而不在也。而潮人獨信之深，思之至，焄蒿悽愴，若或見之。譬如鑿井得泉，而曰水專在是，豈理也哉！」元豐七[三]年，詔封公昌黎伯，故榜曰「昌黎伯韓文公之廟」。潮人請書其事於石，因作詩以遺之，使歌以祀公。其詞曰：

公昔騎龍白雲鄉，手抉雲漢分天章，天孫爲織雲錦裳。
飄然乘風來帝旁，下與濁世掃秕糠，西遊咸池略扶桑。
草木衣被昭回光，追逐李杜參翱翔，汗流籍湜走且僵。
滅沒倒景不可望，作書詆佛譏君王，要觀南海窺衡湘。
歷舜九疑弔英皇，祝融先驅海若藏，約束蛟鱷如驅羊。

鈞天無人帝悲傷，謳吟下招遣巫陽，犦牲雞卜羞我觴。於粲[三]荔丹與蕉黃，公不少留我涕滂，翩然被髮下大荒。

〔二〕觀止作「然」，據各本改。
〔二〕觀止作「懽」，據各本改。
〔三〕觀止作「元」，據各本改。
〔三〕觀止作「餐」，據各本改。

乞校正陸贄奏議進御劄子

蘇軾

臣等猥以空疎，備員講讀，聖明天縱，學問日新，臣等才有限而道無窮，心欲言而口不逮，以此自愧，莫知所爲。竊謂人臣之納忠，譬如醫者之用藥，藥雖進於醫手，方多傳於古人。若已經效於世間，不必皆從於己出。伏見唐宰相陸贄，才本王佐，學爲帝師。論深切於事情，言不離於道德。智如子房，而文則過，辯如賈誼，而術不疎。上以格君心之非，下以通天下之志。但其不幸，仕不遇時，德宗以苛刻爲能，而贄諫之以忠厚。德宗以猜疑[三]爲術，而贄勸之以推誠。德宗好用兵，而贄以消兵爲先。德宗好聚財，而贄以散財爲急。至於用人聽言之法，治邊馭[三]將之方，罪己以收人心，改過以應天道，去小人以除民患，惜名器以待有功，如此之流，未易悉數。可謂進苦口之藥石，鍼害身之膏肓。使德宗盡用其言，則貞觀可得而復。臣等每退自西閣，即私相告言，以陛下聖明，必喜贄議論，但使聖賢之相契，即如臣主之同時。昔馮唐論頗、牧之賢，則漢文爲之太息；魏相條晁、董之對，則孝宣以致中興。若陛下能自得師，莫若近取諸贄。夫六經三史、諸子百家，非無可觀，皆足爲治。但聖言幽遠，末學支離，譬如山海之崇深，難以一二而推擇。如贄之論，開卷了然。聚古今之精英，實治亂之龜鑑。臣等欲取其奏議，稍加校正，繕寫進呈。願陛下置之坐隅，如見贄面，反覆熟讀，如與贄言。必能發聖性之高明，成治功於歲月。臣等不勝區區之意。取進止。

〔二〕觀止作「忌」，唐宋八大家文鈔、文編同，據各本改。

〔三〕觀止作「御」，據各本改。

前赤壁賦　蘇軾

壬戌之秋，七月既望，蘇子与客泛舟，遊於赤壁之下。清風徐来，水波不興，舉酒屬客，誦明月之詩，歌窈窕之章。少焉，月出於東山之上，徘徊於斗牛之間，白露橫江，水光接天。縱一葦之所如，凌萬頃之茫然。浩浩乎如馮虛御風，而不知其所止；飄飄乎如遺世獨立，羽化而登仙。

於是飲酒樂甚，扣舷而歌之。歌曰：「桂棹兮蘭槳，擊空明兮泝流光。渺渺兮予懷，望美人兮天一方。」客有吹洞簫者，倚[三]歌而和之，其聲嗚嗚然，如怨如慕，如泣如訴，餘音嫋嫋，不絕如縷。舞幽壑之潛蛟，泣孤舟之嫠婦。

蘇子愀然，正襟危坐，而問客曰：「何爲其然也？」客曰：「『月明星稀，烏鵲南飛』，此非曹孟德之詩乎？西望夏口，東望武昌，山川相繆，鬱乎蒼蒼，此非孟德之困於周郎者乎？方其破荆州，下江陵，順流而東也，舳艫千里，旌旗蔽空，釃酒臨江，横槊賦詩，固一世之雄也，而今安在哉？況吾与子漁樵於江渚之上，侶魚蝦而友麋鹿。駕一葉之扁舟，舉匏樽以相屬。寄蜉蝣於天地，渺滄海之一粟。哀吾生之須臾，羨長江之無窮。挾飛仙以遨遊，抱明月而長終。知不可乎驟得，託遺響於悲風。」

蘇子曰：「客亦知夫水與月乎？逝者如斯，而未嘗往也。盈虛者如彼，而卒莫消長也，蓋将自其變者而觀之，則天地曾不能以一瞬。自其不變者而觀之，則物與我皆無盡也，而又何羨乎？且夫天地之間，物各有主，苟非吾之所有，雖一毫而莫取。惟江上之清風，與山間之明月，耳得之而爲聲，目遇之而成色，取之無禁，用之不竭，是造物者之無盡藏也，而吾與子之所共適。」客喜而笑，洗盞更酌。肴核既盡，杯盤狼籍，相與枕藉乎舟中，不知東方之既白。

[三] 觀止作「依」，據各本改。

後赤壁賦

蘇軾

是歲十月之望，步自雪堂，將歸於臨皋。二客從予，過黃泥之阪。霜露既降，木葉盡脫。人影在地，仰見明月。顧而樂之，行歌相答。已而歎曰：「有客無酒，有酒無肴，月白風清，如此良夜何？」客曰：「今者薄暮，舉網得魚，巨口細鱗，狀如松江之鱸，顧安所得酒乎？」歸而謀諸婦。婦曰：「我有斗酒，藏之久矣，以待子不時之須。」於是攜酒與魚，復遊於赤壁之下。江流有聲，斷岸千尺。山高月小，水落石出。曾日月之幾何，而江山不可復識矣。予乃攝衣而上，履巉巖，披蒙茸，踞虎豹，登虬龍，攀栖鶻之危巢，俯馮夷之幽宮。蓋二客不能從焉。劃然長嘯，草木震動，山鳴谷應，風起水涌。予亦悄然而悲，肅然而恐，凜乎其不可留也。反而登舟，放乎中流，聽其所止而休焉。時夜將半，四顧寂寥，適有孤鶴，橫江東來，翅如車輪，玄裳縞衣，戛然長鳴，掠予舟而西也。須臾客去，予亦就睡，夢一道士羽衣翩躚，過臨皋之下，揖予而言曰：「赤壁之遊樂乎？」問其姓名，俛而不答。嗚呼噫嘻，我知之矣！疇昔之夜，飛鳴而過我者，非子也耶？道士顧笑，予亦驚悟[二]。開戶視之，不見其處。

[二] 觀止作「寤」，事類備要同，據各本改。

三槐堂銘

蘇軾

天可必乎？賢者不必貴，仁者不必壽。天不可必乎？仁者必有後。二者將安取衷哉！吾聞之申包胥曰：「人衆[一]者勝天，天定亦能勝人。」世之論天者，皆不待其定而求之，故以天爲茫茫。善者以怠，惡者以肆，盜跖之壽，孔顏之厄，此皆天之未定者也。松柏生於山林，其始也困於蓬蒿，厄於牛羊，而其終也，貫四時閱千歲而不改者，其天定也。善惡之報，至於子孫，而其定也久矣。吾以所見所聞所傳聞[二]考之，而其可必也審矣。國之將興，必有世德之臣，厚施而不食其報，然後其子孫能與守文太平之主共天下之福。故兵部侍郎晉國王公顯於漢、周之際，歷事太祖、太宗，文武忠孝，天下望以爲相，而公卒以直道不容於時。蓋嘗手植三槐於庭曰：「吾子孫必有爲三公者。」已而其子魏國文正公相眞宗皇帝於景德、祥符之間朝廷清明天下無事之時，享其福祿榮名者十有八年。今夫寓物於人，明日而取之，有得有否。而晉公修德於身，責報於天，取必於數十年之後，如持左契，交手相付。吾是以知天之果可必也。吾不及見魏公，而見其子懿敏公，以直諫事仁宗皇帝，出入侍從將帥三十餘年，位不滿其德。天將復興王氏也歟？何其子孫之多賢也。世有以晉公比李栖筠者，其雄才直氣，眞不相上下。而栖筠之子吉甫，其孫德裕，功名富貴，略與王氏等，而忠信[三]仁厚，不及魏公父子。由此觀之，王氏之福蓋未艾也。懿敏公之子鞏與吾遊，好德而文，以世其家。吾是以錄之。銘曰：

鳴呼休哉！魏公之業，與槐俱萌。封植之勤，必世乃成。既相眞宗，四方砥平。歸視其家，槐陰滿庭。吾儕小人，朝不及夕。相時射利，皇卹闕德。庶幾僥倖，不種而獲。不有君子，其何能國。王城之東，晉公所廬。鬱鬱三槐，惟德之符。鳴呼休哉！

[二] 觀止作「定」，事文類聚同，據各本改。
[三] 觀止「所見所聞」下無「所傳聞」，崇古文訣、文章軌範同，據各本補。
[三] 觀止作「忠恕」，文章軌範同，據各本改。

方山子傳

蘇軾

方山子，光、黃間隱人也。少時慕朱家、郭解爲人，閭里之俠皆宗之。稍壯，折節讀書，欲以此馳騁當世。然終不遇。晚乃遯於光、黃間，曰岐亭。庵居蔬食，不與世相聞。棄車馬，毀冠服，徒步往來，山中人莫識也。見其所著帽，方聳而高，曰：「此豈古方山冠之遺像乎？」因謂之方山子。

余謫居於黃，過岐亭，適見焉。曰：「鳴呼，此吾故人陳慥季常也，何爲而在此？」方山子亦矍然問余所以至此者。余告之故，俯而不答，仰而笑，呼余宿其家。環堵蕭然，而妻子奴婢皆有自得之意。余既聳然異之。

獨念方山子少時使酒好劍，用財如糞土。前十有[一]九年，余在岐下，見方山子從兩騎，挾二矢，遊西山。鵲起於前，使騎逐而射之，不獲。方山子怒馬獨出，一發得之。因與余馬上論用兵及古今成敗，自謂一世[二]豪士。今幾日耳，精悍之色，猶見於眉間，而豈山中之人哉！

然方山子世有勳閥，當得官，使從事於其間，今已顯聞。而其家在洛陽，園宅壯麗與公侯等。河北有田，歲得帛千匹，亦足以富樂。皆棄不取，獨來窮山中，此豈無得而然哉？

余聞光、黃間多異人，往往陽狂[三]垢汙，不可得而見，方山子儻見之歟？

[一] 觀止脱「有」字，據各本補。

[二] 觀止作「時」，據各本改。

[三] 觀止作「佯狂」，文章辨體彙選同，據各本改。

六國論

蘇轍

嘗讀六國世家，竊怪天下之諸侯，以五倍之地，十倍之衆，發憤西向，以攻山西千里之秦，而不免於滅亡。常爲之深思遠慮，以爲必有可以自安之計，蓋未嘗不咎其當時之士慮患之疎，而見利之淺、且不知天下之勢也。

夫秦之所與諸侯爭天下者，不在齊、楚、燕、趙也，而在韓、魏之郊；諸侯之所與秦爭天下者，不在齊、楚、燕、趙也，而在韓、魏之野。秦之有韓、魏，譬如人之有腹心之疾也。韓、魏塞秦之衝，而蔽山東之諸侯，故夫天下之所重者，莫如韓、魏也。昔者范雎用於秦而收韓，商鞅用於秦而收魏；昭王未得韓、魏之心，而出兵以攻齊之剛壽，而范雎以爲憂。然則秦之所忌者可以[二]見矣。秦之用兵於燕、趙，秦之危事也。越韓過魏而攻人之國都，燕、趙拒之於前，而韓、魏乘之於後，此危道也。而秦之攻燕、趙，未嘗有韓、魏之憂，則韓、魏之附秦故也。夫韓、魏，諸侯之障，而使秦人得出入於其間，此豈知天下之勢耶？委區區之韓、魏以當強虎狼之秦，彼安得不折而入於秦哉？韓、魏折而入於秦，然後秦人得通其兵於東諸侯，而使天下遍受其禍。

夫韓、魏不能獨當秦，而天下之諸侯藉之以蔽其西，故莫如厚韓親魏以擯秦。秦人不敢逾韓、魏以窺齊、楚、燕、趙之國，而齊、楚、燕、趙之國因得以自完於其間矣。以四無事之國，佐當寇之韓、魏，使韓、魏無東顧之憂，而爲天下出身以當秦兵。以二國委秦，而四國休息於內，以陰助其急。若此，可以應夫無窮，彼秦者將何爲哉？不知出此，而乃貪疆埸尺寸之利，背盟敗約，以自相屠滅，秦兵未出，而天下諸侯已自困矣，至使[三]秦人得伺其隙以取其國。可不悲哉！

[二] 觀止脱「以」字，據各本補。

〔三〕觀止作「至於」，據各本改。

上樞密韓太尉書

蘇轍

太尉執事：轍生好爲文，思之至深，以爲文者氣之所形。然文不可以學而能，氣可以養而致。孟子曰：「我善養吾浩然之氣。」今觀其文章，寬厚宏博，充乎天地之間，稱其氣之小大。太史公行天下，周覽四海名山大川，與燕、趙間豪俊交遊，故其文疏蕩，頗有奇氣。此二子者，豈嘗執筆學爲如此之文哉？其氣充乎其中而溢乎其貌，動乎其言而見乎其文，而不自知也。

轍生十有九年〔三〕矣，其居家所與游者，不過其鄰里鄉黨之人，所見不過數百里之間，無高山大野可登覽以自廣。百氏之書雖無所不讀，然皆古人之陳跡，不足以激發其志氣。恐遂汩沒，故決然捨去，求天下奇聞壯觀，以知天地之廣大。過秦、漢之故都，恣觀終南、嵩、華之高，北顧黃河之奔流，慨然想見古之豪傑。至京師仰觀天子宮闕之壯，與倉廩府庫城池苑囿之富且大也，而後知天下之巨麗。見翰林歐陽公，聽其議論之宏辯，觀其容貌之秀偉，與其門人賢士大夫遊，而後知天下之文章聚乎此也。

太尉以才略冠天下，天下之所恃以無憂，四夷之所憚以不敢發，入則周公、召公，出則方叔、召虎。而轍也，未之見焉。且夫人之學也，不志其大，雖多而何爲？轍之來也，於山見終南、嵩、華之高，於水見黃河之大且深，於人見歐陽公。而猶以爲未見太尉也。故願得觀賢人之光耀，聞一言以自壯，然後可以盡天下之大觀而無憾者矣。

轍年少，未能通習吏事。嚮之來非有取於斗升之祿，偶然得之，非其所樂。然幸得賜歸待選，使得優游數年之間，將歸〔三〕益治其文，且學爲政。太尉苟以爲可教而辱教之，又幸矣。

〔二〕觀止作「轍生年十有九」，據各本改。
〔三〕觀止作「以」，崇古文訣同，據各本改。

黃州快哉亭記

蘇轍

江出西陵，始得平地。其流奔放肆大，南合湘、沅，北合漢、沔，其勢益張。至於赤壁之下，波流浸灌，與海相若。清河張君夢得謫居齊安，即其廬之西南爲亭，以覽觀江流之勝，而余兄子瞻名之曰「快哉」。蓋亭之所見，南北百里，東西一舍。濤瀾洶湧，風雲開闔。晝則舟楫出沒於其前，夜則魚龍悲嘯於其下，變化倏忽，動心駭目，不可久視。今乃得玩之几席之上，舉目而足。西望武昌諸山，岡陵起伏，草木行列，煙消日出，漁夫樵父之舍，皆可指數，此其所以爲「快哉」者也。至於長洲之濱，故城之墟，曹孟德、孫仲謀之所睥睨，周瑜、陸遜之所騁騖，其流風[二]遺跡，亦足以稱快世俗。

昔楚襄王從宋玉、景差於蘭臺之宮，有風颯然至者，王披襟當之曰：「快哉此風！寡人所與庶人共者耶？」宋玉曰：「此獨大王之雄風耳，庶人安得共之！」玉之言蓋有諷焉。夫風無雌雄之異，而人有遇不遇之變。楚王之所以爲樂，與庶人之所以爲憂，此則人之變也，而風何與焉？士生於世，使其中不自得，將何往而非病？使其中坦然，不以物傷性，將何適而非快？今張君不以謫爲患，竊會計之餘功[三]，而自放山水之間，此其中宜有以過人者。將蓬戶甕牖無所不快，而況乎濯長江之清流，揖[三]西山之白雲，窮耳目之勝以自適也哉！不然，連山絕壑，長林古木，振之以清風，照之以明月，此皆騷人思士之所以悲傷憔悴而不能勝者，烏睹其爲快也哉[四]？

[二] 觀止倒作「風流」，據各本改。

[三] 觀止作「收會稽之餘」，續文章正宗、文章辨體彙選、文編作「收會計之餘功」，欒城集、宋文鑑作「竊會計之餘功」，據改。

[三] 觀止作「挹」，續文章正宗、文章辨體彙選、唐宋八大家文鈔同，欒城集、宋文鑑作「揖」，據改。

[四] 觀止脫「哉」，據各本補。

寄歐陽舍人書　曾鞏

去秋人還，蒙賜書及所撰先大父墓碑銘，反覆觀誦，感與慚幷。

夫銘誌之著於世，義近於史，而亦有與史異者。蓋史之於善惡無所不書，而銘者，蓋古之人有功德材行志義之美者，懼後世之不知，則必銘而見之。或納於廟，或存於墓，一也。苟其人之惡，則於銘乎何有？此其所以與史異也。其辭之作，所以使死者無有所憾，生者得致其嚴。而善人喜於見傳，則勇於自立；惡人無有所紀，則以媿而懼。至於通材達識，義烈節士，嘉言善狀，皆見於篇，則足爲後法警勸之道。非近乎史，其將安近？

及世之衰，人之子孫者，一欲褒揚其親而不本乎理。故雖惡人，皆務勒銘以誇後世。立言者既莫之拒而不爲，又以其子孫之所請也，書其惡焉，則人情之所不得，於是乎銘始不實。後之作銘者，常觀其人。苟託之非人，則書之非公與是，則不足以行世而傳後。故千百年來，公卿大夫至於里巷之士，莫不有銘，而傳者蓋少，其故非他，託之非人，書之非公與是故也。

然則孰爲其人而能盡公與是歟？非畜道德而能文章者無以爲也。蓋有道德者之於惡人，則不受而銘之，於衆人則能辨焉。而人之行，有情善而跡非，有意奸而外淑，有善惡相懸而不可以實指，有實大於名，有名侈於實。猶之用人，非畜道德者惡能辨之不惑，議之不徇？不惑不徇，則公且是矣。而其辭之不工，則世猶不傳，於是又在其文章兼勝焉。

故曰非畜道德而能文章者無以爲也。豈非然哉？

然畜道德而能文章者，雖或並世而有，亦或數十年或一二百年而有之。其傳之難如此，其遇之難又如此。若先生之道德文章，固所謂數百年而有者也。先祖之言行卓卓，幸遇而得銘其公與是，其傳世行後無疑也。而世之學者，每觀傳記所書古人之事，至其[三]所可感，則往往衋然不知涕之流落也，況其子孫也哉？況鞏也哉？其追晞祖德而思所以傳之之繇，則知先生推一賜於鞏而及其三世，其感與報，宜若何而圖之？

抑又思若鞏之淺薄滯拙，而先生進之；先祖之屯蹶否塞以死，而先生顯之。則世之魁閎豪傑不世出之士，其誰不願進於門？潛遁幽抑之士，其誰不有望於世？善誰不爲？而惡誰不媿以懼？爲人之父祖者，孰不欲教其子孫？爲人之子孫者，孰不欲寵榮其父祖？此數美者，一歸於先生。既拜賜之辱，且敢進其所以然。所諭世族之次，敢不承教而加詳焉。愧甚。不宣。

[三] 觀止作「至於」，據各本改。

贈黎安二生序

曾鞏

趙郡蘇軾，余之同年友也，自蜀以書至京師遺余，稱蜀之士曰黎生、安生者。既而黎生攜其文數十萬言，安生攜其文亦數千言，辱以顧余。讀其文，誠閎壯雋偉，善反復馳騁，窮盡事理，而其材力之放縱，若不可極者也。二生固可謂魁奇特起之士，而蘇君固可謂善知人者也。

頃之，黎生補江陵府司法參軍，將行，請予言以爲贈。余曰：「余之知生，既得之於心矣，乃將以言相求於外邪？」黎生曰：「生與安生之學於斯文，里之人皆笑以爲迂闊。今求子之言，蓋將解惑於里人。」余聞之，自顧而笑。夫世之迂闊，孰有甚於予乎？知信乎古而不知合乎世，知志乎道而不知同乎俗，此余所以困於今而不自知也。世之迂闊，孰有甚於予乎？今生之迂，特以文不近俗，迂之小者耳，患爲笑於里之人。若余之迂大矣，使生持吾言而歸，且重得罪，庸詎止於笑乎？然則若余之於生，將何言哉？謂余之迂爲善，則其患若此；謂爲不善，則有以合乎世，必違乎古，有以同乎俗，必離乎道矣。生其無急於解里人之惑，則於是焉，必能擇而取之。遂書以贈二生，幷示蘇君，以爲何如也。

讀孟嘗君傳

王安石

世皆稱孟嘗君能得士，士以故歸之，而卒賴其力以脫於虎豹之秦。嗟乎！孟嘗君特雞鳴狗盜之雄耳，豈足以言得士？不然，擅齊之強，得一士焉，宜可以南面而制秦，尚何取雞鳴狗盜之力哉？夫[三]雞鳴狗盜之出其門，此士之所以不至也。

[三] 觀止脫「夫」，文章軌範同，據各本改。

同學一首別子固

王安石

江之南有賢人焉，字子固，非今所謂賢人者，予慕而友之。淮之南有賢人焉，字正之，非今所謂賢人者，予慕而友之。二賢人者，足未嘗相過也，口未嘗相語也，辭幣未嘗相接也。其師若友，豈盡同哉？予考其言行，其不相似者，何其少也！曰，學聖人而已矣。學聖人，則其師若友，必學聖人者。聖人之言行豈有二哉？其相似也適然。

予在淮南爲正之道子固。正之不予疑也。還江南爲子固道正之，子固亦以爲然。予乂知所謂賢人者，既相似，又相信不疑也。

子固作懷友一首遺予，其大略欲相扳以至乎中庸而後已。正之蓋亦常云爾。夫安驅徐行，轥中庸之庭，而造於其堂[三]，舍二賢人者而誰哉？予昔非敢自必其有至也，亦願從事於左右焉爾。輔而進之，其可也。噫！官有守，私有繫，會合不可以常也，作同學一首別子固以相警且相慰云。

[三] 觀止作「室」，據各本改。

遊褒禪山記

王安石

褒禪山亦謂之華山，唐浮圖慧褒始舍於其址，而卒葬之，以故其後名之曰「褒禪」。今所謂慧空禪院者，褒之廬冢也。距其院東五里，所謂華山洞者，以其在華山之陽名之也。距洞百餘步，有碑仆道，其文漫滅，獨其爲文猶可識，曰「花山」。今言「華」如「華實」之「華」者，蓋音謬也。其下平曠，有泉側出，而記遊者甚衆，所謂「前洞」也。由山以上五六里，有穴窈然，入之甚寒，問其深，則其好遊者不能窮也，謂之「後洞」。余與四人擁火以入，入之愈深，其進愈難，而其見愈奇。有怠而欲出者，曰：「不出，火且盡。」遂與之俱出。蓋予所至，比好遊者尚不能十一，然視其左右，來而記之者已少。蓋其又深，則其至又加少矣。方是時，予之力尚足以入，火尚足以明也。既其出，則或咎其欲出者，而予亦悔其隨之，而不得極夫遊之樂也。

於是予有歎焉。古人之觀於天地、山川、草木、蟲魚、鳥獸，往往有得，以其求思之深，而無不在也。夫夷以近，則遊者衆；險以遠，則至者少。而世之奇偉瑰怪非常之觀，常在於險遠，而人之所罕至焉。故非有志者，不能至也。有志矣，不隨以止也，然力不足者，亦不能至也。有志與力，而又不隨以怠，至於幽暗昏惑，而無物以相之，亦不能至也。然力足以至焉，於人爲可譏，而在己爲有悔。盡吾志也而不能至者，可以無悔矣，其孰能譏之乎？此予之所得也。余於仆碑，又以悲夫古書之不存，後世之謬其傳而莫能名者，何可勝道也哉！此所以學者不可以不深思而慎取之也。

四人者：廬陵蕭君圭君玉，長樂王回深父，予弟安國平父、安上純父。

泰州海陵縣主簿許君墓誌銘

王安石

君諱平，字秉之，姓許氏。余嘗譜其世家，所謂今泰州海陵縣主簿者也。

君既與兄元相友愛稱天下，而自少卓犖不羈，善辨說，與其兄俱以智略爲當世大人所器。寶元時，朝廷開方略之選，以招天下異能之士，而陝西大帥范文正公、鄭文肅公爭以君所爲書以薦。於是得召試爲太廟齋郎，已而選泰州海陵縣主簿。貴人多薦君有大才，可試以事，不宜棄之州縣。君亦常慨然自許，欲有所爲，然終不得一用其智能以卒。噫！其可哀也已。

士固有離世異俗，獨行其意，罵譏、笑侮、困辱而不悔。彼皆無衆人之求，而有所待於後世者也，其齟齬固宜。若夫智謀功名之士，窺時俯仰，以赴勢物[二]之會，而輒不遇者，乃亦不可勝數。辯足以移萬物，而窮於用說之時；謀足以奪三軍，而辱於右武之國。此又何說哉？嗟乎！彼有所待而不悔者，其知之矣。

君年五十九，以嘉祐某年某月某甲子，葬眞州之楊子縣甘露鄉某所之原。夫人李氏。子男瓌，不仕；璋，眞州司戶參軍；琦，太廟齋郎；琳，進士。女子五人，已嫁二人，進士周奉先，泰州泰興令陶舜元。銘曰：

有拔而起之，莫擠而止之。嗚呼許君！而已於斯，誰或使之？

[二] 觀止作「勢利」，據各本改。

古文觀止卷十二　明文

送天台陳庭學序

宋濂

西南山水，惟川蜀最奇。然去中州萬里，陸有劍閣棧道之險，水有瞿唐、灩澦之虞。跨馬行篁[一]竹間，山高者，累旬日不見其巔際；臨上而俯視，絕壑萬仞，杳莫測其所窮，肝膽爲之掉栗。水行，則江石悍利，波惡渦詭，舟一失勢[二]尺寸，輒糜碎土沉，下飽魚鼈。其難至如此，故非仕有力者，不可以遊；非材有文者，縱遊無所得；非壯彊者，多老死於其地，嗜奇之士恨焉。

天台陳君庭學，能爲詩，由中書左司掾，屢從大將北征，有勞，擢四川都指揮司照磨，由水道至成都。成都，川、蜀之要地，揚子雲、司馬相如、諸葛武侯之所居。英雄俊傑戰攻駐守之跡，詩人文士遊眺飲射、賦詠歌呼所，庭學無不歷覽。既覽必發爲詩，以紀其景物時世之變，於是其詩益工。越三年，以例自免歸，會予於京師。其氣愈充，其語愈壯，其志意愈高，蓋得於山水之助者侈矣。

予甚自愧，方予少時，嘗有志於出遊天下，顧以學未成而不暇。及年壯可出，而四方兵起，無所投足。逮今聖主興而宇內定，極海之際，合爲一家，而予齒益加耄矣。欲如庭學之遊，尚可得乎？然吾聞古之賢士，若顏回、原憲，皆坐守陋室，蓬蒿沒戶，而志意常充然，有若囊括於天地者。此其故何也？得無有出於山水之外者乎？庭學其試歸而求焉。苟有所得，則以告予，予將不一愧而已也。

〔二〕觀止作「則」，據各本改。

〔三〕「失勢」：文章辨體彙選同，宋學士全集、明文海「失」下無「勢」字。

閱江樓記

宋濂

金陵爲帝王之州，自六朝迄於南唐，類皆偏據一方，無以應山川之王氣。逮我皇帝定鼎於茲，始足以當之。由是聲教所暨，罔間朔南；存神穆清，與天同體。雖一豫一游，亦可爲天下後世法。京城之西北有獅子山，自盧龍蜿蜒而來，長江如虹貫，蟠繞其下。上以其地雄勝，詔建樓於巔。與民同遊觀之樂，遂錫嘉名爲「閱江」云。

登覽之頃，萬象森列，千載之祕，一旦軒露。豈非天造地設，以俟大〔一〕一統之君，而開千萬世之偉觀者歟？當風日清美，法駕幸臨，升其崇椒，凭闌遙矚，必悠然而動遐思。見江漢之朝宗，諸侯之述職，城池之高深，關阨之嚴固，必曰：「此朕櫛風沐雨，戰勝攻取之所致也。」中夏之廣，益思有以保之。見波濤之浩蕩，風帆之下上，番舶接跡而來庭，蠻琛聯肩而入貢，必曰：「此朕德綏威服，覃及內外之所及也。」四夷[三]之遠，益思有以柔之。見兩岸之間，四郊之上，耕人有炙膚皸足之煩，農女有捋桑行饁之勤，必曰：「此朕拔諸水火，而登於衽席者也。」萬方之民，益思有以安之。觸類而推[三]，不一而足。臣知斯樓之建，皇上所以發舒精神，因物興感，無不寓其致治之思。奚止閱夫長江而已哉！

彼臨春、結綺，非不華矣；齊雲、落星，非不高矣。不過樂管弦之淫響，藏燕、趙之艷姬。一[四]旋踵間而感慨係之，臣不知其爲何說也。雖然，長江發源岷山，委蛇七千餘里而始入海，白湧碧翻。六朝之時，往往倚之爲天塹。今則南北一家，視爲安流，無所事乎戰爭矣。然則果誰之力歟？逢掖之士，有登斯樓而閱斯江者，當思聖德如天，蕩蕩難名，與神禹疏鑿之功同一罔極。忠君報上之心，其有不油然而興耶？

臣不敏，奉旨撰記，故上推宵旰圖治之切[五]者，勒諸貞珉。他若留連光景之辭，皆略而不陳，懼褻也。

[二] 觀止作「夫」，據各本改。
[三] 觀止作「陲」，據各本改。
[三] 觀止作「思」，據各本改。
[四] 觀止作「不」，據各本改。
[五] 觀止作「功」，據各本改。

司馬季主論卜

劉基

東陵侯既廢，過司馬季主而卜焉。季主曰：「君侯何卜也？」東陵侯曰：「久臥者思起，久蟄者思啟，久懣者思嚏。吾聞之：『蓄極則洩，閟極則達，熱極則風，壅極則通。一冬一春，靡屈不伸；一起一伏，無往不復。』僕竊有疑，願受教焉！」季主曰：「若是，則君侯已喻之矣，又何卜為？」東陵侯曰：「僕未究其奧也，願先生卒教之」。季主乃言曰：「嗚呼！天道何親？惟德之親。鬼神何靈？因人而靈。夫蓍枯草也，龜枯骨也，物也。人靈於物者也，何不自聽而聽於物乎？且君侯何不思昔者也？有昔者必有今日。是故碎瓦頹垣，昔日之歌樓舞館也；荒榛斷梗，昔日之瓊蕤玉樹也；露蛬[一]風蟬，昔日之鳳笙龍笛也；鬼燐螢火，昔日之金釭[二]華燭也；秋荼春薺，昔日之象白駝峰也；丹楓白荻，昔日之蜀錦齊紈也。昔日之所無，今日有之不為過；昔日之所有，今日無之不為不足。是故一晝一夜，華開者謝；一秋一春[三]，物故者新。激湍之下必有深潭，高丘之下必有浚谷，君侯亦知之矣，何以卜為？」

[一] 觀止作「蠶」，據郁離子改。
[二] 觀止作「缸」，據郁離子改。
[三] 觀止作「一春一秋」，據郁離子改。

劉基　賣柑者言

杭有賣果者，善藏柑，涉寒暑不潰。出之燁然，玉質而金色。剖其中，乾若敗絮。[一]予怪而問之曰：「若所市於人者，將以實籩豆，奉祭祀，供賓客乎？將衒外以惑愚瞽也[二]。甚矣哉，爲欺也。」

賣者笑曰：「吾業是有年矣，吾賴是以食吾軀[三]。吾售之，人取之，未嘗[四]有言，而獨不足子所乎？世之爲欺者不寡矣，而獨我也乎？吾子未之思也。今夫佩虎符、坐皋比者，洸洸乎干城之具也，果能授孫、吳之略耶？峨大冠、拖長紳者，昂昂乎廟堂之器也，果能建伊、皋之業耶？盜起而不知禦，民困而不知救，吏奸而不知禁，法斁而不知理，坐糜廩粟而不知恥。觀其坐高堂，騎大馬，醉醇醴而飫肥鮮者，孰不巍巍乎可畏，赫赫乎可象也？又何往而不金玉其外、敗絮其中也哉？今子是之不察，而以察吾柑。」

予默然[五]無以應，退而思其言，類東方生滑稽之流，豈其憤世嫉邪者耶，而託於柑以諷耶？

[一] 誠意伯文集原作：「置於市，賈十倍，人争鬻之。予貿得其一，剖之如有烟撲口鼻，視其中，則乾若敗絮。」

[二] 觀止作「乎」，據各本改。

[三] 觀止「賴」上有「業」字，作「吾業賴是以食吾軀」，古今寓言、明文英華同，據誠意伯文集、明文海改。
[四] 觀止作「未聞」，明文英華同，據各本改。
[五] 觀止作「默默」，明文英華同，據各本改。

深慮論

方孝孺

慮天下者常圖其所難，而忽其所易；備其所可畏，而遺其所不疑。然而禍常發於所忽之中，而亂常起於不足疑之事。豈其慮之未周與？蓋慮之所能及者，人事之宜然，而出於智力之所不及者，天道也。當秦之世而滅六[一]諸侯，一天下，而其心以爲周之亡在乎諸侯之彊耳。變封建而爲郡縣，方以爲兵革可不復用，天子之位可以世守。而不知漢帝起隴畝之匹夫[二]，而卒亡秦之社稷。漢懲秦之孤立，於是大建庶孽而爲諸侯。以爲同姓之親可以相繼而無變，而七國萌篡弒之謀。武、宣以後，稍剖析之而分其勢，以爲無事矣，而王莽卒移漢祚。光武之懲哀、平，魏之懲漢，晉之懲魏，各懲其所由亡而爲之備，而其亡也，皆出其[三]所備之外。唐太宗聞武氏之殺其子孫，求人於疑似之際而除之，而武氏日侍其左右而不悟。宋太祖見五代方鎮之足以制其君，盡釋其兵權，使力弱而易制，而不知子孫卒困於夷狄[四]。此其人皆有出人之智，負[五]蓋世之才，其於治亂存亡之幾，思之詳而備之審矣。慮切於此，而禍興於彼，終至於亂亡者，何哉？蓋智可以謀人，而不可以謀天。良醫之子多死於病，良巫之子多死於鬼。彼[六]豈工於活人，而拙於活己之子哉[七]？乃工於謀人，而拙於謀天也。古之聖人知天下後世之變，非智慮之所能周，非法術之所能制。不敢肆其私謀詭計，而唯積至誠，用大德，以結乎天心。使天眷其德，若慈母之保赤子而不忍釋。故其子孫雖有至愚不肖者足以亡國，而天下[八]不忍遽亡之，此慮之遠者也。夫苟不能自結於天，而欲以區區之智籠絡當世之務，而必後世之無危亡，此理之所必無者也，而豈天道哉！

〔一〕觀止脫「六」字，據各本補。

〔二〕觀止作「起隴畝之中」，據各本改。

〔三〕觀止作「蓋出於」，據各本改。

〔四〕觀止避諱作「敵國」。

〔五〕觀止脫「負」字，據各本補。

〔六〕觀止脫「彼」字，據各本補。

〔七〕觀止作「謀子也哉」，據各本改。

〔八〕「下」觀止作「卒」，據各本改，明文海作「亦」。

豫讓論

方孝孺

士君子立身事主，既名知己，則當竭盡知謀，忠告善道，銷患於未形，保治於未然，俾身全而主安。生爲名臣，死爲上鬼，垂光百世，照耀簡策，斯爲美也。苟遇知己，不能扶危於未亂之先，而乃捐軀殞命於既敗之後，釣名沽譽，眩世駭俗[一]。由君子觀之，皆所不取也。

蓋嘗因而論之，豫讓臣事智伯，及趙襄子殺智伯，讓爲之報仇，聲名烈烈，雖愚夫愚婦莫不知其爲忠臣義士也。嗚呼！讓之死固忠矣！惜乎處死之道有未忠者存焉。何也？觀其漆身吞炭，謂其友曰：「凡吾所爲者極難，將以愧天下後世之爲人臣而懷二心者也。」謂非忠可乎？及觀斬劍三躍[二]，襄子責以不死於中行氏，而獨死於智伯，讓應曰：「中行氏以衆人待我，我故以衆人報之。智伯以國士待我，我故以國士報之。」即此而論，讓有餘憾矣。

段規之事韓康，任章之事魏獻，未聞以國士待之也。而規也、章也，力勸其主從智伯之請，與之地，以驕其志而速其亡也。郄疵之事智伯亦未嘗以國士待之也，而疵能察韓、魏之情以諫智伯，雖不用其言以至滅亡，而疵之知謀忠告已無愧於心也。讓既自謂智伯待以國士矣，國士濟國之事也。當伯請地無厭之日，縱欲荒棄[三]之時，爲讓者正宜陳力就列，諄諄然而告之曰：「諸侯大夫各受[四]分地，無相侵奪，古之制也。今無故而取地於人，人不與而吾之忿心必生，與之則吾之驕心以起。忿必爭，爭必敗，驕必傲，傲必亡。」諄切懇告[五]，諫不從，再諫之，再諫不從，三諫之，三諫不從，移其伏劍之死。死於是日，伯雖頑冥不靈，感其至誠，庶幾復悟。和韓魏，釋趙圍，保全智宗，守其祭祀。若然，則讓雖死猶生也，豈不勝於斬劍而死乎？讓於此時，曾無一語開悟主心，視伯之危亡，猶越人視秦人之肥瘠也。袖手旁觀，坐待成敗，國士之報曾若是乎？智伯既死，而乃不勝血氣之悻悻，甘自附於刺客之流，何足道哉！何足道哉！

雖然，以國士而論，豫讓固不足以當矣。彼朝爲仇敵，暮爲君臣，腼然而自得者，又讓之罪人也。噫！

〔一〕觀止作「眩世炫俗」，據各本改。

〔二〕觀止作「斬衣三躍」，明文英華同，據遜志齋集改。下同。

〔三〕觀止作「暴」，明文英華同，據遜志齋集改。

〔四〕觀止作「安」，據各本改。

〔五〕觀止作「諄切懇至」，據各本改。

親政篇

王鏊

易之泰曰：「上下交，而其志同。」其否曰：「上下不交，而天下無邦。」蓋上之情達於下，下之情達於上，上下一體，所以爲泰。[一]下之情壅閼而不得上聞，上下間隔雖有國而[二]無國矣，所以爲否也。交則泰，不交則否，自古皆然。而不交之弊，未有如近世之甚者。君臣相見，止於視朝數刻。上下之間，章奏批答相關接，刑名法度相維持而已。非獨沿襲故事，亦其地勢使然，何也？國家常朝於奉天門，未嘗一日廢，可謂勤矣。然堂陛懸絕，威儀赫奕，御史糾儀，鴻臚舉不如法，通政司引奏，上特視[三]之。謝恩見辭，惴惴而退。上何嘗治[四]一事？下何嘗進一言哉？此無他，地勢懸絕。所謂堂上，遠於萬里。雖欲言，無由言也。

愚以爲欲上下之交，莫若復古內朝之法。蓋周之時，有三朝：庫門之外爲正朝，詢謀大臣在焉[五]；路門之外爲治朝，日視朝在焉；路門之內曰內朝，亦曰燕朝。玉藻云：「君日出而視朝，退適路寢聽政。」蓋視朝而見羣臣，所以正上下之分；聽政而適路寢，所以通遠近之情。漢制大司馬，左、右、前、後将軍，侍中散騎諸吏[六]，爲中朝；丞相以下至六百石，爲外朝。唐皇城之北，南三門曰承天，元正、冬至受萬國之朝貢，則御焉，蓋古之外朝也；其北曰太極門，其內[七]曰太極殿，朔望則坐而視朝，蓋古之正朝也；又北曰[八]兩儀殿，常日聽朝而視事，蓋古之內朝也。宋時，常朝則文德殿，五日一起居則垂拱殿，正旦、冬至、聖節稱賀則大慶殿，賜宴則紫宸殿或集英殿，試進士則崇政殿。侍從以下，五日一員，上殿謂之輪對，則必入陳[九]時政利害。内殿引見，亦或賜坐，或免穿靴。蓋亦三朝之遺意焉。蓋天有三垣，天子象之：正朝，象太微也；外朝，象天市也；内朝，象紫微也，自古然矣。

國朝聖節、正旦、冬至、大朝會則奉天殿，即古之正朝也；常日[一〇]則奉天門，即古之外朝也；而内朝獨缺。然非缺也，華蓋、謹身、武英等殿豈非内朝之遺制乎？洪武中如宋濂、劉基，永樂以來如楊士奇、楊榮等日侍左右，大臣蹇義、夏原吉等常奏對便殿。于斯時也，豈有壅隔之患哉？今内朝未[一一]復，臨御常朝之後，人臣無復進見；三殿高閟，鮮或窺焉，故上下之情壅而不通，天下之弊由是而積。孝宗晚年深有慨於斯，屢召大臣於便殿，講論天下事，方將有爲[一二]，而民之無禄，不及覩至治之美，天下至今以爲恨矣。

惟陛下遠法聖祖，近法孝宗，盡刬近世壅隔之弊。常朝之外，即文華、武英二殿[一三]，倣古内朝之意，大臣三日或五日一次起居；侍從、臺諫各一員，上殿輪對；諸司有事咨決，上據所見決之；有難決者，與大臣面議之。不時引見羣臣。凡謝恩、辭見之類，皆得上殿陳奏。虚心而問之，和顔色而道之。如此，人人得以自盡。陛下雖身居九重，而天下之事燦然畢陳于前。外朝所以正上下之分，内朝所以通遠近之情。如此，豈有近世壅隔之弊哉？唐、虞之世，明目達聰，嘉言罔伏，野無遺賢，亦不過是而已。

[三] 今校本王鏊集及震澤集「所以爲泰」下原有「上之情壅閼而不得下達」，觀止無。觀止本篇從

文章辨體彙選、皇明疏鈔、明文海所本，下同，僅注震澤集文。

[二] 震澤集作「如」。

[三] 震澤集作「是」。

[四] 震澤集作「問」。

[五] 震澤集作「庫門之外爲外朝，詢大事在焉」

[六] 震澤集「侍中」下有「散騎常侍」，作「侍中散騎常侍散騎諸吏」。

[七] 觀止作「西」，據各本改。

[八] 震澤集「又北曰」下有「兩儀門其內曰」。

[九] 震澤集無「陳」字。

[一〇] 震澤集作「朝」。

[一一] 震澤集作「罕」。

[一二] 震澤集作「将大有爲」。

[一三] 震澤集無「二殿」二字，皇明疏鈔無「二」字。

尊經閣記

王守仁

經，常道也。其在於天謂之命，其賦於人謂之性，其主於身謂之心。心也，性也，命也，一也。通人物，達四海，塞天地，亙古今，無有乎弗具，無有乎弗同，無有乎或變者也。是常道也，其應乎感也，則爲惻隱，爲羞惡，爲辭讓，爲是非；其見於事也，則爲父子之親，爲君臣之義，爲夫婦之別，爲長幼之序，爲朋友之信。是惻隱也，羞惡也，辭讓也，是非也；是親也，義也，序也，別也，信也；一也[一]。皆所謂心也，性也，命也。通人物，達四海，塞天地，亙古今，無有乎弗具，無有乎弗同，無有乎或變者也。是常道也[二]，以言其陰陽消息之行焉[三]，則謂之易；以言其紀綱政事之施焉，則謂之書；以言其歌詠性情之發焉，則謂之詩；以言其條理節文之著焉，則謂之禮；以言其欣喜和平之生焉，則謂之樂；以言其誠僞邪正之辯焉，則謂之春秋。是陰陽消息之行也，以至於誠僞邪正之辯也，一也。皆所謂心也，性也，命也。通人物，達四海，塞天地，亙古今，無有乎弗具，無有乎弗同，無有乎或變者也，夫是之謂六經。六經者非他，吾心之常道也。故易也者，志吾心之陰陽消息者也；書也者，志吾心之紀綱政事者也；詩也者，志吾心之歌詠性情者也；禮也者，志吾心之條理節文者也；樂也者，志吾心之欣喜和平者也；春秋也者，志吾心之誠僞邪正者也。君子之於六經也，求之吾心之陰陽消息而時行焉，所以尊易也；求之吾心之紀綱政事而時施焉，所以尊書也；求之吾心之歌詠性情而時發焉，所以尊詩也；求之吾心之條理節文而時著焉，所以尊禮也；求之吾心之欣喜和平而時生焉，所以尊樂也；求之吾心之誠僞邪正而時辯焉，所以尊春秋也。蓋昔者[四]聖人之扶人極，憂後世，而述六經也，猶之富家者之父祖慮其產業庫藏之積，其子孫者或至於遺忘[五]散失，卒困窮而無以自全也，而記籍其家之所有以貽之，使之世守其產業庫藏之積而享用焉，以免於困窮之患。故六經者，吾心之記籍也，而六經之實則具於吾心；猶之產業庫藏之實積，種種色色，具存於其家。其記籍者，特名狀數目而已。而世之學者，不知求六經之實於吾心，而徒考索於影響之間，牽制於文義之末，硜硜然以爲是六經矣。是猶富家之子孫不務守視享用其產業庫藏之實積，日遺忘散失，至爲窶人丐夫，而猶囂囂然指其記籍曰：「斯吾產業庫藏之積也」，何以異於是！嗚呼！六經之學，其不明於世，非一朝一夕之故矣。尚功利，崇邪說，是謂亂經；習訓詁，傳記誦，沒溺於淺聞小見以塗天下之耳目，是謂侮經；侈淫辭，競詭辯，飾奸心，盜行逐世，壟斷而自以爲通經，是謂賊經。若是者，是幷其所謂記籍者而割裂棄毀之矣，寧復知所以爲尊經也乎！

越城舊有稽山書院在臥龍西岡，荒廢久矣。郡守渭南南君[六]大吉既敷政於民，則慨然悼末學之支離，將進之以聖賢之道。於是使山陰令吳君瀛拓書院而一新之，又爲尊經之閣於其後。曰：「經正，則庶民興；庶民興，斯無邪慝矣。」閣成，請予一言以諗多士。予既不獲辭，則爲記之若是。嗚呼！世之學者既得吾說而求諸其心焉，其〔七〕亦庶乎知所以爲尊經也矣。

〔一〕觀止脫「一也」，據各本補。
〔二〕觀止脫下「是常道也」，據各本補。
〔三〕觀止作「消長之行」，「焉」字脫，據各本改，下同。
〔四〕觀止脫「者」字，據各本補。
〔五〕觀止作「亡」，據各本改，下同。
〔六〕觀止脫「君」字，據各本補。
〔七〕觀止作「則」，據各本改。

象祠記

王守仁

靈博之山有象祠焉，其下諸苗夷之居者，咸神而事〔一〕之。宣慰安君因諸苗夷之請，新其祠屋，而請記於予。予曰：「毀之乎？其新之也？」曰：「新之。」「新之也，何居乎？」曰：「斯祠之肇也，蓋莫知其原。然吾諸蠻夷之居是者，自吾父吾祖遡曾高而上，皆尊奉而禋祀焉，舉之而不敢廢也[二]。」予曰：「胡然乎？有庳之祠[三]，唐之人蓋嘗毀之。象之道，以爲子則不孝，以爲弟則傲。斥於唐而猶存於今，毀於有庳[四]而猶盛於茲土也，胡然乎？」

我知之矣，君子之愛若人也，推及於其屋之烏，而況於聖人之弟乎哉？然則祀[五]者爲舜，非爲象也。意象之死，其在干羽既格之後乎？不然，古之驁桀者豈少哉？而象之祠獨延於世，吾於是益[六]有以見舜德之至，入人之深，而流澤之遠且久也。

象之不仁，蓋其始焉爾。又烏知其終之不見化於舜也？書不云乎：「克諧以孝，烝烝乂，不格姦，瞽瞍亦允若」，則已化而爲慈父。象猶不弟，不可以爲諧。進治於善，則不至於惡；不抵於姦，則必入於善。信乎，象蓋已化於舜矣！孟子曰：「天子使吏治其國，象不得以有爲也。」斯蓋舜愛象之深而慮之詳，所以扶持輔導之者之周也。不然，周公之聖，而管、蔡不免焉。斯可以見象之既[七]化於舜，故能任賢使能而安於其位，澤加於其民，既死而人懷之也。諸侯之卿，命於天子，蓋周官之制。其殆倣於舜之封象歟？

吾於是益有以信人性之善，天下無不可化之人也。然則唐人之毀之也，據象之始也，今之諸夷[八]之奉之也，承象之終也。斯義也，吾將以表於世，使知人之不善，雖若象焉，猶可以改；而君子之修德，及其至也，雖若象之不仁，而猶可以化之也。

[二] 觀止作「祠」，據各本改。
[三] 觀止脫之字，據各本補。

〔三〕觀止作「有鼻之祀」，據各本改。
〔四〕觀止作「壞於有鼻」，據各本改。
〔五〕觀止作「祠」，文章辨體彙選同，據各本改。
〔六〕觀止作「蓋」，據各本改。
〔七〕觀止作「見」，據各本改。
〔八〕觀止作「苗」，據各本改。

瘞旅文

王守仁

維正德四年秋月三日，有吏目云自京來者，不知其名氏；携一子一僕，将之任，過龍場，投宿土苗家。予從籬落間望見之，陰雨昏黑，欲就問訊北来事，不果。明早遣人覘之，已行矣。薄午有人自蜈蚣坡来，云一老人死坡下，傍兩人哭之哀。予曰：「此必吏目死矣。傷哉！」薄暮復有人来云：「坡下死者二人，傍一人坐歎〔三〕。」詢其狀，則其子又死矣。明日復有人来云：「見坡下積尸三焉。」則其僕又死矣。嗚呼傷哉！念其暴骨無主，将二童子持畚鍤，往瘞之，二童子有難色然。予曰：「嘻〔三〕！吾與爾猶彼也。」二童憫然涕下，請往；就其傍山麓為三坎埋之，又以隻雞、飯三盂，嗟吁涕洟而告之。曰：

嗚呼傷哉！繄何人？繄何人？吾龍場驛丞餘姚王守仁也。吾與爾皆中土之產，吾不知爾郡邑，爾烏爲乎来爲兹山之鬼乎？古者重去其鄉，遊宦不踰千里。吾以竄逐而来此，宜也；爾亦何辜乎？聞爾官，吏目耳，俸不能五斗，爾率妻子躬耕，可有也，烏[三]爲乎以五斗而易爾七尺之軀？又不足，而益以爾子與僕乎？嗚呼傷哉！爾誠戀兹五斗而来，則宜欣然就道，烏爲乎吾昨望見爾容蹙然，盖不任[四]其憂者？夫衝冒霧[五]露，扳援崖壁，行萬峰之頂，饑渴勞頓，筋骨疲憊，而又瘴厲侵其外，憂鬱攻其中，其能以無死乎？吾固知爾之必死，然不謂若是其速，又不謂爾子爾僕亦遽爾奄忽也。皆爾自取，謂之何哉！吾念爾三骨之無依而来瘞爾，乃使吾有無窮之愴也，嗚呼傷哉！縱不爾瘞，幽崖之狐成羣，陰壑之虺如車輪，亦必能葬爾於腹，不致久暴露[六]爾。爾既已無知，然吾何能爲心乎？自吾去父母鄉國而来此，二年[七]矣，歷瘴毒而苟能自全，以吾未嘗一日之戚戚也。今悲傷若此，是吾爲爾者重而自爲者輕也。吾不宜復爲爾悲矣。吾爲爾歌，爾聽之。歌曰：

連峰際天兮，飛鳥不通；遊子懷鄉兮，莫知西東。莫知西東兮，維天則同。異域殊方兮，環海之中；達觀隨寓兮，奚[八]必予宫？魂兮魂兮，無悲以恫！

又歌以慰之，曰：

與爾皆鄉土之離兮，蠻之人言語不相知兮。性命不可期，吾苟死於兹兮，率爾子僕来從予兮。吾與爾遨以嬉兮，驂紫彪而乘文螭兮，登望故鄉而嘘唏兮。吾苟獲生歸兮，爾子爾僕尚爾隨兮，無以無侶悲兮[九]。道傍之冢累累兮，多中土之流離兮，相與呼嘯而徘徊兮。飧[一〇]風飲露，無爾饑兮；朝友麋鹿，暮猿與栖兮，爾安爾居兮，無爲厲於兹墟兮！

[一] 觀止作「哭」，據各本改。
[二] 觀止作「噫」，據各本改。
[三] 觀止作「胡」，據各本改。下同。
[四] 觀止作「勝」，據各本改。
[五] 觀止作「霜」，據各本改。
[六] 觀止脱「露」字，據各本補。
[七] 觀止作「三年」，陽明先生道學鈔同，今校本王陽明全集及各本作「二年」，據改。
[八] 觀止作「莫」，據各本改。
[九] 「無以無侶悲兮」：觀止脱，據各本補。
[一〇] 觀止作「餐」，據各本改。

信陵君救趙論〔二〕

唐順之

論者以竊符爲信陵君之罪，余以爲此未足以罪信陵也。夫彊秦之暴亟矣，今悉兵以臨趙，趙必亡。趙，魏之障也，趙亡，則魏且爲之後。趙、魏，又楚、燕、齊諸國之障也，趙、魏亡，則楚、燕、齊諸國爲之後。天下之勢，未有岌岌於此者也。故救趙者，亦以救魏；救一國者，亦以救六國也。竊魏之符以紓魏之患，借一國之師以分六國之災，夫奚不可者？然則信陵果無罪乎？曰：又不然也。余所誅者，信陵君之心也。

信陵一公子耳，魏固有王也。趙不請救於王，而諄諄焉請救於信陵，是趙知有信陵，不知有王也。平原君以婚姻激信陵，而信陵亦自以婚姻之故，欲急救趙，是信陵知有婚姻，不知有王也。其竊符也，非爲魏也，非爲六國也，爲趙焉耳；非爲趙也，爲一平原君耳。使禍不在趙，而在他國，則雖撤魏之障，雖撤六國之障，信陵亦必不救。使趙無平原，或平原而非信陵之姻戚，雖趙亡，信陵亦必不救。則是趙王與社稷之輕重，不能當一平原公子，而魏之兵甲，所恃以固其社稷者，祇以供信陵君一姻戚之用。幸而戰勝，可也；不幸戰不勝，爲虜於秦，是傾魏國數百年社稷以殉姻戚，吾不知信陵何以謝魏王也？夫竊符之計，蓋出於侯生，而如姬成之也。侯生教公子以竊符，如姬爲公子竊符於王之臥內，是二人亦知有信陵，不知有王也。

余以爲信陵之自爲計，曷若以脣齒之勢激諫於王，不聽，則以其欲死秦師者，而死於魏王之前，王必悟矣。侯生爲信陵計，曷若見魏王而說之救趙，不聽，則以其欲死信陵君者，而死於魏王之前，王亦必悟矣。如姬有意於報信陵，曷若乘王之隙而日夜勸之救，不聽，則以其欲爲公子死者而死於魏王之前，王亦必悟矣。如此，則信陵君不負魏，亦不負趙；二人不負王，亦不負於信陵君。何爲計不出此？信陵知有婚姻之趙，不知有王。內則幸姬，外則鄰國，賤則夷門野人，又皆知有公子，不知有王。則是魏僅有一孤王耳。

嗚呼！自世之衰，人皆習於背公死黨之行，而忘守節奉公之道。有重相而無威君，有私讎而無義憤。如秦人知有穰侯，不知有秦王，虞卿知有布衣之交，不知有趙王，蓋君若贅旒久矣。由此言之，信陵之罪，固不專係乎符之竊不竊也。其爲魏也，爲六國也，縱竊符猶可；其爲趙也，爲一親戚也，縱求符於王，而公然得之，亦罪也。

雖然，魏王亦不得爲無罪也，兵符藏於臥內，信陵亦安得竊之？信陵不忌魏王，而徑請之如姬，其素窺魏王之疎也；如姬不忌魏王，而敢於竊符，其素恃魏王之寵也。木朽而蛀生之矣。古者人君持權於上，而內外莫敢不肅。則信陵安得樹私交於趙？趙安得私請救於信陵？如姬安得銜信陵之恩？信陵安得賣恩於如姬？履霜之漸，豈一朝一夕也哉？由此言之，不特衆人不知有王，王亦自爲贅旒也。

故信陵君可以爲人臣植黨之戒，魏王可以爲人君失權之戒。春秋書葬原仲、翬帥師。

嗟乎！聖人之爲慮深矣！

〔三〕未見於各集。

報劉一丈書　宗臣

數千里外，得長者時賜一書，以慰長想，即亦甚幸矣。何至更辱饋遺，則不才益將何以報焉？書中情意甚殷，即長者之不忘老父，知老父之念長者深也。

至以「上下相孚，才德稱位」語不才，則不才有深感焉。夫才德不稱，固自知之矣；至于不孚之病，則尤不才爲甚。且今世之所謂孚者何哉？日夕策馬候權者之門，門者故不入，則甘言媚詞作婦人狀，袖金以私之。即門者持刺入，而主者又不即出見，立廐中僕馬之間，惡氣襲衣裾，即饑寒毒熱不可忍，不去也。抵暮，則前所受贈金者出，報客曰：「相公倦，謝客矣，客請明日來。」即明日又不敢不來。夜披衣坐，聞雞鳴，即起盥櫛，走馬抵門，門者怒曰：「爲誰？」則曰：「昨日之客來。」則又怒曰：「何客之勤也！豈有相公此時出見客乎？」客心恥之，强忍而與言曰：「亡奈何矣，姑容我入，」門者又得所贈金，則起而入之。又立向所立廐中。幸主者出，南面召見，則驚走匍匐階下。主者曰：「進！」則再拜，故遲不起，起則上所上壽金。主者故不受，則固請；主者故固不受，則又固請。然後命吏內之。則又再拜，又故遲不起，起則五六揖始出。出，揖門者曰：「官人幸顧我，他日來，幸亡阻我也！」門者答揖。大喜，奔出。馬上遇所交識，即揚鞭語曰：「適自相公家來，相公厚我！厚我！」且虛言狀。即所交識亦心畏相公厚之矣。相公又稍稍語人曰：「某也賢，某也賢。」聞者亦心計交贊之。此世所謂上下相孚也。長者謂僕能之乎？

前所謂權門者，自歲時伏臘一刺之外，即經年不往也。間道經其門，則亦掩耳閉目，躍馬疾走過之。若有所追逐者。斯則僕之褊哉〔二〕。以此常不見悅于長吏，僕則愈益不顧也。每大言曰：「人生有命，吾惟守分爾矣。」長者聞此〔三〕，得無厭其為迂乎？〔三〕

〔二〕觀止作「衷」，據各本改。

〔三〕觀止作「之」，據各本改。

〔三〕各集下有：「鄉園多故不能不動客子之愁，至于長者之抱才而困，則又令我愴然，有感天之與先生者甚厚，亡論長者不欲輕棄之，即天意亦不欲長者之輕棄之也，幸寧心哉。」

歸有光

吳山圖記

吳、長洲二縣在郡治所，分境而治。而郡西諸山皆在吳縣。其最高者穹窿、陽山、鄧尉、西脊、銅井，而靈巖，吳之故宮在焉，尚有西子之遺跡。若虎丘、劍池，及天平、尚方、支硎，皆勝地也。而太湖汪洋三萬六千頃，七十二峰沉浸其間，則海內之奇觀矣。

余同年友魏君用晦爲吳縣，未及三年，以高第召入爲給事中，君之爲縣有惠愛，百姓扳留之，不能得，而君亦不忍於其民；由是好事者繪吳山圖以爲贈。

夫令之於民，誠重矣。令誠賢也，其地之山川草木，亦被其澤而有榮也；令誠不賢也，其地之山川草木，亦被其殃而有辱也。君於吳之山川，蓋增重矣。異時吾民將擇勝於巖巒之間，尸祝於浮屠老子之宮也，固宜。而君則亦既去矣，何復惓惓於此山哉？昔蘇子瞻稱韓魏公去黃州四十餘年，而思之不忘。至以爲思黃州詩，子瞻爲黃人刻之於石。然後知賢者於其所至，不獨使其人之不忍忘而已，亦不能自忘於其人也。

君今去縣已三年矣。一日，與余同在內庭，出示此圖，展玩太息，因命余記之。噫，君之於吾吳，有情如此，如之何而使吾民能忘之也！

滄浪亭記

歸有光

浮圖文瑛，居大雲庵，環水，即蘇子美滄浪亭之[二]地也。亟求余作滄浪亭記，曰：「昔子美之記，記亭之勝也。請子記吾所以爲亭者。」

余曰：昔吳、越有國時，廣陵王鎭吳中，治南[三]園於子城之西南。其外戚孫承佑，亦治園於其偏。迨淮、海〔三〕納土，此園不廢。蘇子美始建滄浪亭，最後禪者居之。此滄浪亭爲大雲庵也。有庵以來二百年，文瑛尋古遺事，復子美之構於荒殘滅沒之餘。此大雲庵爲滄浪亭也。夫古今之變，朝市改易。嘗登姑蘇之臺，望五湖之渺茫，羣山之蒼翠，太伯、虞仲之所建，闔閭、夫差之所爭，子胥、種、蠡之所經營，今皆無有矣。庵與亭何爲者哉？雖然，錢鏐因亂攘竊，保有吳、越，國富兵強，垂及四世。諸子姻戚，乘時奢僭，宮館苑囿，極一時之盛。而子美之亭，乃爲釋子所欽重如此。可以見士之欲垂名於千載之後，不與其澌然而俱盡者，則有在矣。

文瑛讀書喜詩，與吾徒遊，呼之爲滄浪僧云。

〔一〕觀止脱「之」字，據各本補。
〔二〕觀止脱「南」字，據各本補。
〔三〕觀止作「南」，據各本改。

青霞先生文集序

茅坤

青霞沈君，繇錦衣經歷上書詆宰執，宰執深嫉之，方力搆其罪，賴明天子仁聖，特薄其譴，徙之塞上。當是時，君之直諫之名滿天下。已而，君累然携妻子出家塞上，會北虜〔一〕數內犯，而帥府以下束手閉壘，以恣虜之出沒，不及飛一鏃以相抗。甚且及虜之退，則割中土之戰沒者與野行者之馘以爲功。而父之哭其子，妻之哭其夫，兄之哭其弟者，往往而是，無所控籲。君既上憤疆埸之日弛，而下痛諸將士之日菅刈我人民以蒙國家也，數嗚咽欷歔。而以其所欸〔三〕鬱發之於詩歌文章，以泄其懷，即集中所載諸什是也。

君故以直諫爲重於時，而其所著爲詩歌文章又多所譏刺，稍稍傳播，上下震恐，始出死力相煽構，而君之禍作矣。君既沒，而一時闔寄所相與讒君者，尋且坐罪罷去。又未幾，故宰執之仇君者亦報罷。而君之門人給諫俞君，於是裒輯其平生所著若干卷，刻而傳之。而其子以敬，來請余予之首簡。

茅子受讀而題之曰：若君者，非古之志士之遺乎哉？孔子刪詩，而小弁之怨親，巷伯之刺讒而下，其間忠臣、寡婦、幽人、懟士之什並列之爲風，疏之爲雅，不可勝數。豈皆古之中聲也哉？然孔子不遽遺之者，特憫其人，矜其志，猶曰「發乎情，止乎禮義」，「言之者無罪，聞之者足以爲戒」焉耳。予嘗按次春秋以來屈原之騷疑於怨，伍胥之諫疑於脅，賈誼之疏疑於激，叔夜之詩疑於憤，劉蕡之對疑於亢。然推孔子刪詩之旨而裒次之，當亦未必無錄之者。君既沒，而海內之薦紳大夫至今言及君，無不酸鼻而流涕。嗚呼！集中所載鳴劍、籌邊諸什，試令後之人讀之，其足以寒賊臣之膽，而躍塞垣戰士之馬，而作之愾也，固矣。他日國家采風者之使出而覽觀焉，其能遺之也乎？予謹識之。

至於文詞之工不工，及當古作者之旨與否，非所以論君之大者也，予故不著。

〔二〕觀止作「敵」，據各本改。下同。

〔三〕觀止作「憂」，據各本改。

藺相如完璧歸趙論

王世貞

藺相如之完璧，人人〔一〕皆稱之，予未敢以爲信也。

夫秦以十五城之空名，而〔二〕詐趙而脅其璧。是時言取璧者情也，非欲以窺趙也。趙得其情則弗予，不得其情則予；得其情而畏之則予，得其情而弗畏之則弗予。此兩言決耳，奈之何既畏而復挑其怒也！

且夫秦欲璧，趙弗予璧，兩無所曲直也。入璧而秦弗與城，曲在秦；秦城出〔三〕而璧歸，曲在趙。欲使曲在秦，則莫如棄璧；畏棄璧，則莫如弗予。夫秦王既按圖以予城，又設九賓，齋而受璧，其勢不得不予城。璧入而城弗予，相如則前請曰：「臣固知大王之弗予城也。夫璧非趙寶也〔四〕，而十五城秦寶也。今使大王以璧故，而亡其十五城，十五城之子弟皆厚怨大王以棄我如草芥也。大王弗予城而紿趙璧，以一璧故，而失信於天下，臣請辭〔五〕就死於國，以明大王之失信。」秦王未必不予〔六〕璧也。今奈何使舍人懷而逃之，而歸直於秦？是時秦意未欲與趙絶耳。令秦王怒而僇相如於市，武安君十萬衆壓邯鄲，而責璧與信，一勝而相如族，再勝而璧終入秦矣。

吾故曰：藺相如之獲全於璧也，天也。若其勁澠池，柔信平〔七〕，則愈出而愈妙於用。所以能存〔八〕趙者，天固曲成之哉。

〔一〕觀止脱一「人」字，據弇州四部稿集本補。
〔二〕觀止脱「而」字，據集本補。
〔三〕觀止倒作「出城」，據改。
〔四〕「寶也」觀止作「璧乎」，據集本改。
〔五〕觀止脱「辭」字，據集本補。
〔六〕觀止作「返」，據集本改。
〔七〕「信平」觀止作「廉頗」，據集本改。
〔八〕觀止作「完」，據集本改。

袁宏道　徐文長傳

徐渭字文長，爲山陰諸生，聲名藉甚。薛公蕙校越時，奇其才，有國士之目。然數奇，屢試輒蹶。中丞胡公宗憲聞之，客諸幕。文長每見，則葛衣烏巾，縱譚天下事。胡公大喜。是時公督數邊兵，威振[一]東南，介胄之士，膝語蛇行，不敢舉頭，而文長以部下一諸生傲之，議者方之劉眞長、杜少陵云。會得白鹿，屬文長作表，表上，永陵喜。公以是益奇之，一切疏記[二]，皆出其手。

文長自負才略，好奇計，談兵多中，視一世士[三]無可當意者，然竟不偶。文長既已不得志於有司，遂乃放浪麴糵，恣情山水，走齊、魯、燕、趙之地，窮覽朔漠，其所見山奔海立，沙起雲[四]行，風[五]鳴樹偃，幽谷大都，人物魚鳥，一切可驚可愕之狀，一一皆達之于詩。其胸中又有勃然不可磨滅之氣，英雄失路托足無門之悲，故其爲詩，如嗔如笑，如水鳴峽，如種出土，如寡婦之夜哭，羈人之寒起，雖其體格時有卑者，然匠心獨出，有王者氣，非彼巾幗而事人者所敢望也。文有卓識，氣沉而法嚴，不以模擬損才，不以議論傷格，韓、曾之流亞也。文長既雅不與時調合，當時所謂騷壇主盟者，文長皆叱而奴[六]之，故其名不出於越，悲夫！喜作書，筆意奔放如其詩，蒼勁中姿媚躍出，歐陽公所謂「妖韶女老，自有餘態」者也。間以其餘，旁溢爲花鳥，皆超逸有致。卒以疑殺其繼室，下獄論死，張太史元汴力解乃得出。

晚年憤益深，佯狂益甚，顯者至門，或拒不納。時攜錢至酒肆，呼下隸與飲。或自持斧擊破其頭，血流被面，頭骨皆折，揉之有聲。或以利錐錐其兩耳，深入寸餘，竟不得死。周望言：「晚歲詩文益奇，無刻本，集藏於家。」余同年有官越者，托以抄錄，今未至。余所見者，徐文長集、闕編二種而已。然文長竟以不得志於時，抱憤而卒。

石公曰：「先生數奇不已，遂為狂疾；狂疾不已，遂為囹圄。古今文人牢騷困苦，未有若先生者也。雖然，胡公間世豪傑，永陵英主，幕中禮數異等，是胡公知有先生矣；表上，人主悅，是人主知有先生矣。獨身未貴耳。先生詩文崛起，一掃近代蕪穢之習，百世而下，自有定論，胡為不遇哉？梅客生嘗寄余書曰：『文長吾老友，病奇於人，人奇於詩。』余謂文長無之而不奇者也。無之而不奇，斯無之而不奇也，悲夫！」

〔一〕觀止作「鎮」，據各本改。

〔二〕觀止作「計」，據各本改。

〔三〕觀止作「事」，據各本改。

〔四〕觀止作「雷」，據各本改。

〔五〕觀止作「雨」，據各本改。

〔六〕觀止作「怒」，據各本改。

五人墓碑記

張溥

五人者，蓋當蓼洲周公之被逮，急[三]於義而死焉者也。至於今，郡之賢士大夫請於當道，即除魏閹廢祠之址以葬之，且立石于其墓之門，以旌其所爲。嗚呼！亦盛矣哉！

夫五人之死，去今之墓而葬焉，其爲時止十有一月爾。夫十有一月之中，凡富貴之子，慷慨得志之徒，其疾病而死，死而湮沒不足道者，亦已衆矣。況草野之無聞者歟！獨五人之皦皦，何也？

予猶記周公之被逮，在丁卯三月之望，吾社之行爲士先者，爲之聲義，斂貲財以送其行，哭聲震動天地。緹騎按劍而前，問：「誰爲哀者？」衆不能堪，抶而仆之。是時以大中丞撫吳者，爲魏之私人，周公之逮所繇使也，吳之民方痛心焉。於是乘其厲聲以呵，則譟而相逐，中丞匿於溷藩以免。既而以吳民之亂請于朝，按誅五人，曰：顏佩韋、楊念如、馬杰、沈揚、周文元，即今之傫然在墓者也。

然五人之當刑也，意氣揚揚，呼中丞之名而詈之。談笑以死。斷頭置城上，顏色不少變，有賢士大夫發五十金，買五人之脰而函之，卒與屍合。故今之墓中，全乎爲五人也。

嗟乎！大閹之亂，縉紳而能不易其志者，四海之大有幾人歟？而五人生於編伍之間，素不聞詩書之訓，激昂大義，蹈死不顧，亦曷故哉？且矯詔紛出，鉤黨之捕，遍於天下，卒以吾郡之發憤一擊，不敢復有株治。大閹亦逡巡畏義，非常之謀，難於猝發待聖人之出，而投繯道路，不可謂非五人之力也。

繇是觀之，則今之高爵顯位，一旦抵罪，或脫身以逃，不能容於遠近，而又有剪髮杜門，佯狂不知所之者。其辱人賤行，視五人之死，輕重固何如哉？是以蓼洲周公忠義暴于朝廷，贈謚美顯，榮於身後；而五人亦得以加其土封，列其姓名於大堤之上。凡四方之士，無不有過而拜且泣者，斯固百世之遇也！不然，令五人者保其首領，以老于戶牖之下，則盡其天年，人皆得以隸使之，安能屈豪傑之流，扼腕墓道，發其志士之悲哉？故余與同社諸君子，哀斯墓之徒有其石也，而爲之記，亦以明死生之大，匹夫之有重于社稷也。

賢士大夫者冏卿因之吳公、太史文起文公、孟長姚公也。

〔三〕觀止作「激」，明詩紀事同，據各本改。